Ernst Feuerbaum / Die polare Bilanz

Betriebswirtschaftliche Schriften

Heft 18

Die polare Bilanz

Von

Dr. Ernst Feuerbaum

DUNCKER & HUMBLOT / BERLIN

Gedruckt 1966 bei Buchdruckerei Bruno Luck, Berlin 65
Printed in Germany

Inhaltsverzeichnis

Vorwort 7

A. Einleitung 11

I. Bilanzauffassung und Bilanztheorie 11

II. Bilanzauffassungen in Abhängigkeit von der wirtschaftlichen Entwicklung 13

B. Bisherige Antinomie nomineller und substantieller Kapitalrechnung 17

I. Die Handelsbilanz 19

1. Systemoffenheit der Handelsbilanz 20
2. Alterationen der Handelsbilanz 23
   a) Substanzrechnung in der Handelsbilanz 23
      aa) Substanzrechnung beim Umlaufvermögen 27
      bb) Substanzrechnung beim Anlagevermögen 27
      cc) Zusammenfassung 31
   b) Umwandlung der Handelsbilanz in eine „Erfolgsbilanz“ 32

II. Die dynamische Bilanz 39

1. Interdependenz von Bilanz und GuV 40
2. Vergleichbarkeit des Bilanzerfolges 45
3. Die dynamische Bilanz als Nominalwertrechnung 53
4. Die Position Liquide Mittel im dynamischen Bilanzschema 57
5. Zusammenfassung 64

III. Die Steuerbilanz 64

1. Die Steuerbilanz als Vermögensbilanz 65
2. Umwandlung der Steuerbilanz in eine dynamische Bilanz 67
3. Grenzen einer dynamischen Steuerbilanz 74
4. Neue Wege des Steuergesetzgebers 76

IV. Die organische Tageswertbilanz 81

1. Der Gewinnbegriff der organischen Bilanz 83
2. Problematik ausschließlicher Substanzrechnung 89
3. Praktikabilität der organischen Bilanz 92

C. Umgestaltung des Bilanzrechts durch die polare Bilanz 95

I. Der Begriff Polare Bilanz 100
II. Der Gewinnbegriff der polaren Bilanz 102
1. Nominelle und substantielle Kapitalerhaltung 104
2. Ausweis des vollen Erfolges 109
3. Anwendung des Vorsichtsprinzips 112
4. Identität von Erfolgs- und Vermögensbilanz 117
5. Schlußbemerkung zum Gewinnbegriff 121
III. Die Substanzrechnung 121
1. Zeitpunkt des Wiederbeschaffungswertes 121
2. Identität des Wiederbeschaffungsgutes 125
3. Substanzrechnung als Indexrechnung 127
4. Substanzrechnung durch Bildung stiller Reserven 128
5. Auf den Umsatz bezogene Substanzrechnung 128
6. Auf die Bilanz bezogene Substanzrechnung 130
a) Bilanztechnische Präzisierung des Gewinnbegriffes der polaren Bilanz 133
b) Substanzrechnung und Rentabilität 140
c) Substanzrechnung und nicht abnutzbare Wirtschaftsgüter 142
d) Praktikabilität der auf die Bilanz bezogenen Substanzrechnung 145
7. Substanzrechnung beim Finanzvermögen 150
IV. Konjunkturelle Auswirkung der Substanzrechnung 152
V. Aussagekraft der polaren Bilanz 159
VI. Der steuerliche Gewinnbegriff 163
1. Steuerliche Gerechtigkeit und Überflußgesellschaft 166
2. Die Stellung des Unternehmens in der Wirtschafts- und Gesellschaftsordnung 169
3. Neufassung des steuerlichen Gewinnbegriffs 172

Literaturverzeichnis 177

Namenverzeichnis 183

Abkürzungsverzeichnis

AktG	Aktiengesetz vom 31. 1. 1937 (RGBl I S. 107)
BFH	Bundesfinanzhof
BGBl	Bundesgesetzblatt
BStBl	Bundessteuerblatt
EStDV	Einkommensteuer-Durchführungs-Verordnung
EStG	Einkommensteuergesetz
GuV	Gewinn- und Verlustrechnung
HGB	Handelsgesetzbuch
OFH	Oberster Finanzhof
RFH	Reichsfinanzhof
RGBl	Reichsgesetzblatt
StuW	Steuer und Wirtschaft
VOL	Verordnung über die Aufstellung von Durchschnittsätzen für die Ermittlung des Gewinns aus Land- und Forstwirtschaft
ZfB	Zeitschrift für Betriebswirtschaft
ZfhF	Zeitschrift für handelswissenschaftliche Forschung

Vorwort

Vornehmliches Ziel der polaren Bilanz ist eine Kombination der nominellen und substantiellen Kapitalrechnung der Unternehmungen. Darüber hinaus soll die polare Bilanz Grundlage der Besteuerung sein, und zwar sowohl in einkommensteuerlicher als auch in vermögensteuerlicher Hinsicht. Sie versucht also, die bisherige Antinomie zwischen Handels- und Steuerbilanz sowie der steuerlichen Vermögensaufstellung zu überwinden. Damit wird die polare Bilanztheorie ihrem Namen in mehrfacher Hinsicht gerecht: Sie resultiert aus einer Reihe von Spannungsverhältnissen, wozu bisher kein Ausgleich gefunden wurde.

Es wäre vermessen anzunehmen, die polare Bilanztheorie sei im Unterschied zu anderen Bilanztheorien gänzlich ohne Widerspruch. Eine geschlossene, d. h. völlig widerspruchslose Bilanztheorie zu erhoffen, hieße die Vielgestaltigkeit des Wirtschaftslebens zu verkennen. Denn eine Theorie, mittels der etwas im Geiste erschaut wird, kann immer nur eine Abstraktion der vollen Wirklichkeit sein. Es werden mehr oder weniger unwichtig erscheinende Momente, welche das geistige Erschauen nur stören, einfach negiert. Irgendwann aber kommt diesen in der Abstraktion nicht berücksichtigten Umständen größere Bedeutung zu und dann genügt die Theorie nicht mehr. In diesem Sinne können die bisher bekanntgewordenen Bilanztheorien auch so gedeutet werden, daß sie in Abhängigkeit von den jeweils herrschenden Wirtschaftsverhältnissen entstanden. Es wurde dann die gerade aktuelle wirtschaftliche Problematik unter Vernachlässigung anderer Probleme zum Ausgangspunkt der theoretischen Betrachtung gewählt.

Die zu Bilanzfragen vorhandene Literatur — von der internationalen Literatur ganz abgesehen — ist so umfangreich, daß sie kaum noch zu überblicken ist. Es mag deswegen sein, daß einzelne Gedanken, wie sie hier vorgetragen werden, bereits in der Literatur behandelt wurden. Zum überwiegenden Teil aber wird es sich um bisher nicht bekannte Überlegungen handeln, wobei das Neue im wesentlichen darin liegt, das bereits Bekannte in einer anderen Blickrichtung zu interpretieren und systematisch zusammenzufügen. — Die Tatsache, daß sehr häufig das, was zunächst als neuer Gedanke erschien, in der Literatur bereits vorgedacht war, ermutigte, die Konzeption der polaren Bilanz zur Diskussion zu stellen.

Im ersten Hauptteil dieser Arbeit werden die Grenzen der maßgeblichen Bilanztheorien sowie die der geltenden handelsrechtlichen und steuerlichen Bilanzbestimmungen aus dem Blickwinkel der polaren Bilanz untersucht. Das geschieht, um daraus die Notwendigkeit einer neuen Bilanztheorie abzuleiten. Dabei ist der Gang der Untersuchung davon abhängig, wie diese Grenzen am besten zu verdeutlichen sind. Ein weiterer Grund, im ersten Hauptteil die maßgeblichen Bilanztheorien etc. zu erörtern, ist die Absicht, so den Boden für die Thesen der polaren Bilanz aufzulockern.

Als maßgebliche Bilanztheorien stehen sich heute in erster Linie die dynamische Bilanz von *Schmalenbach*[1] und die organische Bilanz von F. *Schmidt*[2] gegenüber. Sie repräsentieren einerseits jene Bilanztheorien, denen es vornehmlich um die nominelle Erfolgsrechnung geht, andererseits solche Bilanztheorien, die eine substantielle Erfolgsrechnung zum Inhalt haben[3, 4]. Zu den zuerst genannten Bilanztheorien lassen sich trotz aller Verschiedenartigkeiten die streng nominalistische Bilanztheorie von *Rieger*[5], die finanzwirtschaftliche Bilanztheorie von *Walb*[6], das Bilanzschema von *Gnam*[7], die pagatorische Bilanztheorie von *Kosiol*[8] und die totale Bilanztheorie von *le Coutre*[9] rechnen. Der von F. *Schmidt* vertretenen substantiellen Erfolgsrechnung läßt sich allenfalls noch die eudynamische Bilanztheorie von *Sommerfeld*[10] zuordnen. Eine Zwischenstellung zu den beiden maßgeblichen Richtungen der Bilanztheorien nimmt die von M. R. *Lehmann* vertretene Rentabilitäts-

---

1 *Schmalenbach*, Eugen: Dynamische Bilanz, 13. Aufl., Köln—Opladen 1962.

2 *Schmidt*, Fritz: Die organische Tageswertbilanz, 3. Aufl., Wiesbaden 1951.

3 In ähnlicher Weise äußert sich *Hax* in seiner Abhandlung „Die Substanzerhaltung der Betriebe“ (Der Betrieb 1956, S. 357): „Es ist ein Irrtum, wenn behauptet wird, die nominelle Kapitalrechnung werde nur von wenigen Bilanztheoretikern unter Führung von *Rieger* vertreten. Auch *Schmalenbach* sah in der Bilanzrechnung eine Geldrechnung und lehnte das konsequente Substanzdenken von Fritz *Schmidt* grundsätzlich ab.“

4 Es gibt „eigentlich nur zwei Bilanztheorien ..., weil es ... auch nur zwei grundsätzlich verschiedene Bewertungsmaßstäbe gibt: den Anschaffungswert und den Tageswert“ (*Hauck*, Wilhelm Chr.: Bilanztheorien; Bühl-Baden 1933, S. 51).

5 *Rieger*, Wilhelm: Einführung in die Privatwirtschaftslehre, 2. Aufl., Erlangen 1959.

6 *Walb*, Ernst: Finanzwirtschaftliche Bilanz, 2. Aufl., Duisburg 1948.

7 *Gnam*, Arnulf: Die Bilanzformel, in: ZfhF 1954, S. 29.

8 *Kosiol*, Erich: Pagatorische Bilanz (Erfolgsrechnung), in: Lexikon des kaufmännischen Rechnungswesens, 2. Aufl., 3. Bd., Stuttgart 1956, Sp. 2085—2120.

9 *le Coutre*, Walter: Grundzüge der Bilanzkunde. Eine totale Bilanzlehre, 4. Aufl., Wolfenbüttel 1949.

10 *Sommerfeld*, Heinrich: Eudynamische Bilanz, in: Lexikon des kaufmännischen Rechnungswesens, 2. Aufl., 2. Bd., Stuttgart 1955, Sp. 980.

rechnungs-Theorie ein[11]. Auch M. R. *Lehmann* sucht eine Kombination der nominellen und substantiellen Kapitalrechnung. Deswegen stimmt seine Bilanztheorie im Ansatzpunkt mit der polaren Bilanztheorie überein. — Die zuvor aufgezählten Bilanztheorien können nicht spezieller Gegenstand der hier zu treffenden Untersuchungen sein. Sie werden nur insofern behandelt, als es im Hinblick auf die nominelle und substantielle Kapitalrechnung interessiert.

Westhofen-Buchholz, im Januar 1966

Ernst Feuerbaum

---

[11] *Lehmann,* Max Rudolf: Die Quintessenz der Bilanztheorie, in: Zeitschrift für Betriebswirtschaft 1955, S. 683.

A. Einleitung

I. Bilanzauffassung und Bilanztheorie

Die Ansichten darüber, was unter Bilanzauffassung und unter Bilanztheorie zu verstehen ist, gehen in der betriebswirtschaftlichen Literatur auseinander. So bemerkt W. *Lehmann*[1], daß *Schmalenbach* ursprünglich von einer dynamischen Bilanz-„Theorie" sprach. Aber im Vorwort zur 8. Auflage der Dynamischen Bilanz[2] bestreitet *Schmalenbach*, er wolle eine neue Bilanztheorie begründen; ein solch schulmeisterlicher Ehrgeiz liege ihm vollkommen fern[3]. Die von W. *Lehmann* zu dieser Frage vertretene abweichende Ansicht scheint jedoch zutreffend begründet zu sein. Danach soll „unter Bilanzauffassung ... die im Vordergrund stehende Aufgabe, die Ansicht über den Hauptzweck der Bilanz verstanden werden, ohne daß aus dieser Erkenntnis heraus bereits Wege gezeigt werden, wie diese Bilanzauffassung verwirklicht werden soll. ... (Demgegenüber stellt sich die Bilanztheorie) als eine theoretische Ausgestaltung einer Bilanzauffassung dar. Diese Ausgestaltung ist nicht von vornherein vorgezeichnet. Es ist möglich, daß aus einer Bilanzauffassung heraus mehrere theoretische Systeme zur Bilanzerklärung entwickelt werden ..."[4]. So findet sich auch eine Erklärung dafür, daß sich aus der dynamischen Bilanzauffassung verschiedene dynamische Bilanztheorien entwickeln konnten, so die von *Walb, Kosiol* und *Gnam*.

Die Unterscheidung von Bilanzauffassung und Bilanztheorie interessiert für die hier anzustellenden Überlegungen auch aus einem anderen Grunde. Es scheint nämlich eine gewisse Abhängigkeit zwischen dem Schwierigkeitsgrad der Bilanzauffassung und der daraus abgeleiteten Bilanztheorie zu bestehen. Je einfacher die Bilanzauffassung, d. h. je einfacher die Deutung des mit der Bilanz verfolgten Zweckes, um so geschlossener und konsequenter sieht die dazugehörige Bilanztheorie aus. Das wird bereits deutlich, wenn man sich die von *Rieger*

---

[1] *Lehmann,* Wolfgang: Die dynamische Bilanz Schmalenbachs, Wiesbaden 1963, S. 11.

[2] *Schmalenbach,* Eugen: Dynamische Bilanz, 8. Aufl., Bremen-Horn/Hamburg/Hannover-Döhren 1947, S. 5.

[3] *Münstermann* ist „mit *Schmalenbach* ... gleicher Meinung, wenn dieser abstreitet, eine Bilanztheorie begründet zu haben"; vgl. *Lehmann,* Wolfgang: a.a.O., S. 16.

[4] *Lehmann,* Wolfgang: a.a.O., S. 14/15.

und von Fritz *Schmidt* vertretenen Bilanzauffassungen vor Augen führt. *Rieger* sieht in der Bilanz keinen anderen Zweck, als zur „Totalrechnung“ zu gelangen, die den Anfang und das Ende eines Unternehmens einschließt[5]. Die in ihrer Konzeption sehr einfache Bilanzauffassung *Riegers* als Totalrechnung, die zudem eine strenge Nominalwertrechnung ist, erlaubt es, ohne sonderliche Schwierigkeiten eine geschlossene und widerspruchslose Bilanztheorie zu entwickeln[6]. — In gewisser Hinsicht trifft das auch für die organische Bilanzauffassung von Fritz *Schmidt* zu, die ihren Zweck allein darin sieht, die Substanzerhaltung der Unternehmung zu sichern. — *Schmalenbach* stellt dagegen im Rahmen der dynamischen Bilanzauffassung die wesentlich schwierigere Aufgabe, den vergleichbaren betrieblichen Erfolg zu ermitteln. Die dadurch herausgeforderten theoretischen Schwierigkeiten vermehrt er noch dadurch, daß er die dynamische Bilanztheorie auch für die Praxis anwendbar gestalten will. Das führt zu zahlreichen Kompromissen und auch Widersprüchen der dynamischen Bilanztheorie, derart, daß von verschiedenen Kritikern der dynamischen Bilanz die Frage gestellt wurde, ob angesichts dessen überhaupt noch von einer wissenschaftlichen Theorie die Rede sein kann[7, 8].

---

[5] *Muscheid* bemerkt hierzu (*Muscheid,* Werner: Schmalenbachs Dynamische Bilanz, Darstellung, Kritik und Antikritik, Köln-Opladen 1957, S. 86): „*Rieger* hält es für nebensächlich, ob die Totalrechnung diese oder jene praktische Bedeutung hat oder nicht. ... Die Konsequenz daraus ist für ihn nicht die, sich nach einer anderen Art des Abschlusses umzusehen, sondern resigniert zu bekennen, daß es im Leben einer Unternehmung eine wahre und richtige Abrechnung überhaupt nicht gibt ... Ein Zwischenabschluß kann für ihn seinen hohen Wert haben, aber stets ist er eine fingierte Totalrechnung, die ‚rechnungsmäßig mit der Rücksichtslosigkeit einer Guillotine feinste betriebliche Zusammenhänge zertrennt‘.“ (*Rieger,* Wilhelm: Einführung in die Privatwirtschaftslehre, Nürnberg 1928, S. 210).

[6] „... weil *Rieger* genau weiß, daß seine theoretisch so logische Bewertungslehre praktisch völlig versagt“ (*Hauck,* W. Chr.: Bilanztheorien, Bühl-Baden 1933, S. 50).

[7] Vgl. *Muscheid:* Schmalenbachs Dynamische Bilanz; S. 86.

[8] *Rieger* beendet seine Kritik an Schmalenbachs dynamischer Bilanz (*Rieger,* Wilhelm: Schmalenbachs Dynamische Bilanz, 2. Aufl., Stuttgart-Köln 1954) mit den Worten: „Für die Theorie bedeutet die dynamische Bilanz keinen Fortschritt, wohl aber wird man für die der Praxis gewidmeten Teile gerne zugestehen, daß sie von einer ungewöhnlichen Sachkunde Zeugnis ablegen. ... Aber wir haben etwas anderes gesucht: theoretische Klarheit, und diese haben wir nicht gefunden.“ — *Muscheid* räumt zwar ein, daß die *Rieger*sche Kritik an der dynamischen Bilanz hinsichtlich der Darstellungsart, der Systematik und der Begriffsfindung in weiten Teilen berechtigt ist; *Schmalenbachs* Stärke lag in seiner schöpferischen Kraft, eine neue Bilanzauffassung zu finden, jedoch nicht darin, zu dieser Bilanzauffassung eine geschlossene Theorie zu entwickeln. *Muscheid* widerspricht aber grundsätzlich der *Rieger*schen Kritik mit der Behauptung *Antweilers* (*Antweiler,* B.: Die Dynamische Bilanz — Eine Entgegnung auf das *Rieger*sche *Buch,* in: ZfhF 1938, S. 133): „Die Grundlagen der dynamischen Bilanz sind durch die *Rieger*sche Kritik nicht erschüttert“ (*Muscheid:* a.a.O., S. 158).

Eingangs wurde davon gesprochen, es bestehe eine Abhängigkeit zwischen dem Schwierigkeitsgrad der Bilanzauffassung und der Geschlossenheit der dazugehörigen Bilanztheorie, in dem Sinne, daß ein sehr schwieriger Bilanzzweck, wie z. B. den vergleichbaren Erfolg eines Unternehmens zu ermitteln, entsprechende Schwierigkeiten oder sogar Widersprüche in der theoretischen Darstellung zur Folge hat. Tatsächlich aber besteht dieses Abhängigkeitsverhältnis nicht. Wenn in dieser Schrift versucht wird, eine Bilanzauffassung zu entwickeln, die nicht nur einen, sondern zugleich mehrere Bilanzzwecke verfolgt, die aber dennoch eine weitreichend geschlossene theoretische Konzeption findet, so spiegelt sich darin die reiche Erbschaft des hier ausgewerteten betriebswirtschaftlichen Gedankengutes wider. — Ein weiterer Grund dafür, daß trotz der mit der polaren Bilanzauffassung verbundenen mehrfachen Bilanzzwecke eine geschlossene theoretische Konzeption möglich ist, ergibt sich aus der Überlegung, daß diese verschiedenen Bilanzzwecke ein mehr komplexes Abbild der vollen Wirklichkeit darstellen, daß also die polare Bilanztheorie der Wirklichkeit näherkommt und damit in ihren Aussagen mehr Gültigkeit besitzt als jene einseitigen Theorien, die z. B. nur die Substanzerhaltung oder nur die Ermittlung eines vergleichbaren Periodenerfolges fordern. Derartig einseitige Bilanzzwecke, die der Komplexität des Phänomens Bilanz nicht gerecht werden können, müssen zwangsläufig zu den noch herauszuarbeitenden theoretischen Schwierigkeiten führen.

II. Bilanzauffassungen in Abhängigkeit von der wirtschaftlichen Entwicklung

Die verschiedenen Bilanztheorien, die im Laufe der letzten sechs Jahrzehnte entstanden, sind wohl nur dann letztlich zu verstehen, wenn die Umstände berücksichtigt werden, unter denen sie heranreiften.

Bis zum Aufkommen der dynamischen Bilanzauffassung *Schmalenbachs*, die, wie *Muscheid*[1] nachweist, in den Jahren 1907 bis 1915 konzipiert wurde, herrschte die in erster Linie von Juristen vertretene Auffassung von der Handelsbilanz, nämlich daß es vornehmlich darauf ankomme, die Gläubigerinteressen zu schützen. Eine derartige „juristische" Bilanzauffassung war naheliegend, weil man sich von dieser Seite oft mit Bilanzen zu Konkursfällen auseinanderzusetzen hatte und die dabei gewonnenen Erfahrungen in den Vorstellungen über den Bilanzzweck dominierten[2]. Diese „juristische" Bilanzauffassung, die in erster Linie dem Gläubigerschutz dienen sollte, kannte Bewertungs-

[1] *Muscheid:* Schmalenbachs Dynamische Bilanz, S. 3.

[2] Vgl. *Leffson,* Ulrich: Die Grundsätze ordnungsmäßiger Buchführung, Düsseldorf 1964, S. 64.

grundsätze nur insoweit, als nicht zu hoch bewertet werden durfte. Zu einer Unterbewertung ließ sie jeglichen Spielraum.

Das dürfte für *Schmalenbach* der erste Anlaß gewesen sein, eine andere Bilanzkonzeption zu entwickeln. So zitiert *Muscheid*[3] *Schmalenbachs* Vorwort zur 4. Auflage der Dynamischen Bilanz, wonach es ihm „als Assistent an der Universität Leipzig aufgefallen (sei), daß sowohl in der Theorie als auch in der Praxis in Bilanzfragen die Bewertungsmethoden auseinandergingen, und zwar habe ein und derselbe Bilanzfachmann verschiedene Beurteilungsmaßstäbe angewendet, scheinbar ohne diese Verschiedenheit überhaupt zu bemerken. Er *(Schmalenbach)* habe sich dagegen gesagt, daß eine vernünftige Bilanz nur auf einer einheitlichen Bewertungsidee aufgebaut werden könne und habe seine Forschung danach aufgebaut". — Die dynamische Bilanz *Schmalenbachs* kann unter Berücksichtigung dessen durchaus so verstanden werden, daß in Reaktion auf die seinerzeit recht willkürlichen Verhältnisse der Versuch unternommen wurde, mehr System in die Bewertungsfragen hineinzutragen. Vielleicht läßt sich darauf auch das Postulat *Schmalenbachs* zurückführen, die Bilanzen eines Unternehmens sollen vergleichbare Ergebnisse ausweisen. — Es hieße aber, die dynamische Bilanztheorie zu verkennen, wollte man in ihr nur eine Reaktion auf die bis dahin herrschende Bilanzauffassung sehen. Vielmehr ist sie außerdem unter dem Aspekt der damaligen wirtschaftlichen Verhältnisse zu würdigen. Es war eine Zeit recht stabiler Geldwährung und im Vergleich zu unseren heutigen Erfahrungen eine Periode überwiegend statischer Wirtschaftsverhältnisse[4]. So gesehen versteht man das Postulat vergleichbarer Bilanzergebnisse eher und findet auch eine Erklärung dafür, weswegen *Schmalenbach* dem Phänomen der Inflation im Grunde genommen fremd gegenüberstand und sich allenfalls dazu bereitfand, im Rahmen der dynamischen Bilanztheorie der Kaufkraftentwertung mit einer Indexrechnung entgegenzutreten[5]. — Obwohl die dynamische Bilanzauffassung in der Zeit vor dem ersten Weltkrieg entstand, hat sie ihre volle Entfaltung erst in den 30er Jahren gefunden. Auch das kommt nicht von ungefähr. Im Rahmen einer Planwirtschaft mit Preisstopp waren die Voraussetzungen zur Verbreitung der dynamischen Bilanzauffassung günstig, insbesonders hinsichtlich der Postulate Nominalwertrechnung und Vergleichbarkeit der Bilanzergebnisse.

Wenn man der Ansicht ist, daß sich die verschiedenen Bilanztheorien zu einem nicht unbeachtlichen Teil aus den Zeitumständen erklären, unter

---

[3] *Muscheid:* Schmalenbachs Dynamische Bilanz, S. 95.

[4] Vgl. *Walb,* Ernst: Die Erfolgsrechnung privater und öffentlicher Betriebe, Berlin-Wien 1926, S. 328.

[5] Nach *Dornemann,* Richard (Dynamische Bilanzauffassung und Steuerbilanz, in: ZfhF 1954, S. 375) ist der Versuch einer Indexrechnung „als gescheitert" anzusehen.

denen sie entwickelt wurden, so gilt das ganz besonders für die organische Tageswertbilanz von Fritz *Schmidt*. Sie ist, wenn man es so formulieren will, ein Kind der galoppierenden Inflation der 20er Jahre. Die extremen Verhältnisse jener Zeit lassen die extreme Forderung der organischen Tageswertbilanz verständlich werden, der Zweck der Bilanz liege allein in der substantiellen Kapitalerhaltung eines Unternehmens. Welche anderen Gründe sind sonst zu nennen, wenn im übrigen zuzugestehen ist, mit welcher Umsicht und in welch breiter volkswirtschaftlicher Fundierung Fritz *Schmidt* die Theorie der organischen Tageswertbilanz erarbeitete.

Auch die hier vorgetragene Theorie der polaren Bilanz ist von ihrer Zeit abhängig und das zugleich in mehrfacher Hinsicht. Sie ist, wenn man es so ausdrücken will, überfällig. Die heutige wirtschaftliche Entwicklung und die heutige gesamtwirtschaftliche Konzeption fordern geradezu eine Bilanztheorie, mit deren Hilfe es möglich ist, zugleich die nominelle und die substantielle Kapitalerhaltung jener Unternehmen zu sichern, die sich im Rahmen des wirtschaftlichen Geschehens als lebenstüchtig erweisen[6]. Die polare Bilanzauffassung ist aber auch insofern zeitgemäß, als die heutige hohe Steuerbelastung dazu zwingt, einen bilanztheoretisch befriedigenden Gewinnbegriff zu finden, der die Unternehmungen vor gesamtwirtschaftlich nicht zu rechtfertigenden Eingriffen des Staates schützt. — Schließlich steht die polare Bilanz auch deshalb unter den Zeichen ihrer Zeit, als die Betriebswirtschaftslehre heute mehr und mehr der Erkenntnis einer Interdependenz zahlreicher Lebenserscheinungen zugänglich wird, vielleicht als Reaktion auf die Einseitigkeit des bisherigen betriebswirtschaftlichen Denkens, wie es (wahrscheinlich zwangsläufig) mit dem Aufkommen eines noch relativ jungen Wissenschaftszweiges verbunden ist. Die Betriebswirtschaftslehre hat sich unterdessen umfassend in dem weiten Feld der mit ihr korrespondierenden Wissenschaftsbereiche zu orientieren versucht. In diesem Zusammenhang sind die engen Bindungen zur Volkswirtschaftslehre, zur Soziologie, zur Psychologie, zu den Naturwissenschaften und neuerdings zur Statistik und Mathematik zu nennen. Dennoch ist diese spezielle Entwicklung der Betriebswirtschaftslehre nicht der alleinige Grund dafür, die Wirklichkeit auch bilanztheoretisch komplexer sehen zu wollen. Der tiefere Grund dürfte vielmehr jener sein, daß die immer mehr sämtliche Bereiche unserer Umwelt erfassende wissenschaftliche Forschung generell das Phänomen der komplexen

---

6 Das bestätigen die in dieser Richtung vorliegenden zahlreichen Untersuchungen, für die stellvertretend das Werk von *Hax* (Die Substanzerhaltung der Betriebe, Köln-Opladen 1957) und aus jüngster Zeit der Aufsatz von Wolfgang *Müller* (Anpassung der Besteuerung an den gesunkenen Geldwert — ein indiskutables Problem? In: Finanzrundschau 1965, S. 379) genannt seien.

Verbundenheit aller Erscheinungen aufdeckt. Diese Tatsache kann nicht ohne Einfluß auf den Geist der Zeit bleiben, gleichviel, ob dieser Prozeß bewußt oder unbewußt stattfindet. — Unter diesem Aspekt ist die polare Bilanztheorie letztlich zu verstehen. Sie mißt nicht allein mit betriebswirtschaftlichen Ellen, sondern versucht, das Phänomen der Bilanz komplex zu erfassen. Dabei kann weder volkswirtschaftlichen noch gesellschaftspolitischen Fragen noch den Fragen der Besteuerung ausgewichen werden.

B. Bisherige Antinomie nomineller und substantieller Kapitalrechnung

Es wurde bereits herausgestellt, daß die maßgeblichen Bilanztheorien (mit Ausnahme der an sich systemoffenen Handelsbilanz) überwiegend einen bestimmten Bilanzzweck verfolgen, der immer nur eine Seite des vielseitigen und mehrschichtigen Phänomens Bilanz trifft. So gibt es Bilanzauffassungen, wonach der alleinige Bilanzzweck darin liegt, das Vermögen eines Unternehmens darzustellen[1] oder den vergleichbaren Erfolg eines Unternehmens zu ermitteln[2] oder die Substanz eines Unternehmens zu erhalten[3] oder die rein nominell errechnete Rendite eines Unternehmens nachzuweisen[4] oder zu verhindern, daß die Gläubigerinteressen verletzt werden usw. All diese verschiedenen Bilanzauffassungen sind, punktuell betrachtet, durchaus berechtigt. Sie alle spiegeln irgendeinen der vielen realen Zwecke wider, die mit der Bilanz verbunden sein können[5].

Glaubt man den Verfechtern dieser verschiedenen Bilanzauffassungen, so läßt sich der überwiegende Teil der zuvor aufgezählten Bilanzzwecke nicht miteinander in Einklang bringen. Einzelne namhafte Vertreter der Betriebswirtschaftslehre behaupten sogar, daß sich die verschiedenen Bilanzzwecke grundsätzlich gegenseitig ausschließen. Der Streit führte dann soweit, daß mehrfach argumentiert wurde, nur die eigene Bilanztheorie sei wissenschaftlich fundiert, während man das von anderen verneinen müsse. In diesem Sinne äußerte sich z. B. *Rieger* über die dynamische Bilanz, ohne sie jedoch, wie *Muscheid* wohl zutreffend bemerkt, recht verstanden zu haben[6]. Aber auch *Schmalenbach*

---

1 Totale Bilanz von *le Coutre.*

2 Dynamische Bilanz von *Schmalenbach.*

3 Tageswertbilanz von Fritz *Schmidt.*

4 Pagatorische Bilanz von *Kosiol.*

5 Vgl. „Die totale Bilanz", in: Zeitschrift für Betriebswirtschaft 1955, S. 77: „Alle (Bilanztheorien) enthalten ein mehr oder weniger großes Korn ‚Wahrheit'." *Le Coutre* ist zwar expressis verbis bestrebt, in der totalen Bilanz die einseitige Ausrichtung anderer Bilanztheorien zu überwinden. Da er sich jedoch streng an Anschaffungswerte hält, ist auch der totalen Bilanztheorie eine einseitige Orientierung zuzuschreiben.

6 *Muscheid* meint: „*Rieger* ein zu starkes Am-Wort-Haften vorwerfen zu müssen; ein Am-Wort-Haften, dessen Folge es dann meist war, daß *Rieger* trotz seines streng logischen Vorgehens oft gar nicht bis zu den hinter den Worten stehenden Gedanken und Zusammenhängen vordrang. Man kann aber eine Lehre, wie *Hasenack* sagt, nicht allein mit logizistischen Mitteln ad absurdum führen, hinter einer (zitiert nach *Hasenack)*

zögerte nicht, andere Bilanztheorien wissenschaftlich in Frage zu stellen. So betont er in der 13. Auflage der Dynamischen Bilanz[7] erneut, daß die sog. dualistische Bilanzauffassung, nach der „sowohl eine Darstellung des Vermögens, als auch eine solche des Erfolges" versucht würde, unwissenschaftlich wäre[8]. *Schmalenbach* blieb bei dieser Feststellung, obwohl sie ihm von mancher Seite Kritik eintrug. — Demgegenüber nahm F. *Schmidt* eine wesentlich konziliantere Haltung ein. Freilich verfolgt auch er einen recht einseitigen Bilanzzweck, nämlich die Substanzerhaltung, versucht jedoch, soweit es nur möglich ist, Brücken zu den anderen Bilanzauffassungen zu schlagen[9]. Es fällt geradezu auf, wie sehr sich F. *Schmidt* darum bemühte, in verschiedenen Punkten Übereinstimmung mit *Schmalenbach* nachzuweisen, obwohl *Schmalenbach* mit seiner Bemerkung über die Unwissenschaftlichkeit dualistischer Bilanzauffassung wohl auch F. *Schmidt* gemeint hat[10].

Tatsächlich sind, und darin ist F. *Schmidt* zuzustimmen, die verschiedenen oben erwähnten Bilanzzwecke durchaus nicht ausschließenden

---

,allzu großzügigen und tatsächlich nicht immer genügend straffen äußeren Form kann ein sehr hieb- und stichfester theoretischer Kern verborgen sein, und diesem hätte *Rieger* unter Beiseiteräumen aller Äußerlichkeiten nachgraben müssen'. An der Bereitschaft zu diesem Nachgraben, die ein vollständiges gedankliches Eindringen in das *Schmalenbach*sche Ideengut verlangt hätte, fehlte es jedoch bei *Rieger*. Er biß sich an der *Schmalenbach*schen Terminologie und an der formalen Logik fest" (*Muscheid:* Schmalenbachs Dynamische Bilanz, S. 152).

[7] *Schmalenbach*, Eugen: Dynamische Bilanz, 13. Aufl., S. 44.

[8] „Da die Wertansätze für beide Bilanzen verschieden sein müssen, habe ich in früheren Auflagen Bilanzauffassungen dieser Art als unwissenschaftlich bezeichnet. Ich bin seither zu keinem besseren Urteil gekommen..." (*Schmalenbach:* Dynamische Bilanz, 13. Aufl., S. 45).

[9] So bemerkt er z. B. (*Schmidt*, Fritz: Die organische Tageswertbilanz, S. 51): „Die Bilanz als die Zusammenfassung alles dessen, was noch nicht umgesetzt ist, entspricht in dieser Umschreibung durchaus dem von *Schmalenbach* geprägten Begriff des Kostenspeichers. Sie enthält als Augenblicksbild alle Bestände eines Zeitpunktes, aber diese Bestände sind alle mehr oder weniger auf dem Sprunge, in die Umsatzrechnung einzugehen, d. h. umgesetzt zu werden. Insofern kann man *Schmalenbach* durchaus zustimmen, wenn er die Bilanz als wichtigen Teil der Erfolgsrechnung ansieht. Sie ist das Bild eines Staubeckens mit dauerndem Zu- und Abfluß."

[10] In seinem Bemühen um Verständnis geht F. *Schmidt* sogar so weit, im Vorwort zur 3. Auflage der „Organischen Tageswertbilanz" zu bemerken: „Wenn in der vergleichenden Kritik die Auseinandersetzung mit den Darlegungen *Schmalenbachs* und seiner Schüler im Vordergrund steht, so ist daraus nicht zu schließen, daß mich von ihnen besonders weitgehende Unterschiede der Anschauung trennen. Im Gegenteil, nur weil zwischen uns in dem Willen zur richtigen Erfolgsrechnung Übereinstimmung besteht, kann der Vergleich der Einzelrechnungen besonders fruchtbar werden. Manche der Differenzen scheinen viel größer, als sie praktisch sind, andere aber, so insbesondere die Frage der Verbindung von Vermögensrechnung und Erfolgsrechnung, können nur durch Prüfung der gegenseitigen Argumente geklärt werden. Leider verhindert die berufliche Belastung der Betriebswirtschafter gar zu häufig eine wirkliche Vertiefung in die Gedankengänge der Gegner."

Charakters, soweit sie nicht extremen Forderungen nachgeben. Im Rahmen der polaren Bilanztheorie wird jedenfalls versucht, sie miteinander zu vereinen und dennoch die Geschlossenheit der Theorie zu wahren[11]. Mit Hilfe der organischen Bilanztheorie ist aber dieses Ziel wegen ihrer einseitigen Ausrichtung auf Substanzerhaltung trotz der zuvor erwähnten Bemühungen von F. *Schmidt* nicht zu erreichen. Das gleiche gilt für die anderen maßgeblichen Bilanztheorien. Sie haben jeweils *einen* Bilanzzweck so überbetont, daß sie mit den möglichen anderen Bilanzzwecken zwangsläufig in Konflikt geraten müssen[12]. In ihrer Einseitigkeit scheitern sie an der komplexen Wirklichkeit des wirtschaftlichen Geschehens, es sei denn, daß entsprechende theoretische Kompromisse gemacht werden. *Rieger* und F. *Schmidt* gingen diesen Weg des Kompromisses nicht. Sie wahrten dadurch zwar die Geschlossenheit ihrer theoretischen Konzeption, mit der Konsequenz, daß ihre Bilanztheorien kaum praktische Bedeutung gefunden haben. *Schmalenbach* dagegen zog als Pragmatiker den Weg des Kompromisses vor; darunter litt aber die Geschlossenheit seines Systems.

I. Die Handelsbilanz

Die gesetzlichen Vorschriften zur Handelsbilanz finden sich in den §§ 38—47 des Handelsgesetzbuches. Ergänzende Vorschriften zur Handelsbilanz einer Aktiengesellschaft enthalten die §§ 125—134 Aktiengesetz. Dabei verweist § 129, III des Aktiengesetzes ausdrücklich auf die zuvor zitierten Bestimmungen des Handelsgesetzbuches. In ähnlicher Weise nimmt § 42 des GmbH-Gesetzes auf § 40 des Handelsgesetzbuches Bezug. Schließlich sind (neben den zuvor erwähnten gesetzlichen Vorschriften) gemäß § 38 HGB und § 129, I Aktiengesetz die Grundsätze ordnungsmäßiger Buchführung für die Handelsbilanz maßgeblich. Sie sind jedoch nirgendwo gesetzlich oder sonstwie verbindlich kodifiziert[1].

---

[11] In diesem Sinne interessieren die Äußerungen von W. *Müller* in seiner bereits zitierten Abhandlung (Anpassung der Besteuerung an den gesunkenen Geldwert — ein indiskutables Problem? In: Finanzrundschau 1965, S. 381): „Ebenso wie bei der dynamischen Bilanzlehre steht im Mittelpunkt der Rechnungslegung nach dem Wiederbeschaffungswertprinzip die Ermittlung des betriebswirtschaftlich richtigen Periodengewinns. Man könnte sogar der Meinung sein, daß beide identisch sind, sofern man bei der dynamischen Bilanzierung, die durch die Geldentwertung erforderlichen Korrekturen berücksichtigt."

[12] Vgl. „Die totale Bilanz", in: Zeitschrift für Betriebswirtschaft, 1955, S. 77: „Die totale Bilanzlehre lehnt deshalb auch die übrigen Bilanzauffassungen nicht grundsätzlich ab; . . . , aber sie sind alle einseitig und darum unzureichend."

[1] Vgl. *Leffson:* Die Grundsätze ordnungsmäßiger Buchführung, S. 3.

1. Systemoffenheit der Handelsbilanz

Obwohl die Bestimmungen des Handelsgesetzbuches zur Handelsbilanz nicht allein für sich betrachtet werden dürfen, sondern unter Berücksichtigung der Bestimmungen des Aktiengesetzes und des GmbH-Gesetzes zu würdigen sind, auch dann, wenn es sich nicht um Handelsbilanzen von Aktiengesellschaften oder von Gesellschaften mit beschränkter Haftung handelt, ist es nicht abwegig und auch nicht verfehlt, zunächst die §§ 38—47 des Handelsgesetzbuches isoliert kritisch zu prüfen.

Neben dem bereits erwähnten Hinweis des § 38 HGB auf die Grundsätze ordnungsmäßiger Buchführung enthält nur der § 40 HGB Bewertungsvorschriften. Danach ist die Bilanz in Reichswährung aufzustellen und es sind sämtliche Vermögensgegenstände und Schulden in der Bilanz mit dem Werte anzusetzen, „der ihnen in dem Zeitpunkt beizulegen ist, für welchen die Aufstellung stattfindet. Zweifelhafte Forderungen sind nach ihrem wahrscheinlichen Werte anzusetzen, uneinbringliche Forderungen abzuschreiben". So gesehen enthalten die Bestimmungen des HGB nicht einmal die Vorschrift, daß bei der Bewertung der einzelnen Vermögensgegenstände von den Anschaffungswerten auszugehen ist. Es ließe sich daher durchaus die Auffassung vertreten, daß auch zum höheren Tageswert oder höheren Wiederbeschaffungswert bilanziert werden darf. Lediglich aus der Tatsache, daß Forderungen mit ihrem wahrscheinlichen Wert einzusetzen und uneinbringliche Forderungen abzuschreiben sind, ist zu schließen, daß zum Zwecke des Gläubigerschutzes dem Prinzip der Vorsicht Genüge zu tun ist[2]. Es ist daher festzustellen, daß der Handelsbilanz im Grunde genommen keine Bilanzauffassung, die einen bestimmten Zweck verfolgt, zugrunde liegt; es sei denn, man ist der Ansicht, das Prinzip der Vorsicht entspreche bereits den Anforderungen, die an eine Bilanzauffassung zu knüpfen sind. Unter diesem Aspekt ist außerdem festzustellen, daß die Handelsbilanz zwar eine Nominalwertrechnung sein kann, es aber nicht sein muß. — *Leffson* gelangt ebenfalls zu dem Ergebnis, daß dem Gesetzgeber bei der Abfassung der heute noch geltenden Bestimmungen des Handelsgesetzbuches keine konkreten Vorstellungen vorschwebten, wie zu bilanzieren ist, insbesonders welche Werte zum Ansatz kommen sollen: „Die Vorstellung, daß sich brauchbare Formen im Wirtschaftsleben von unten her aus den inneren Kräften der Gesellschaft von selber entfalten, so daß ordnungsmäßige Grundsätze aus dem Kaufmannsbrauch gewonnen werden könnten, ist deutlich als ein Produkt

---

[2] Keineswegs aber kann behauptet werden, daß die Gläubigerinteressen allein dann am besten gewahrt bleiben, wenn die Gegenstände des Anlage- und Vorratsvermögens zu Anschaffungswerten oder zu darunter liegenden Werten bilanziert werden; vgl. hierzu auch *Leffson:* Die Grundsätze ordnungsmäßiger Buchführung, S. 64.

des historischen Denkens der Zeit zu erkennen, in der das deutsche Handelsgesetzbuch geschaffen wurde. ... Der Gesetzgeber dürfte im Geiste seiner Zeit darauf vertraut haben, daß sich aus den wirtschaftlichen Notwendigkeiten heraus gute Kaufmannsbräuche entwickeln würden. ... Der Gedanke wäre ihm fremd gewesen, daß aus der Sache heraus Grundprinzipien der Buchführung gewonnen werden könnten, die für jede Zeit und für jeden Raum gelten[3]. ... Der Gesetzgeber von 1897 hat sich unter den GoB nichts anderes als kaufmännische Bräuche vorgestellt[4]."

Es kann aber nicht unbeachtet bleiben, daß das GmbH-Gesetz, bekanntgegeben am 20. April 1892, noch vor dem Handelsgesetzbuch vom 10. Mai 1897 datiert. Die Bestimmungen des § 40 HGB müssen daher im Zusammenhang mit den Bestimmungen des § 42 GmbH-Gesetzes, Ziffer 1, gewürdigt werden. Nach § 42 Ziffer 1 GmbH-Gesetz sind aber „Anlagen und sonstige Vermögensgegenstände, welche nicht zur Weiterveräußerung, sondern dauernd zum Betriebe des Unternehmens bestimmt sind ... höchstens zu den Anschaffungs- oder Herstellungspreisen" anzusetzen. Durch diese Bindung an die Anschaffungswerte als Höchstwerte wird die Handelsbilanz generell (soweit es das Anlagevermögen betrifft) zu einer Nominalwertrechnung, weil zu vermuten ist, daß diese Bestimmung des GmbH-Gesetzes aus den Grundsätzen der ordnungsmäßigen Buchführung abgeleitet wurde. Es besteht daher auch kein Grund anzunehmen, für das Umlaufvermögen gelte etwas anderes. Jedenfalls lassen die Bestimmungen des Aktiengesetzes daran keinen Zweifel. Es läßt sich sogar die Auffassung vertreten, daß die Grundsätze ordnungsmäßiger Buchführung schon von jeher (und nicht erst seit dem GmbH-Gesetz) den Anschaffungswert vorschrieben[5], gleichviel, ob das im vollen Bewußtsein der damit verbundenen Konsequenzen der Fall war oder lediglich deswegen, weil die Buchhaltung erst durch das Nominalwertprinzip die ihr eigene Sicherheit erlangt. Der letztere Grund dürfte sogar der wahrscheinliche sein. Um so merkwürdiger ist es, daß die zitierten Bestimmungen des Handelsgesetzbuches keinen Hinweis auf Anschaffungswerte als Höchstwerte enthalten.

Schmalenbach bemerkt allerdings in seinen Untersuchungen über „Die geschichtliche Entwicklung des Jahresabschlusses"[6], anhand der Protokolle der Nürnberger Kommission von 1857, auf deren Vorarbeiten das Allgemeine Deutsche Handelsgesetzbuch von 1862 beruht,

---

[3] *Leffson:* Die Grundsätze ordnungsmäßiger Buchführung, S. 32.

[4] *Leffson:* a.a.O., S. 38.

[5] Vgl. *Tomfohrde,* Klaus: Die dynamische Bilanzauffassung und das Bilanzsteuerrecht, Düsseldorf 1959, S. 5.

[6] *Schmalenbach,* Eugen: Dynamische Bilanz, 13. Aufl., 1962.

sei deutlich erkennbar, „wie alle darin einig waren, nicht den Einkaufspreis oder einen sonstigen früheren Wert, sondern den Zeitwert zu treffen; darüber hinaus aber schreckte man davor zurück, die Art des Wertes genauer zu bestimmen. ... (Man) hatte ... eine bestimmte Bewertungsart abgelehnt und nur einen bestimmten Bewertungszeitpunkt angenommen[7]. ... Obwohl das von der Nürnberger Kommission geschaffene Bilanzrecht infolge der nicht völlig beendeten Durchberatung und der fehlenden klaren Zweckbestimmung nur einen summarischen Charakter behielt, ist es doch im Laufe der weiteren gesetzgeberischen Arbeiten, insbesondere bei der Schaffung des neuen Handelsgesetzbuches von 1897, das 1900 in Kraft trat, im wesentlichen unverändert übernommen worden“[8]. — Damit bestätigt sich nun allerdings doch wieder, daß § 40 HGB nicht unbedingt von Anschaffungswerten ausgeht und daß somit die Handelsbilanz auch nicht unbedingt eine Nominalwertrechnung ist. Andererseits sah aber bereits die Aktiennovelle von 1884 zum Aktiengesetz von 1870 ausdrücklich vor, „daß alle Aktiva höchstens zu den Anschaffungskosten anzusetzen sind, und daß bei Marktpreisgegenständen, falls der Tagespreis unter den Anschaffungskosten liegen sollte, dieser Tagespreis bei der Bewertung die Vorhand hat“[9]. Somit wurde der Anschaffungswert nicht erst durch das GmbH-Gesetz von 1892, sondern zu einem früheren Zeitpunkt, nämlich durch die Aktiennovelle von 1884, gesetzlich verankert[10].

Auch dann, wenn man mehr der Auffassung zuneigt, daß die Handelsbilanz stets (und nicht erst seit der Aktiennovelle von 1884) eine Nominalwertrechnung war, darf sie als system-offen bezeichnet werden, und zwar deswegen, weil die Anschaffungswerte bis zum heutigen Tage lediglich Höchstwerte darstellen und es durchaus zulässig ist, bis herunter auf Null zu bilanzieren. Jedenfalls herrschte diese Auffassung bis zum Aufkommen der dynamischen Bilanztheorie vor etwa 50 Jahren und auch noch lange Zeit danach. Dieser Tatsache kommt deswegen besondere Bedeutung zu, weil es so möglich wurde, der Handelsbilanz nachträglich andere Bilanzauffassungen zu unterstellen oder zumindest solches zu versuchen. Andererseits erlaubt die System-

---

[7] *Schmalenbach,* Eugen: a.a.O., S. 21.

[8] *Schmalenbach,* Eugen: a.a.O., S. 24.

[9] *Schmalenbach,* Eugen: a.a.O., S. 31.

[10] Anlaß zur Aktiennovelle von 1884 waren nach *Schmalenbach* die Auswüchse der sog. „Gründerzeit“: „Es war eine Periode des Wettkampfes um das mobile Kapital. Mit Prospekten und Bilanzen wurde Propaganda gemacht; und die Propaganda nimmt es bekanntlich mit der Wahrheit nicht genau. Als im Jahre 1873 eine nachhaltige Wirtschaftsdepression einsetzte — mit einigen Unterbrechungen dauerte sie über 20 Jahre —, nahm die Gründungstätigkeit solche Formen an, daß man diese Zeit mit dem Namen ‚Gründungsschwindel‘ bedacht hat. (*Schmalenbach:* Dynamische Bilanz, 13. Aufl., S. 30.) ... Es ist verständlich, daß der Gesetzgeber angesichts dieser Mißbräuche eingreifen mußte“ (*Schmalenbach:* a.a.O., S. 31).

offenheit der Handelsbilanz, solange und soweit sie erhalten bleibt, eine weitgehende (wenn auch vielleicht nicht voll ausreichende) Anpassung an die jeweilige wirtschaftliche Entwicklung.

2. Alterationen der Handelsbilanz

Es sind im wesentlichen zwei Versuche zu verzeichnen, die Systemoffenheit der Handelsbilanz so zu nutzen, daß sie bestimmten Bilanzzwecken zugänglich wurde , die ihr a priori nicht zu eigen waren. Soweit es den Versuch betrifft, im Rahmen der Handelsbilanz die Substanzerhaltung der Unternehmungen zu sichern, geschah das mehr oder weniger unbewußt. Es handelte sich hierbei in erster Linie um eine intuitive Reaktion, den Gefahren der Geldentwertung zu entgehen. Der zweite Versuch, die Handelsbilanz mit einem ihr ursprünglich fremden Zweck zu verbinden, ist ihre Umwandlung in Richtung auf eine dynamische Bilanz, wozu insbesonders die ab 1. 1. 1967 in Kraft tretenden Bestimmungen des Aktiengesetzes 1965 zur Rechnungslegung zählen[11].

a) Substanzrechnung in der Handelsbilanz

Mit der Frage der Substanzerhaltung in der Handelsbilanz hat sich insbesonders *Hax* systematisch und umfassend auseinandergesetzt[12, 13]. In seinen Untersuchungen führt *Hax* zunächst den Nachweis, daß es nicht genügt, allein das (nominelle) Kapital oder allein die Substanz einer Unternehmung zu erhalten. Vielmehr müsse ein Weg gefunden werden, beide Ziele zugleich zu erreichen. Den Verfechtern einer einseitigen Substanzerhaltung hält er vor, sie übersähen, „daß die Geld- und Kapitalrechnung zu den Grundlagen unseres Wirtschaftssystems gehört“[14]. Die Notwendigkeit der Substanzerhaltung begründet er dagegen mit der Tatsache der chronischen Geldentwertung auch im Rahmen einer „normalen“ Wirtschaftsentwicklung, die in Verbindung mit der hohen Steuerlast die Gefahr einer Substanzauszehrung einschließt[15]. — Obwohl der Hauptteil der Untersuchungen von *Hax*

---

[11] Aktiengesetz 1965: BGBl. 1965, I. S. 1089.

[12] *Hax:* Die Substanzerhaltung der Betriebe.

[13] Vgl. *Görres*, Peter: Rezension, in: Betriebs-Berater 1958, S. 884.

[14] *Hax:* a.a.O., S. 15.

[15] *Walb* hat diese Situation bereits recht früh klar umschrieben: „Die Frage der Kapitalerhaltung wird am besten verständlich, wenn man ihre geschichtliche Entwicklung betrachtet. In der Zeit bis zu den großen, im Gefolge des (ersten) Weltkriegs aufgetretenen Geldwertschwankungen war die Frage der Kapitalerhaltung und damit der Aufwandsberechnung überhaupt kein Problem. Es galt als ganz selbstverständlich, daß ein Betrieb nur dann von Gewinn reden könne, wenn das investierte Kapital in gleicher Geldziffer erhalten worden sei. Die Folge davon war, daß die Aufwandsbewertung nach den seinerzeit gezahlten Vergangenheits- oder den Anschaffungspreisen vor sich ging... . Die ganze Verrechnung lief daher auf die Erhaltung des nominellen Kapitals ... hinaus“ (*Walb:* Die Erfolgsrechnung

der Frage gewidmet ist, wieweit die geltenden handels- und steuerrechtlichen Bestimmungen die Substanzerhaltung der Unternehmungen erlauben, sind seine Absichten im wesentlichen darauf gerichtet, neue Wege zu zeigen, wie dieses Ziel besser erreicht werden kann. Deshalb sagt er im Vorwort seines zuvor erwähnten Werkes: „Dadurch soll die Grundlage für eine zielbewußte und klare Umgestaltung der Grundsätze des betrieblichen Rechnungswesens und der entsprechenden gesetzlichen Vorschriften gewonnen werden...". In der so von *Hax* vorgezeichneten Richtung hält sich die Theorie der polaren Bilanz. Die von *Hax* untersuchten Möglichkeiten und Grenzen der Substanzrechnung im Rahmen der geltenden handels- und steuerrechtlichen Bestimmungen werden nur insoweit berücksichtigt, als sie für die hier anzustellenden Überlegungen von Bedeutung sind.

Wie bereits dargelegt, ist die Handelsbilanz eine Nominalwertrechnung, und zwar deswegen, weil in der Handelsbilanz die Anschaffungswerte Höchstwerte darstellen, die nicht *über-* sondern allenfalls unterschritten werden dürfen. Das hat zur Folge, daß sowohl bei einer generellen Kaufkraftentwertung als auch bei speziellen Wertsteigerungen zu einzelnen Vermögensgegenständen der Gewinn die Differenz zwischen dem Buchwert und dem (höheren) Verkaufserlös darstellt, gleichviel, ob der Verkaufserlös dazu ausreicht oder nicht, den veräußerten Vermögensgegenstand wieder zu beschaffen. Von dem nicht seltenen Fall, daß der Buchwert unter dem Anschaffungswert des Vermögensgegenstandes liegt, kann im jetzigen Stadium der Betrachtung abgesehen werden. Es sei lediglich vermerkt, daß die Gründe für einen unter dem Anschaffungswert liegenden Buchwert verschiedener Art sein können, z. B. bedingt sein können durch Abschreibungen, durch niedrigeren Tageswert oder durch die Absicht, stille Reserven zu legen. Unter Außerbetrachtlassung eines u. U. unter dem Anschaffungswert liegenden Buchwertes ist somit im Rahmen der Nominalwertrechnung der Saldo zwischen Veräußerungserlös und Anschaffungswert Gewinn. Dieser Gewinn ist insoweit Scheingewinn, als der Wieder-

---

privater und öffentlicher Betriebe, S. 328/9). „Gegenüber diesem eingebürgerten nominalistischen Gelddenken und der darauf begründeten Rechnungslegung brachte die Zeit der Geldentwertung neue und lehrreiche Feststellungen ... Die neue Erfahrung ... war die, daß das Rechnen mit nominellen Geldziffern nur in Zeiten stabilen und nur wenig schwankenden Geldwertes sinnhaft ist..." (*Walb:* a.a.O., S. 332). „Man erblickte jetzt als Voraussetzung für das Vorhandensein von Gewinn die Erhaltung eines unveränderten Sachbesitzes... Das überkommene Denken in Geld wurde abgelöst durch das Denken in Gütern... An Stelle der geldwirtschaftlichen war die naturalwirtschaftliche, gütermäßige oder technisch-materialistische Betrachtungsweise getreten" (*Walb:* a.a.O., S. 333). *Walb* zitiert hierzu *Gottl-Ottlilienfeld,* der „in einem anderen Zusammenhang von ‚güterseligem' Denken (spricht)".

beschaffungswert des Vermögensgegenstandes am Tage seiner Veräußerung über seinem ursprünglichen Anschaffungswert liegt[16].

Scheingewinne sind jedoch keineswegs mit der Substanzauszehrung eines Unternehmens identisch. Nur dann, wenn der Wiederbeschaffungswert *über* dem Verkaufserlös liegt, ist eine Substanzauszehrung zu bejahen. Ist jedoch der Verkaufserlös höher als der Wiederbeschaffungswert, was bei einer zutreffenden Preispolitik als normal unterstellt werden muß, so kann das Vorliegen eines Scheingewinnes mit Substanzauszehrung verbunden sein, muß es aber nicht. Eine Substanzauszehrung ist bei gestiegenen Wiederbeschaffungspreisen dann nicht gegeben, wenn der Verkaufserlös dazu ausreicht, sowohl den veräußerten Vermögensgegenstand wieder zu beschaffen als auch die auf den Scheingewinn entfallenden Ertragsteuern und Gewinnausschüttungen abzudecken[17]. *Hax* ist aber zuzustimmen, daß bei der heutigen hohen Steuerbelastung die Realisierung von Scheingewinnen zumindest mit der Gefahr einer Substanzauszehrung des Unternehmens verbunden ist: „Wenn die steuerlichen Vorschriften lediglich die Prinzipien der Geldkapitalrechnung anerkennen (Nominalwertrechnung) und eine Verkürzung des steuerlichen Gewinns durch eine Unterbewertung der Aktiven untersagen, dann entfallen damit auch die Möglichkeiten der Substanzerhaltung, und zwar um so mehr, je größer der Anteil der Ertragsteuern am Gesamtgewinn ist. Wenn man ihn auf 50 % beziffert, dann wird also die Hälfte des Gewinnes dem Unternehmen ohne Rücksicht auf die Substanzerhaltung entzogen; und es ist nicht sicher, ob die andere Hälfte des Gewinnes ausreicht, um den Erfordernissen der Substanzerhaltung gerecht zu werden und zugleich den Anteilseignern eine angemessene Gewinnausschüttung zukommen zu lassen[18]."

Hax macht in der zuvor zitierten Feststellung zu Recht den Vorbehalt, daß die Gefahr einer Substanzauszehrung dann gemindert oder beseitigt wird, wenn die steuerlichen Vorschriften „eine Verkürzung des steuerlichen Gewinns durch eine Unterbewertung der Aktiven" erlauben, so wie es im Rahmen der handelsrechtlichen Vorschriften z. Zt. noch zulässig ist. — Es gibt demnach zwei Wege, die Gefahr einer Substanzauszehrung zu bannen. Der erste, klassische Weg ist die von Fritz *Schmidt* empfohlene Passivierung einer Substanzerhaltungs-

---

[16] *Saage*, Gustav (Die Erhaltung des betrieblichen Leistungsvermögens, in: Der Betrieb 1960, S. 65) definiert den Scheingewinn als „kalkulatorische Mehrkosten aus Preissteigerungen, Mehrabschreibungen und Aufwendungen für vermehrte Forschung, Entwicklung und Leistungserhaltung". Diese Definition deckt sich nur teilweise mit dem hier verwendeten Begriff „Scheingewinn".

[17] Vgl. *Vogel:* Preissteigerungsgewinne bei der Einkommensbesteuerung, Betriebs-Berater, 1956, S. 32.

[18] *Hax:* Die Substanzerhaltung der Betriebe, S. 59.

rücklage in Höhe der Differenz zwischen ursprünglichem Anschaffungswert und Wiederbeschaffungswert am Tage der Veräußerung des betreffenden Vermögensgegenstandes oder am Bilanzstichtag (Besonderheiten hierzu werden im Abschnitt über die organische Bilanz dargestellt). Der Zweck dieser Substanzerhaltungsrücklage liegt darin, den Gewinn in Höhe des ihr zugeführten Betrages zu kürzen. Diese Kürzung des Gewinnes entspricht der Höhe des Scheingewinnes. Er soll weder versteuert noch ausgeschüttet werden, sondern ausschließlich dazu dienen, die Wiederbeschaffung der veräußerten Vermögensgegenstände sicherzustellen. Die gleiche Wirkung kann dadurch erzielt werden, daß in Höhe des Scheingewinnes eine Unterbewertung der Aktiven erfolgt[19]. So gesehen ist der zweite Weg zur Eliminierung von Scheingewinnen dem klassischen Verfahren einer Substanzerhaltungsrücklage durchaus ebenbürtig. Im übrigen gelten die gleichen und zuvor bereits erwähnten Feststellungen hinsichtlich fehlender Identität zwischen Scheingewinnen und Substanzauszehrung: Die „Identität" kann, muß aber nicht gegeben sein.

Während es durchaus denkbar ist und im Rahmen der polaren Bilanztheorie (im Gegensatz zu F. *Schmidt* und *Hax*) sogar gefordert wird, die Substanzerhaltungsrücklage zumindest in der Höhe bestehen zu lassen, wie sie in der vorhergehenden Bilanz ausgewiesen wurde und bei weiteren Preissteigerungen entsprechend aufzustocken, ist eine solche Konstanz der zur Verhinderung von Scheingewinnen oder zur Vermeidung einer Substanzauszehrung gebildeten stillen Reserven nicht vorstellbar. Das wird sogleich offenbar, wenn man sich vorzustellen versucht, der mengenmäßige Rückgang des Anlage- und Vorratsvermögens hätte ein solches Ausmaß angenommen, daß die ursprünglich gebildeten „stillen Reserven" den Betrag der Anschaffungswerte der verbliebenen Vermögensgegenstände überschreiten. In einem solchen Fall würde nämlich die Forderung nach Konstanz der einmal gebildeten stillen Reserven zu negativen Aktiva führen. Das aber ist nach den Vorschriften des Handelsrechts nicht zulässig. Eine Unterbewertung darf allenfalls bis auf den Wert von Null reichen, jedoch nicht zu negativen Werten führen. Wenn es aber dazu kommt, daß aus irgendwelchen Gründen die zwecks Eliminierung von Scheingewinnen gebildeten stillen Reserven aufgelöst werden, dann werden zu diesem Zeitpunkt Scheingewinne nachträglich realisiert, versteuert und u. U. ausgeschüttet, d. h. es findet nachträglich unter den bekannten Einschränkungen eine Substanzauszehrung statt. — Die Auflösung solcher stillen Reserven kann durchaus willkürlich sein, aber auch aus dem bereits erwähnten Grunde erfolgen, nämlich einer Schrumpfung der

---

[19] Vgl. auch die Abhandlung von *Hax*: „Bilanzgewinn und Geldwertschwankungen", in: ZfhF 1951, S. 440.

betreffenden Aktiven, schließlich aber auch aus einem Rückgang der Wiederbeschaffungswerte herrühren. Im letzteren Fall ist allerdings eine mengenmäßige Minderung der betreffenden Aktiven nicht die Folge etwaiger Substanzauszehrung aufgrund von Scheingewinnen, weil die Substanzauszehrung ja zunächst durch stille Reserven verhindert wird. Insofern, aber auch nur insofern, kann die Ansicht vertreten werden, die im Rahmen der Handelsbilanz zulässige Bildung stiller Reserven reiche dazu aus, die Gefahr der Substanzauszehrung zu bannen. Es wird sich noch zeigen, daß das im übrigen nur sehr unzureichend der Fall ist.

aa) Substanzrechnung beim Umlaufvermögen

Soweit es die mehr oder weniger bewußt angewandten Methoden betrifft, bei den Vermögensgegenständen des Umlaufvermögens die Substanzerhaltung zu bewirken (Eiserne-Bestandsmethode, last in first out Methode = Lifo-Methode, etc.), kommt *Hax* zu dem Ergebnis, daß sie das nur in beschränktem Umfange erlauben: „In bezug auf die Anpassung an wechselnde Mengenverhältnisse hat sich vor allem das Rechnen mit eisernen Beständen als wenig leistungsfähig erwiesen, weil es von Festmengen ausgeht, die über lange Jahre hinaus unverändert weiterverrechnet werden. Die Lifo-Methode vermag sich dagegen dem Wachstumsprozeß der Unternehmung wesentlich besser anzupassen, vor allem unter der Voraussetzung steigender Preise. Beide Methoden versagen aber bei einem vorübergehenden (!) erheblichen Bestandsrückgang, weil sich dann die in den Beständen enthaltenen Gewinnreserven automatisch auflösen. Hier zeigt sich die Überlegenheit des Rechnens mit Substanzerhaltungsrücklagen[20]. ... Allerdings besitzen das Rechnen mit eisernen Beständen und das Lifo-Verfahren einen Vorzug, der von großer praktischer Bedeutung ist: sie sind schematisch anwendbar und führen unter bestimmten Voraussetzungen, die praktisch häufig gegeben sind, zu richtigen Ergebnissen, ohne daß es zuvor einer eingehenden gedanklichen Analyse bedarf[21]."

Es erübrigt sich, an dieser Stelle weitere Einzelheiten der Substanzrechnung beim Umlaufvermögen darzustellen. Entweder fanden sie bereits in den vorhergehenden allgemeinen Ausführungen Berücksichtigung oder sie werden in den noch folgenden Untersuchungen behandelt.

bb) Substanzrechnung beim Anlagevermögen

Besonderes Interesse verdienen die Ausführungen von *Hax*, inwieweit im Rahmen der handelsrechtlichen Vorschriften eine Substanz-

---

[20] *Hax:* Die Substanzerhaltung der Betriebe, S. 176.
[21] *Hax:* a.a.O., S. 177.

erhaltung der Gegenstände des Anlagevermögens möglich ist. — Aus der Überlegung, daß die Bildung stiller Reserven im Grunde genommen die gleiche Wirkung wie die Passivierung einer Substanzerhaltungsrücklage hat, sind jene Abschreibungsmethoden positiv zu beurteilen, die zu einer schnelleren Abschreibung der Wirtschaftsgüter führen als es der tatsächlichen Wertminderung entspricht. Aus dieser Perspektive ist die degressive Abschreibungsmethode zu werten. Da aber im Rahmen der Nominalwertrechnung keine Abschreibungen über den ursprünglichen Anschaffungswert hinaus möglich sind, weil es sonst zu negativen Werten der entsprechenden Aktiven kommen würde, steht der substanzerhaltenden Wirkung der zunächst vorgreifenden Abschreibungsmethoden später eine entsprechend umgekehrte Wirkung gegenüber. Insofern handelt es sich nur um eine temporäre Substanzerhaltung.

In diesem Zusammenhang darf allerdings der sog. *Lohmann-Ruchti*-Effekt (*Hax* spricht vom Kapazitäts-Erweiterungs-Effekt) nicht übersehen werden[22]. Seine Wirkung liegt in einer allmählichen altersmäßigen Umschichtung des Anlagevermögens. Aus den Abschreibungen zu dem bei einer Neugründung im Anlagevermögen investierten Kapital können normalerweise sukzessive zusätzlich Gegenstände des Anlagevermögens angeschafft werden, bevor die alten restlos abgeschrieben sind. Wenn auf die Dauer gesehen das durchschnittliche Alter aller Gegenstände des Anlagevermögens der halben Nutzungsdauer entspricht und somit die Summe der Buchwerte der Hälfte der ursprünglichen Anschaffungswerte gleichkommt, so müßte sich die Produktionskapazität des Anlagevermögens bei linearer Abschreibung verdoppelt haben[23]. Das gilt jedoch nicht ganz uneingeschränkt, worauf auch *Hax* hinweist: „Die Kapitalfreisetzung von 50 % oder ein Multiplikator von 2 für die Kapazitätserweiterung ist offenbar an die Voraussetzung geknüpft, daß die Abschreibungsentgelte laufend wieder angelegt werden. Das ist aber mit Rücksicht auf die begrenzte Teilbarkeit der Anlagen nicht möglich. Man kann bei einer Anlage von zehnjähriger Nutzungsdauer das Kapitalteilchen, das am ersten Betriebstage frei wird, nicht gleich zum Kauf einer gleichartigen Anlage verwenden[24].“ Unter Berücksichtigung dessen ist der Kapazitätserweiterungseffekt von der Länge der Nutzungsdauer der Anlagengegenstände abhängig. So kommt *Hax* bei einer Nutzungsdauer von 3 Jahren zu einem Erweiterungsmultiplikator von 1,5, bei fünf Jahren 1,67, bei zehn Jahren 1,82, bei 20 Jahren 1,9, bei 30 Jahren 1,94, bei 50 Jahren 1,96[25]. Im Endergebnis

---

[22] Vgl. auch *Schnettler*, Albert: Substanz- und Werterhaltung in den Betrieben, in: Zeitschrift für Betriebswirtschaft 1956, S. 265.

[23] *Hax:* Die Substanzerhaltung der Betriebe, S. 234.

[24] *Hax:* a.a.O., S. 235.

[25] *Hax:* a.a.O., S. 236.

würde man bei noch längerer Nutzungsdauer auf den zuerst erwähnten Erweiterungsmultiplikator von 2 stoßen. — Der von *Neubert* geprägte Begriff der Totalkapazität des Anlagevermögens[26] trägt dazu bei, das Phänomen des Kapazitätserweiterungseffektes besser zu verstehen. Nach *Neubert* sollte man versuchen, sich vorzustellen, wieviel Produktionseinheiten der betreffende Gegenstand des Anlagevermögens insgesamt während seiner Nutzungsdauer herzustellen in der Lage ist. Wenn die Abschreibungen entsprechend der Leistungsabgabe erfolgen, so verhält sich der jeweilige Buchwert, bezogen auf den Anschaffungswert, im proportionalen Verhältnis zur noch verbliebenen Leistungsfähigkeit des betreffenden Anlagegegenstandes. Insgesamt kann somit der Kapazitätserweiterungseffekt nicht zu einer Erweiterung der Totalkapazität führen, wenn die Abschreibungen entsprechend der Leistungsabgabe errechnet werden. Wohl aber kann die sog. Periodenkapazität des Anlagevermögens, d. h. die in einer Bilanzperiode zur Verfügung stehende Nutzung des Anlagevermögens, durch den Kapazitätserweiterungseffekt vergrößert werden. Da man aber nur dann von einer Vermehrung der Substanz sprechen kann, wenn die Totalkapazität zunimmt, kommt *Hax* zu dem Ergebnis, „daß der Kapazitätserweiterungseffekt, soweit er lediglich auf der bloßen altersmäßigen Umschichtung des Bestandes beruht, keine Substanzvermehrung bedeutet, und daß deshalb von ihm bei einem Ansteigen der Beschaffungspreise keinerlei kompensierende Wirkungen ausgehen können“[27]. — Dagegen läßt sich einwenden, daß die erweiterte Periodenkapazität normalerweise zu einer entsprechenden Produktionssteigerung führt. Je nach den Marktverhältnissen resultiert aus dem so ermöglichten größeren Umsatz auch ein entsprechend höherer Gewinn. Soweit dieser im Unternehmen verbleibt, erlaubt er zusätzliche Investitionen, die für sich, d. h. isoliert gesehen, ebenfalls wieder mit dem Kapazitätserweiterungseffekt verbunden sind etc. Indirekt ist es also durchaus möglich, durch den Kapazitätserweiterungseffekt nicht nur die Periodenkapazität, sondern auch die Totalkapazität auszuweiten und so den gestiegenen Wiederbeschaffungswerten des Anlagevermögens zu begegnen.

Ist es aber bereits aufgrund des Kapazitätserweiterungseffektes möglich, die Totalkapazität des Anlagevermögens selbst dann zu erhöhen, wenn die Abschreibungen der Leistungsabgabe des Anlagevermögens entsprechen, so muß das um so mehr gelten, wenn die Abschreibungen vorweg erfolgen, was im Rahmen jeder Abschreibungsmethode, also auch im Rahmen der linearen Abschreibungsmethode der Fall sein

[26] *Neubert*, H.: Anlagenfinanzierung aus Abschreibungen, ZfhF 1951 S. 367—383 und S. 415—423.

[27] *Hax:* Die Substanzerhaltung der Betriebe, S. 238.

kann (Zugrundelegung einer kürzeren als der tatsächlichen Nutzungsdauer). Insbesonders aber ist die Vorwegnahme von Abschreibungen mit der degressiven Abschreibungsmethode verbunden. Das gilt auch dann, wenn die tatsächliche Wertminderung des betreffenden Anlagegegenstandes degressiv verläuft, vorausgesetzt, daß die degressive Abschreibung noch stärker ist. Wie sich aus den Berechnungen von *Hax* ergibt[28], kommen hierbei Kapazitätserweiterungsfaktoren sogar in der Höhe von 3,3 vor. — Eine derartige Vorwegnahme von Abschreibungen kann somit neben der bereits erwähnten indirekten Erhöhung der Totalkapazität zu einer zusätzlichen Erhöhung der Totalkapazität beitragen, oder bei steigenden Wiederbeschaffungswerten des Anlagevermögens eine entsprechend starke Kompensationswirkung ausüben.

In diesem Stadium der Betrachtung kann noch den folgenden Ausführungen von *Hax* zugestimmt werden (im Abschnitt „Substanzrechnung und Rentabilität" werden allerdings Einwände geltend gemacht): „Wenn wir Abschreibungen verrechnen, die über den wirklichen Substanzverzehr hinausgehen, dann bedeutet das nichts anderes, als daß Gewinne mit Hilfe der Aufwandverrechnung an das Unternehmen gebunden werden. Das zusätzliche Kapital besteht also in Gewinnen, welche durch die Art der Aufwandverrechnung zurückbehalten werden und zur Finanzierung zusätzlicher Investitionen dienen. Eine derartige Gewinnbindung durch Aufwandverrechnung hat aber nur dann Sinn, wenn tatsächlich entsprechende Gewinne erzielt worden sind[29]." Diese Überlegungen gelten zumindest auch dann, wenn in der Bilanz mittels vorweggenommener Abschreibungen Verluste ausgewiesen werden, diese aber mit Gewinnen späterer Jahre aufgerechnet werden.

Zwei völlig verschiedene Fragen sind es nun, inwieweit durch den Kapazitätserweiterungseffekt oder durch die Vorwegnahme von Abschreibungen die Totalkapazität erhöht wird oder inwieweit anstattdessen bei steigenden Wiederbeschaffungspreisen die Substanz des Anlagevermögens erhalten werden kann. So ist es möglich, daß die Erweiterung der Totalkapazität die Erhöhung der Wiederbeschaffungspreise des Anlagevermögens überkompensiert, ihr gleichkommt oder sie unterschreitet. Aber auch im letzteren Falle braucht es nicht unbedingt zu einer Substanzauszehrung kommen, nämlich dann nicht, wenn die Verkaufserlöse so hoch sind, daß sie zur Wiederbeschaffung des verbrauchten Anlagevermögens sowie zur Finanzierung der auf den Scheingewinn entfallenden Steuern und der Gewinnausschüttung ausreichen.

---

[28] *Hax:* a.a.O., S. 252.
[29] *Hax:* a.a.O., S. 258.

Es ist somit zur Frage der Substanzerhaltung beim Anlagevermögen (im Rahmen der handelsrechtlichen Vorschriften) festzustellen, daß sie einmal von der Preiskalkulation und den daraus resultierenden Verkaufserlösen und Gewinnen abhängt, zum anderen vom Kapazitätserweiterungseffekt und der dadurch indirekt bewirkten Erhöhung der Totalkapazität, ferner von der Höhe der vorweggenommenen Abschreibungen und inwieweit davon ständig Gebrauch gemacht wird. Schließlich hängt die Substanzerhaltung des Anlagevermögens von der Entwicklung des Unternehmens ab, d. h. ob es in seiner Produktionskapazität stagniert, schrumpft oder sich ausweitet. All das läßt sich auf die Formel bringen, daß die Substanzauszehrung beim Anlagevermögen eine Funktion dessen ist, inwieweit die stillen Reserven des Anlagevermögens die Scheingewinne überschreiten oder nicht und ob im letzteren Fall die Verkaufserlöse dazu ausreichen, dennoch die Wiederbeschaffungswerte und die auf den Scheingewinn entfallenden Steuern und Gewinnausschüttungen zu tragen. Bei expandierenden Unternehmungen dürften diese Voraussetzungen zur Vermeidung der Substanzauszehrung beim Anlagevermögen weitgehend erfüllt sein, bei stagnierenden Unternehmungen dagegen kaum und bei schrumpfenden Unternehmungen gewiß nicht.

cc) Zusammenfassung

Die bisherigen Untersuchungen zeigten, welche Bedeutung es für die Substanzerhaltung der Unternehmungen hat, wenn die handelsrechtlichen Vorschriften erlauben, durch die Bildung stiller Reserven der Gefahr einer Substanzauszehrung zu begegnen. Die Systemoffenheit der Handelsbilanz war die Voraussetzung zu dieser mehr oder weniger bewußten Selbsthilfe der Unternehmungen. Ohne die Möglichkeit stiller Reserven zur Kompensation der sonst eintretenden Substanzauszehrung wäre die Expansion der deutschen Wirtschaft nach der Währungsreform kaum denkbar gewesen[30]. Keineswegs aber kann durch die Bildung stiller Reserven die Substanzauszehrung in jeder Situation verhindert werden. Einigermaßen sichergestellt sind lediglich die expandierenden und rentablen Unternehmungen, gefährdet

[30] *Schnettler,* Albert (Substanz- und Werterhaltung in den Betrieben, in: Zeitschrift für Betriebswirtschaft 1956, S. 265) ist allerdings der Auffassung, daß „die Gefahr des Substanzverzehrs .. . nicht so groß (sei), wie von Theorie und Praxis häufig angenommen wird". Die in den Untersuchungen von *Hax* enthaltenen statistischen Angaben (*Hax:* Die Substanzerhaltung der Betriebe, S. 1 ff.) sowie das Zahlenmaterial von *Bankmann,* Jörg (Abschreibungen auf das Anlagevermögen und die Besteuerung von Scheingewinnen, in: Der Betrieb 1962, S. 73) und der von *Christoph,* B. (Eiserner Bestand und Preisdifferenzrücklage in der betriebswirtschaftlichen Praxis, in: Der Betrieb 1956, S. 25) dargelegte Sachverhalt eines praktischen Falles widersprechen der Ansicht *Schnettlers.*

sind aber bereits die zwar noch rentablen, aber nicht so sehr expandierenden oder sogar stagnierenden Unternehmungen. Die geringere Expansion oder die Stagnation, unter Umständen auch die Schrumpfung, kann aber bereits eine Folge steigender Wiederbeschaffungswerte sein.

Obwohl es nun in der Handelsbilanz auf der einen Seite nicht in vollem Umfang möglich ist, durch Bildung stiller Reserven die Substanzerhaltung der Unternehmung zu sichern (und sie somit in dieser Hinsicht ihre Grenzen findet), stößt man sehr bald auf eine in entgegengesetzter Richtung gezogene Grenzlinie, wenn nämlich die Bildung stiller Reserven über das hinausreicht, was zur Substanzsicherung erforderlich ist (wenn also „echte willkürliche" stille Reserven gelegt werden). Dabei ist es so, daß im Rahmen der Handelsbilanz die Grenzen nicht exakt bestimmbar sind, wieweit die stillen Reserven der Substanzerhaltung dienen und wieweit sie darüber hinaus willkürlich sind. — Die in der Handelsbilanz eingeräumte Bewertungsfreiheit nach unten hat schließlich dahin geführt, daß in erheblichem Umfange von der Möglichkeit Gebrauch gemacht wird, willkürlich stille Reserven zu legen. „Die Politik der ‚stillen' Reserven und ihrer ‚stillen' Wiederauflösung darf (aber) in der bisherigen Weise nicht fortgesetzt werden, wenn nicht die ganze handelsrechtliche Bilanzierung zu einer von allen Beteiligten durchschauten Farce werden soll[31]."

b) Umwandlung der Handelsbilanz in eine „Erfolgsbilanz"

Die Systemoffenheit der Handelsbilanz erlaubt nun auch einen genau umgekehrten Weg einzuschlagen als er zwecks Substanzerhaltung offensteht. — Vom Standpunkt der dynamischen Bilanzauffassung wurde die mehr oder weniger willkürliche Bildung stiller Reserven (die oft nur im Unterbewußtsein zwecks Neutralisierung von Scheingewinnen erfolgt) schon immer beanstandet. Aus ihrer Sicht gibt es nämlich das Problem von Scheingewinnen im Grunde genommen nicht, was noch an anderer Stelle zu erörtern ist. Somit stellt die Minderung des Gewinnes durch Bildung stiller Reserven auch dann, wenn das zur Eliminierung von Scheingewinnen geschieht, nichts anderes als eine unzulässige Kürzung des Erfolges dar. Gewinn-Minderungen sind aber nach der dynamischen Bilanzauffassung (wenn überhaupt) nur insoweit statthaft, als es der Schutz des Gläubigerinteresses fordert[32].

---

[31] *Fischer*, Curt Eduard: Zur Problematik um die „wahre" Bilanz, Finanzrundschau 1954, S. 325.

[32] Wozu jedoch die Ansicht vertretbar ist, daß Maßnahmen zur Substanzerhaltung des Betriebes gleichfalls den Gläubigerinteressen dienlich sind. — Gleicher Ansicht ist *Forster*, Karl-Heinz (Die Begrenzung der Rücklagenbildung im Regierungsentwurf eines Aktiengesetzes und die Substanzerhaltungsrücklagen, in: Der Betrieb 1962, S. 309): „Substanzerhaltung ist notwendig, um die Leistungs- und Lebensfähigkeit der Unternehmen zu

Die Umwandlung der Handelsbilanz in eine nominelle Erfolgsbilanz wird nun allerdings ebenfalls — wenn auch aus einer anderen Perspektive — mit dem Argument des Gläubigerschutzes begründet (daneben gibt es noch andere Argumente). Zweifellos liegt in der Forderung, dem Gläubigerschutz durch eine der „Wirklichkeit" entsprechende Erfolgsbilanz besser dienen zu können, ein berechtigter Kern. In dieser Hinsicht haben sich die Vorstellungen *Schmalenbachs* weitgehend durchsetzen können. Er ist der Auffassung, daß erst durch den Ausweis des vollen Erfolges sichtbar wird, wie es um ein Unternehmen bestellt ist, ob es sich zum Guten entwickelt, ob es stagniert oder ob seine Ertragskraft nachläßt. Wenn dagegen durch in guten Zeiten gebildete stille Reserven die in schlechteren Zeiten nachlassende Ertragskraft durch entsprechende Auflösung stiller Reserven verschleiert wird, könnte mancher Gläubiger noch zur Hergabe von Krediten veranlaßt werden, die er sonst nicht geben würde[33]. — Ähnliche Ansichten wurden zugleich mit *Schmalenbach* auch von anderen Autoren wie *Osbahr*[34] und *Passow* vertreten. Sie „betonen, die hauptsächlich von Juristen vertretene Ansicht, den Gläubigern könne durch Unterbewerten kein Schaden zugefügt werden, sei falsch"[35].

Dieser Auffassung ist auf jeden Fall insofern zuzustimmen, als es den Unternehmungen auch in der Handelsbilanz nicht erlaubt sein

---

erhalten. Sie dient damit gleichzeitig dem Schutz der Gläubiger, weshalb erwogen werden sollte, gesetzlich nicht nur die Möglichkeit zur Bildung von Substanzerhaltungsrücklagen zu geben, sondern dem Vorstand sogar eine entsprechende Verpflichtung aufzuerlegen."

[33] In diesem Sinne schreibt *Schmalenbach* in der 13. Auflage der „Dynamischen Bilanz" (S. 51): „Wenn hier ausgeführt wird, daß der Zweck der Erfolgsbilanz sei, den Gewinn darzustellen, um daraus zu erkennen, ob das Geschäft Erfolg hat und ob es, verglichen mit den Vorjahren, aufwärts geht oder ob das Geschäft stagniert oder sogar im Rückgang begriffen ist, so trifft diese Meinung in Praxis und Literatur zuweilen auf den Einwand, daß doch eine wesentlichere Aufgabe der Bilanz der Gläubigerschutz sei. Daran ist soviel richtig, daß in der ursprünglichen Entwicklung der Bilanzgesetze der Gläubigerschutz eine Rolle gespielt hat. Aber es sind doch folgende Einwände zu erheben ... (a.a.O., S. 52). In Wirklichkeit wird auch dem Gläubiger am besten dadurch gedient, daß man den Kaufmann dazu anhält, die Entwicklung seines Geschäftes durch eine gute Darstellung des Erfolges zu kontrollieren. Auch ein Gläubiger, wenn man ihm die Bilanz eines Schuldners vorlegt, dürfte sich mehr für den Erfolg als für andere Bilanzposten interessieren; denn er kann gewiß sein, daß ein erfolgreiches Unternehmen, selbst wenn seine liquiden Mittel gering sind, seine Schulden bezahlen wird, während ein nicht erfolgreiches Unternehmen, das mit Verlust arbeitet, selbst bei noch hohen liquiden Mitteln bald illiquide sein wird. Man kann darum die Regel aufstellen, daß durch die Pflege der guten Erfolgsrechnung auch dem Gläubiger am besten gedient ist."

[34] *Osbahr,* Wilhelm: Die Bilanz vom Standpunkt der Unternehmung, 2. Aufl., Berlin 1919 S. 105, zitiert nach *Leffson,* Die Grundsätze ordnungsmäßiger Buchführung, S. 64.

[35] *Leffson,* Ulrich: Die Grundsätze ordnungsmäßiger Buchführung, S. 64.

sollte, den Erfolg willkürlich, d. h. ohne zureichenden Grund, durch die Bildung stiller Reserven zu mindern. *Leffson* bemerkt dazu, daß „heute mit wachsenden Bedenken die Verfälschung der Jahresabschlüsse durch stille Rücklagen" betrachtet würde[36]. „Mit zunehmender Einsicht, wie wichtig eine richtige und vergleichbare Erfolgsrechnung ist, hat sich die Einstellung gegenüber der vorsichtigen Bewertung etwas gewandelt. Man hält heute eine unbegrenzte Unterbewertung nicht mehr für ordnungsmäßig ...[37]. Indem die Eigentümer laufend das Eigenkapital ihres Unternehmens (durch Unterbewertung) erhöhen, ohne darüber ausreichend informiert zu sein, werden sie daran gehindert, ihr Kapital mit optimaler Ergiebigkeit anzulegen, also vorsichtig zu handeln. Die volkswirtschaftliche Lenkung des Kapitals hin zu den ergiebigsten Anlagen versagt[38]."

So richtig das alles ist, kann man aber doch nicht der Auffassung *Schmalenbachs* folgen, daß Scheingewinne wie echte Gewinne zu behandeln[39] sind. So bemerkt er zu gestiegenen Anschaffungspreisen beim Anlagevermögen, auch wenn sie nicht die Folge einer inflationären Entwicklung sind[40]: Die höheren Wiederbeschaffungskosten müßten entweder durch zusätzliche Kapitalinvestierung oder durch die Rücklage von Gewinnen (jedoch nicht durch eine Substanzerhaltungsrücklage oder durch stille Reserven) finanziert werden[41, 42]. — Bei der heutigen Steuerlast und unter Berücksichtigung der außerdem ausgeschütteten Gewinne wird es allerdings nicht in nennenswertem Umfange zur Bildung von Gewinnrücklagen kommen, aus denen die höheren Wiederbeschaffungswerte finanziert werden können. Außerdem ist es volkswirtschaftlich gesehen verfehlt anzunehmen, bei steigenden Wiederbeschaffungspreisen könne das durch die Versteuerung und Ausschüttung von Scheingewinnen reduzierte Eigenkapital generell durch die Anteilseigner im Wege der Kapitalaufstockung wieder erhöht werden. Die ausgeschütteten Scheingewinne werden dazu nicht ausreichen, zumal sie

---

[36] *Leffson,* Ulrich: a.a.O., S. 267.

[37] *Leffson,* Ulrich: a.a.O., S. 268.

[38] *Leffson,* Ulrich: a.a.O., S. 271.

[39] Unabhängig von der Frage, inwieweit stille Reserven zur Neutralisierung von Scheingewinnen berechtigt sind, nennt *Walb* eine Reihe von Gründen, die außerdem für die Politik der stillen Reserven sprechen. So weist *Walb* u. a. darauf hin, daß „offen ausgewiesene größere Verluste ... das Publikum kopfscheu (machen) und ... zu Existenzgefährdungen solcher Unternehmungen führen" können, die keine stillen Reserven legen (*Walb,* Ernst: Finanzwirtschaftliche Bilanz, S. 95). Dennoch wird man diesen Bedenken *Walbs* keinen Raum geben können.

[40] *Schmalenbach,* Eugen: Dynamische Bilanz, 13. Aufl., S. 186.

[41] *Schmalenbach:* a.a.O., S. 188 sowie: Abschreibungen bei Preisveränderungen von Anlagegegenständen, in: ZfhF 1949, S. 54.

[42] Vgl. auch *Hax:* Die Substanzerhaltung der Betriebe, S. 276 sowie Aufsatz: Die Substanzerhaltung der Betriebe, in: Der Betrieb 1956, S. 357.

einer zusätzlichen Einkommensbesteuerung unterliegen. Nur in Einzelfällen werden daher Kapitalerhöhungen möglich sein. Sie müßten aber in weitaus größerem Ausmaß stattfinden. Immerhin interessiert hierzu der Hinweis von *Hax* auf die Untersuchungen von M. *Gürtler* und R. C. *Jones*[43], wonach sowohl in der Schweiz als auch in den USA die Versteuerung und Ausschüttung von Scheingewinnen zu mehrfachen Kapitalerhöhungen Anlaß gab. Auf ähnliche Vorgänge macht auch *Kühn* in seinen Untersuchungen über die „Substanzerhaltung" aufmerksam[44].

Schmalenbach mit seinem ausgeprägten Gespür für die Realitäten der Praxis hat im Grunde genommen vielleicht doch eingesehen, daß seine zuvor dargestellte Ansicht nicht haltbar ist. Seine nachstehend zitierten Ausführungen bestätigen das dadurch, daß sie einfach nicht mehr akzeptabel sind: „Die Anhänger der Substanzerhaltungstheorie übersehen, daß es sich bei der Frage der Bewertung von Anlagen nicht um die Frage der Substanzerhaltung, die unstrittig ist, sondern um die Bewertung der Substanz handelt. Ein Bilanzpflichtiger, der bei Anlagewerten keine Zuschreibungen macht und die Abschreibungen so auskömmlich bemißt, daß am Ende der Lebensdauer das Abzuschreibende abgeschrieben ist, darf geltend machen, daß er die Substanz erhalten habe, die ihm anvertraut wurde und daß die Theorie der Substanzerhaltung nicht aussage, am Ende der Lebensdauer müsse der Wiederbeschaffungswert zur Verfügung stehen. Wer in die Idee der Substanzerhaltung hineininterpretiert, am Ende der Lebensdauer müsse sich in den angesammelten Abschreibungen nicht der Anschaffungspreis, sondern der Wiederbeschaffungspreis angesammelt haben, macht einen Gedankensprung, dem man nicht zu folgen braucht[45]."

Unter Berücksichtigung der Realitäten des wirtschaftlichen Geschehens kann und darf in der Handelsbilanz der Ausweis des vollen Erfolges nur insoweit gefordert werden, als er einerseits dem Prinzip der Vorsicht entspricht, andererseits von Scheingewinnen aus gestiegenen Wiederbeschaffungswerten bereinigt ist. *Leffson* äußert sich in ähnlicher Richtung, spricht aber in diesem Zusammenhang von einem bisher „ungelösten Problem"[46]. Die Frage, „in welcher Weise neben dem nominellen handelsrechtlichen Jahresabschluß eine Rechnung vorgelegt werden kann, in der die Geldwertschwankungen eliminiert sind, (ist) heute noch völlig offen"[47], obwohl „das Ergebnis der ... deutschen

[43] *Hax:* Bilanzgewinn und Geldwertschwankungen, in: ZfhF 1951, S. 440.

[44] *Kühn,* Ulrich: Substanzerhaltung, in: Die Wirtschaftsprüfung 1955, S. 510.

[45] *Schmalenbach:* Abschreibungen bei Preisveränderungen von Anlagegegenständen, in: ZfhF 1949, S. 55.

[46] *Leffson:* Die Grundsätze ordnungsmäßiger Buchführung, S. 262.

[47] *Leffson:* a.a.O., S. 265.

Forschung ... ganz eindeutig (ist), daß die Substanz erhalten bleiben soll und hierfür offene Rücklagen zu bilden sind"[48]. — Erst dann, wenn der Handelsbilanzgewinn dem vollen Erfolg unter Beachtung des Vorsichtsprinzips entspricht, und außerdem Scheingewinne aus gestiegenen Wiederbeschaffungswerten herausgerechnet sind, werden die Gläubigerinteressen in vollem Umfange gesichert. Es werden so weder zu günstige Ergebnisse ausgewiesen noch werden Scheingewinne, die die Substanz des Unternehmens bedrohen, realisiert, noch werden darüber hinaus stille Reserven gebildet, die die wirkliche Lage des Unternehmens (z. B. bei einem Nachlassen der Ertragskraft) verschleiern. In dieser Richtung bewegt sich der Gewinnbegriff der polaren Bilanz, der in einem späteren Abschnitt näher präzisiert wird. Ein derartiger Gewinnbegriff erlaubt es, die bisher gegenläufigen Argumentationen des Gläubigerschutzes auf einen Nenner zu bringen.

Das Aktiengesetz 1965, dessen Vorschriften zur Rechnungslegung am 1. 1. 1967 in Kraft treten, gibt in diesem Zusammenhang zu Bedenken Anlaß, weil es keinen ausreichenden Spielraum mehr läßt, den Gewinn von Scheingewinnen zu bereinigen. Es schließt sich weitgehend den Vorstellungen der dynamischen Bilanz an, wie sie zuvor dargelegt wurden. — Bemerkenswert ist, daß die Vorschriften des neuen Aktiengesetzes zur Rechnungslegung und Gewinnverwendung verschiedentlich als Fortschritt gewertet werden. So meint *Gessler*[49]: „Im geltenden Recht ist die Sachlage so, daß durch Bildung von stillen Rücklagen in nahezu unbegrenzter Höhe der Gewinn manipuliert und durch Bildung offener Rücklagen der ausgewiesene Reingewinn nach dem Ermessen der Verwaltung auf den Betrag festgesetzt werden kann, den die Verwaltung an die Aktionäre ausschütten will (§§ 133, 131 Abs. 2 und 3, 125 Abs. 2 AktG 1937). Nur über die Verwendung dieses Reingewinns kann die Hauptversammlung beschließen (§ 126 Abs. 3 AktG 1937). Nunmehr ist die willkürliche Bildung stiller Rücklagen verboten. Abgesehen von den stillen Rücklagen, die sich durch die gesetzlichen Höchstwertvorschriften ergeben, und den stillen Rücklagen, die aufgrund steuerlich zulässiger Sonderabschreibungen entstehen, können stille Rücklagen nur noch im Rahmen planmäßiger Abschreibungen gebildet werden (§§ 154, 155 AktG 1965). Dadurch wird erreicht, daß der Gewinn nicht mehr willkürlich manipuliert werden kann[50]." Auch *Wilhelmi*[51], „der als Sprecher der CDU/CSU im Bundestag und Vorsitzender des Aktienrechtsausschusses am Gelingen der Reform maßgeblichen Anteil hatte" (Vorwort der

---

[48] *Leffson:* a.a.O., S. 264, Anmerkung 120.

[49] *Gessler:* Das neue Aktienrecht, in: Betriebs-Berater 1965, S. 677.

[50] *Gessler:* a.a.O., S. 679.

[51] *Wilhelmi,* Hans: Das neue Aktiengesetz, in: Die Aktiengesellschaft 1965, S. 153.

Verlagsredaktion zu dem Literaturbeitrag *Wilhelmis*), äußert zu den Bestimmungen des neuen Aktiengesetzes keine grundsätzlichen Bedenken. Das ist um so überraschender, als in der Diskussion um das neue Aktiengesetz die Gefahren des Verbots stiller Rücklagen bei Anwendung der Nominalwertrechnung durchaus gesehen wurden. *Wilhelmi* führt dazu aus: „Es ist umstritten, ob durch diese Bestimmung (grundsätzlich keine stillen Reserven mehr zu bilden und zum Ausgleich dessen höchstens 50 % des Gewinnes der freien Rücklage zuführen zu dürfen) die unternehmerische Freiheit der Verwaltung nicht zu sehr eingeengt ist, zumal einem besonderen Wunsch der Wirtschaft auf Einführung einer *Anlagenerhaltungsrücklage* nicht stattgegeben wurde. Bei dieser Anlagenerhaltungsrücklage handelt es sich um das Problem, ob nicht zu einer ordnungsgemäßen Gewinnermittlung die Berücksichtigung einer inzwischen eingetretenen Erhöhung des Wiederbeschaffungspreises von Anlagengütern notwendig ist. Bisher wurde dieses Problem dadurch gelöst, daß die entsprechenden, nach kaufmännischen Grundsätzen zu verantwortenden Beträge in den stillen Rücklagen ihren Niederschlag fanden. Da die stillen Rücklagen abgeschafft sind, kann die Gesellschaft, wenn sie eine Anlagenerhaltungsrücklage für notwendig hält, diese nur aus Zuweisung an die freien Rücklagen, d. h. nach Feststellung des Jahresüberschusses vornehmen[52]." Die Ablehnung der Anlagenerhaltungsrücklage begründet *Wilhelmi* damit, daß kein Zahlenmaterial verfügbar war, „aus dem mit einiger Sicherheit gefolgert werden konnte, inwieweit eine solche Anlagenerhaltungsrücklage die Bewegungsfreiheit (?) der Verwaltung bei der allgemeinen Zuweisung in freie Rücklagen einschränken würde"[53]. Es hätte somit nicht festgestellt werden können, „ob die von der Wirtschaft erhobenen Bedenken wirklich berechtigt sind"[54]. — Diese Begründung überzeugt keineswegs. Sie steht außerdem im Widerspruch zur amtlichen Begründung des Gesetzentwurfes zu § 6 b EStG, die kaum ein Jahr vorher veröffentlicht wurde. § 6 b EStG wurde gerade wegen der wirtschaftspolitisch und steuerrechtlich nicht mehr tragbaren Folgen geschaffen, die sich aus der Steuerbilanz als Nominalwertrechnung und der dort weitgehend eingeschränkten Bildung stiller Reserven ergeben. Es wird hierzu auf die Ausführungen in dem noch folgenden Abschnitt über neue Wege des Steuergesetzgebers verwiesen.

Zweifellos läßt das Aktiengesetz 1965 noch insofern Möglichkeiten zur Verhinderung der Substanzauszehrung, als „ohne Rücksicht auf die Höhe der bereits vorhandenen offenen Rücklagen die Verwaltung

---

[52] *Wilhelmi*, Hans: a.a.O., S. 154.
[53] *Wilhelmi*, Hans: a.a.O., S. 154.
[54] *Wilhelmi*, Hans: a.a.O., S. 154.

einen Betrag bis zur Hälfte des jeweiligen Jahresüberschusses ohne Beschluß der Hauptversammlung in Rücklagen einstellen kann"[55]. Wenn das nicht genügt, kann die Verwaltung „die Hauptversammlung ... veranlassen, ihrerseits eine Anlagenerhaltungsrücklage zu beschließen"[56]. Dieser Spielraum ist jedoch enger als er auf den ersten Blick zu sein scheint. Nach *Riese* und *Trommler*[57] lag nämlich in der Bundesrepublik der Anteil der Zuführungen zu offenen Rücklagen am Handelsbilanzgewinn in den Jahren 1955 bis 1959 bei etwa 10 %, während er in den USA 40 bis 50 % betrug. Die sehr niedrige Rücklagenbildung in der Bundesrepublik war allerdings nach *Riese/Trommler* auch auf die in jenen Jahren vorgenommenen Sonderabschreibungen zurückzuführen (sog. § 7 — Reihe des Einkommensteuer-Gesetzes). — Unabhängig davon hieße es aber, den Aktionär zu überfordern, wenn er auf die Ausschüttung von (Schein-) Gewinnen verzichten soll, während der Fiskus nicht bereit ist, von der steuerlichen Erfassung solcher (Schein-) Gewinne Abstand zu nehmen. „In diesem Falle würde der Gesetzgeber verlangen, versteuerte Gewinnteile nicht auszuschütten, sondern zur Leistungserhaltung in den Betrieben zu belassen, was eine doppelte Benachteiligung für diese Betriebe bedeuten würde: Versteuerung effektiv nicht erzielter Gewinne (Aufwandsbesteuerung) und — wenn der Betrieb diese falsche Gewinnbesteuerung zum Zwecke der Substanzerhaltung korrigieren will — die Notwendigkeit der Bildung von Rücklagen[58]." — In diesem Zusammenhang ist außerdem zu beachten, daß die Bestimmungen des Aktiengesetzes 1965 zwar nicht theoretisch, aber dennoch praktisch zu einer Ausweitung des Steueraufkommens führen werden. Es ist nämlich nicht anzunehmen, daß aufgrund der noch geltenden steuerlichen Korrekturvorschriften zur Handelsbilanz sämtliche dort gebildeten stillen Rücklagen steuerlich erfaßt werden, auch wenn das rein rechtlich möglich ist. — Es ist nur ein schwacher Trost, wenn die bei den Gegenständen des Anlagevermögens bereits vorhandenen stillen Rücklagen nach dem 1. 1. 1967 nicht aufgelöst werden müssen, da dies „zu einem für die Gesellschaften untragbaren Ergebnis führen" würde[59]. Hier ist allerdings die Frage zu stellen, wie dieses „untragbare Ergebnis" vorhergesehen werden konnte, wenn andererseits die gesetzliche Verankerung einer Anlagenerhaltungsrücklage mit der Begründung zurückgewiesen wurde, daß „kein Zahlenmaterial verfügbar war".

---

[55] *Wilhelmi*, Hans: a.a.O., S. 154.

[56] *Wilhelmi*, Hans: a.a.O., S. 154.

[57] *Riese*, Hajo und *Trommler*, Klaus: Rücklagenbildung in westlichen Industriestaaten, Basel 1962, S. 59—61.

[58] *Schnettler*, Albert: Substanz- und Werterhaltung in den Betrieben, in: Zeitschrift für Betriebswirtschaft 1956, S. 265.

[59] *Wilhelmi*, Hans: a.a.O., S. 189.

Mutze bedauert es ebenfalls, daß nach dem Aktiengesetz 1965 stille Rücklagen in nennenswertem Umfang nur noch insofern erlaubt sind, als das die steuerlichen Bestimmungen zulassen. Damit gehe die Vorrangstellung der Handelsbilanz gegenüber der Steuerbilanz verloren, wie es bisher in § 5 EStG verankert war. Außerdem sei es von den steuerlichen Interessen der Unternehmen her gesehen (wohl aus den gleichen Überlegungen, wie gerade zuvor dargestellt) „vorzuziehen, das Primat der Handelsbilanz gegenüber der Steuerbilanz aufrechtzuerhalten ... und gegenüber den Bemühungen von Finanzverwaltung und Steuerrechtsprechung zu (bewahren), die dynamische Bilanzauffassung in den Steuerbilanzen schärfer als in den Handelsbilanzen zu verwirklichen[60]."

Es erübrigt sich, auf weitere Einzelheiten des Aktiengesetzes 1965 einzugehen. Der weitere Fortgang der in dieser Arbeit vorzunehmenden Untersuchungen wird zeigen, daß das Aktiengesetz 1965 eher einen Rückschritt als eine fortschrittliche Weiterentwicklung des Handelsrechtes darstellt und daß es schon vom ersten Tage seines Inkrafttretens an reformbedürftig ist. Wenn *Hax* bisher der Auffassung war, daß „das Handelsrecht mit seiner ungewöhnlichen Elastizität dem Einbau von Methoden der Substanzrechnung in die geltende Kapitalrechnung kaum Hindernisse in den Weg legt, (während) das Steuerrecht zäh an den Grundsätzen der Geldkapitalrechnung (festhält)"[61], so geht dieser Vorzug des Handelsrechts nunmehr durch das Aktiengesetz 1965 größtenteils verloren. Zumindest gilt das für die Bilanzen der Aktiengesellschaften. „Indem die Werte der Handelsbilanz an diejenigen der Steuerbilanz angeglichen werden sollen, wird ein Auftakt dazu gegeben, die bisher umgekehrt laufende Entwicklung zu unterbrechen, die dahingeht, die größere Beweglichkeit der Handelsbilanz auf die Steuerbilanz zu übertragen[62]."

II. Die dynamische Bilanz

Von allen bisher bekanntgewordenen Bilanztheorien hatte die dynamische Bilanztheorie die stärkste Ausstrahlungskraft auf Wissenschaft und Praxis. Das gilt auch heute noch. Für diese Feststellung spricht schon allein die Zahl der Auflagen des Buches „Dynamische Bilanz" (die letzte Auflage ist die 13. Auflage, erschienen im Westdeutschen Verlag Köln—Opladen, 1962). Hinzu kommt, daß die „Dynamische Bilanz" in verschiedene Fremdsprachen übersetzt wurde (u. a. ins

---

60 *Mutze,* Otto: Grundsatzfragen der Bilanzierung und Aktienrechtsreform, in: Die Wirtschaftsprüfung 1965, S. 169 ff., hier S. 178.

61 *Hax:* Die Substanzerhaltung der Betriebe, S. 52.

62 *Mutze,* Otto: a.a.O., S. 178.

Japanische). Es gibt nur wenige betriebswirtschaftliche Veröffentlichungen, die so großes internationales Interesse gefunden haben. — Die Bedeutung der dynamischen Bilanz ist außerdem an dem Umfang der Diskussion zu messen, die sie ausgelöst hat, wobei allerdings die an ihr geübte Kritik einen beachtlichen Anteil einnimmt. Sie stellt ebenfalls einen „Rekord“ dar[1]. Hierbei ist aber nicht zu übersehen, daß ein wesentlicher Teil dieser Kritik durch „die lockere Systematik in Aufbau und Entwicklung und eine gewisse Großzügigkeit in der Begriffsbildung, beides Erscheinungen, die besonders in den mittleren Auflagen der Dynamischen Bilanz zutage treten“, ausgelöst wurde[2]. *Muscheid* ist jedoch zuzustimmen, wenn er die Kritik an der äußeren Systematik der Dynamischen Bilanz zwar anerkennt, es aber damit noch nicht als bewiesen ansieht, daß es der dynamischen Bilanztheorie auch an innerer Systematik fehlt. Er beruft sich hierbei auf *Kant:* „Man muß seine Beurteilung vom Ganzen anfangen und auf die Idee des Werkes und auf seine Gründe richten. Das Übrige gehört zur Ausführung, darin Manches kann gefehlet sein und besser werden[3].“

1. Interdependenz von Bilanz und GuV

Schmalenbach hat stets besonderen Wert darauf gelegt, sich von der dualistischen Bilanzauffassung zu distanzieren. So schreibt er im Abschnitt „Statik, Dynamik und Dualismus“[4]: „Eine dualistische Bilanzauffassung liegt vor, wenn jemand versucht, von einer Bilanz sowohl eine Darstellung des Vermögens als auch eine solche des Erfolges zu gewinnen.“ Eine derartige Bilanzauffassung lehnt er, wie bereits an anderer Stelle zitiert, als unwissenschaftlich ab. — Zweifellos hat *Schmalenbach* Recht, wenn er der Ansicht ist, daß die Wertansätze verschieden sein müssen, je nachdem, welchem Zweck die Bilanz dienen soll. In diesem Sinne können auch zwei Vermögensbilanzen weit voneinander abweichen, wenn die Vermögensbegriffe nicht miteinander identisch sind. Ebenso ist es denkbar, daß die Wertansätze von „Erfolgsbilanzen“ divergieren, wenn nämlich der Erfolgsbegriff unterschiedlich definiert wird. Schon allein deswegen ist es fraglich, ob die von *Schmalenbach* getroffene Unterscheidung zwischen Erfolgs- und Vermögensbilanzen sinnvoll ist. Denn die Bewertungsunterschiede in der Bilanz

---

1 Vgl. Vorwort zur 8. Auflage der „Dynamischen Bilanz“.

2 *Muscheid:* Schmalenbachs Dynamische Bilanz, S. 23. *Muscheid* zitiert (a.a.O., S. 24) in diesem Zusammenhang *Hax,* der die Frage stellt, ob nicht durch die Art der Handhabung der Systematik durch *Schmalenbach* „der Wissenschaftscharakter der ganzen Betriebswirtschaftslehre ... gefährdet wird“ (Hax: Gegenstand, Entwicklung und gegenwärtiger Stand der Betriebswirtschaftslehre, in: Die Wirtschaftsprüfung 1948, S. 6).

3 *Muscheid:* a.a.O., S. 23; zitiert nach A. *Riehl:* Der philosophische Kritizismus, 1. Bd., 1924, S. 408.

4 *Schmalenbach:* Dynamische Bilanz, 13. Aufl., S. 44.

lassen sich allein auf diese Unterscheidung nicht zurückführen. Sie sind von anderen Kriterien abhängig.

Die Unterscheidung von Erfolgs- und Vermögensbilanzen scheint aber nicht nur sinnlos, sondern u. U. sogar sinnwidrig zu sein. Das Charakteristikum der Bilanz liegt in der Darstellung des Vermögens. Dagegen ist der in der Bilanz ausgewiesene Erfolg lediglich eine abgeleitete Zahl, wie sie sich aus der Bewertung der Vermögensgegenstände der Aktiv- und Passivseite der Bilanz ergibt. — *Schmalenbach* stand allerdings dem Wirtschaftsleben viel zu nahe, als daß er diese Tatsache übersehen konnte. So räumt er wenige Sätze vor seiner Behauptung über die Unwissenschaftlichkeit der dualistischen Bilanzauffassung ein: „Wenn die Bilanz die Aufgabe hat, im Betriebe sich abspielende Bewegungen darzustellen, so nennen wir sie eine dynamische Bilanz. Auch die dynamische Bilanz zeigt uns nicht die Bewegung selbst, sondern einen Status. Aus diesem Status am Anfang einer Periode und demjenigen am Ende der Periode schließen wir auf die innerhalb der Periode stattgefundenen Bewegungen[5].“ Daraus wird deutlich, daß auch die dynamische (Erfolgs-) Bilanz eine Vermögensbilanz ist, die sich von anderen Bilanzen nur insofern unterscheidet, als sie bei der Ermittlung der Wertansätze eigene Wege geht. Damit hat *Schmalenbach,* so scheint es, seine Behauptung von der Unwissenschaftlichkeit der dualistischen Bilanzauffassung selbst widerlegt[6, 7, 8].

Der Streit um die dualistische Bilanzauffassung, der an sich gegenstandslos ist, trug allerdings dazu bei, das Wesentliche an der dyna-

---

[5] *Schmalenbach:* a.a.O., S. 44.

[6] *Flume* (Die Forschungs- und Entwicklungskosten in Handels- und Steuerbilanz, in: Der Betrieb 1958, S. 1050) hat sich sehr gründlich mit der Frage auseinandergesetzt, inwieweit in der Handels- und Steuerbilanz das Aufwands- und Ertragsdenken zulässig sei: „*Schmalenbach* sagt von der ‚dualistischen Bilanzauffassung', daß sie unwissenschaftlich sei, und er halte ‚die ganze Sache für erledigt, da die Bestrebungen der Dualisten sich nicht durchgesetzt haben'. Nun, steuerrechtlich und handelsrechtlich hat sich ‚die Sache' zweifellos nicht ‚erledigt', weil die Bilanz trotz ihrer Bestimmung, der Erfolgsermittlung zu dienen, nach wie vor nicht in der bloßen Aufwands-Ertragsrechnung aufgeht.“

[7] *Hauck,* W. Ch. (Bilanztheorien, S. 51) äußert sich zu den hier anstehenden Fragen ebenfalls überzeugend klar: „Es gibt, streng genommen, niemals eine dynamische Bilanz; denn das Wesen jeder Bilanz verkörpert einen Status — und es ist dabei ganz gleichgültig, ob man mit dieser Bilanz das Vermögen oder den Erfolg vorwiegend zu errechnen hofft. Das geschieht nicht durch die Bilanz an sich ..., sondern das geschieht eben durch eine bestimmte Art des Bewertens ..., ganz gleichgültig, ob ich dabei mit Anschaffungswerten, mit Verrechnungspreisen oder mit Tageswerten bewerte. Dadurch wird höchstens der Erfolgsausweis verändert ...“

[8] „Wir kommen ... zu dem Schluß, daß jede Bilanz notwendig auch dualistisch ist ... *Schmalenbach* hat nicht Recht, wenn er den Bilanzdualismus allgemein als unmöglich hinstellt. Der Dualismus ist vielmehr jeder Bilanz inhärent“ (*Gnam:* Axiome der Bilanzierung auf der Grundlage der Währung, S. 27).

mischen Bilanzauffassung zu verkennen und von ihren eigentlichen Thesen abzulenken. Die Verurteilung der dualistischen Bilanzauffassung als unwissenschaftlich und die dadurch ausgelösten heftigen, aber durchaus verständlichen Reaktionen hatten wohl nur zur Folge, daß *Schmalenbach* um so mehr an seiner Behauptung festhielt und deswegen auch nicht die Fehlkonstruktion des Begriffes „dynamische Bilanz" erkannte. *Linhardt* spricht hier von einer „contradictio in adjecto"[9]. Da eine Bilanz immer nur Vermögensgegenstände, also Masse und nicht Bewegung ausweist, hat sie statischen und nicht dynamischen Charakter. Dynamik zeigt lediglich die Gewinn- und Verlustrechnung in Gestalt der Aufwendungen und Erträge. — Im Grunde genommen aber ist es zutreffend, was *Schmalenbach* mit dem Begriff „dynamische Bilanz" zum Ausdruck bringen will. Es geht ihm darum, den vollen Erfolg des Unternehmens und die sich darin widerspiegelnde Dynamik des Unternehmens zu zeigen. Es ist außerdem konsequent gedacht, wenn *Schmalenbach* hierbei die Gewinn- und Verlustrechnung in den Vordergrund stellt, da in ihr die Komponenten des Erfolges, nämlich die Aufwendungen und Erträge, zum Ausdruck kommen. Nur die Gewinn- und Verlustrechnung zeigt die Dynamik der Wertströme, die das Unternehmen durchziehen. *Schmalenbach* räumt jedoch der Gewinn- und Verlustrechnung einen solchen Vorrang vor der Bilanz ein, daß er die Bilanz lediglich noch als Anhängsel der Gewinn- und Verlustrechnung[10] sehen will. Diese Dominanz der GuV über die Bilanz gipfelt dann schließlich in der Übertragung der allein der GuV eigenen Dynamik auf die Bilanz, wobei es dahingestellt bleiben kann, inwieweit das ein bewußter Vorgang war. — In ähnlicher Weise bemerkt *Muscheid*[11], daß *Schmalenbach* „seine Bilanz (nicht) als dynamisch bezeichnen (wollte), sondern seine Lehre von der Bilanzierung zum Zwecke der Gewinnermittlung sollte eine dynamische sein, und *Hauck* stellt fest[12], daß *Schmalenbach* das damit nicht besser hätte ausdrücken können, als dieser es getan habe". Im gleichen Sinne äußert sich M. R. *Lehmann*[13]: „Nur die Lehre von der Bilanz kann statischer oder dynamischer Natur sein, aber weder das Kapital, welches in der Bilanz rechnerisch zur Darstellung gebracht wird, noch die Bilanz als rechnungstechnische Erscheinung[14]." Zutreffend

---

[9] *Linhardt:* Die Begriffe Statik und Dynamik, in: ZfB 1926, S. 348; zitiert nach *Muscheid:* Schmalenbachs Dynamische Bilanz, S. 102.

[10] *Tomfohrde,* Klaus: Die dynamische Bilanzauffassung und das Bilanzrecht, S. 19.

[11] *Muscheid:* Schmalenbachs Dynamische Bilanz, S. 102.

[12] *Hauck,* W. Ch.: Bilanztheorien, S. 56.

[13] *Lehmann,* Max Rudolf: Der formelle und der materielle Inhalt der Bilanz, in: Zeitschrift für Handelswissenschaft und Handelspraxis, 21. Jhg., Stuttgart 1928.

[14] Zitiert nach *Muscheid:* a.a.O., S. 102.

bemerkt F. *Schmidt*[15]: „Jede Bilanz ist statisch, weil sie einen Zustand erfaßt und nichts anderes erfassen kann. In diesem Sinne könnte *Schmalenbach* nicht von dynamischer Bilanz sprechen. Wohl aber ist er dazu berechtigt, wenn er damit das kennzeichnet, was ihm vor allem vorschwebt, nämlich die Einstellung seiner Bilanzrechnung auf die Ermittlung des Unternehmungserfolges."

Die aus dem von *Schmalenbach* verfolgten Bilanzzweck verständliche, im Endergebnis aber zu weit gehende Überbetonung der Gewinn- und Verlustrechnung, woraus sich die Ablehnung der dualistischen Bilanzauffassung sowie der nicht ganz zutreffende Begriff „dynamische Bilanz" ableitet, hat ihre Wurzeln wahrscheinlich darin, daß *Schmalenbach* die Interdependenz von Bilanz und GuV nicht genügend beachtet. Das Wesen dieser Interdependenz ist darin zu sehen, daß es sich bei der Bilanz und der GuV um zwei ihrer Art nach verschiedene Dinge handelt, die aber unauflösbar miteinander verbunden sind. Das eine kann das andere nicht verdrängen, d. h. die Bilanz kann nicht Trabant der Gewinn- und Verlustrechnung und umgekehrt kann die Gewinn- und Verlustrechnung nicht Trabant der Bilanz sein[16, 17]. — Die bedenklichen Konsequenzen, die sich aus dem Versuch *Schmalenbachs* ergeben, die Bilanz aus der Perspektive der Gewinn- und Verlustrechnung zu interpretieren, werden noch eingehend zu erörtern sein. — Wenn aber *Schmalenbach* die spezifischen Merkmale der Bilanz negiert, um sie daraufhin der Gewinn- und Verlustrechnung eingliedern zu können, geht logischerweise auch die Interdependenz zwischen beiden verloren. Eine gegenseitige Abhängigkeit kann nur zwischen zwei Dingen bestehen, hebt sich aber auf, wenn das eine im anderen untergeht. Von dieser Warte her gesehen, aber auch nur so, wird es verständlich, weshalb *Schmalenbach* bestritt, die dynamische Bilanz sei eine Vermögensbilanz. Für ihn ist die dynamische Bilanz nicht mehr als ein Vorkonto der Gewinn- und Verlustrechnung, das keine Vermögensgegenstände, sondern nur noch „Vor- und Nachleistungen"[18] ausweist, die später einmal in die Gewinn- und Verlustrechnung einmünden. Tatsächlich kommt es dann auch aus dieser Sicht zum Ausweis von Bilanzpositionen, die (wie z. B. die Abgrenzungsposten

---

15 *Schmidt,* Fritz: Die organische Tageswertbilanz, S. 46.

16 *Schmalenbach:* Dynamische Bilanz, 13. Aufl., S. 44.

17 Ähnlich äußert sich *Kosiol* in seinen Ausführungen zur „Pagatorischen Bilanz. (Eine Erfolgsrechnung)" in: Lexikon des kaufmännischen Rechnungswesens, 2. Aufl., 3. Bd., Stuttgart 1956, Sp. 2100: „Keineswegs kann man jedoch ... (aus der) Übertragung des Saldos der Gewinn- und Verlustrechnung in die Bilanz ... auf eine Abhängigkeit der Bilanz von der Gewinn- und Verlustrechnung schließen und dann die Behauptung aufstellen, die Erfolgsrechnung (Gewinn- und Verlustrechnung) diene der Bilanz und nicht umgekehrt."

18 *Schmalenbach:* a.a.O., S. 66 ff.

oder Rückstellungen für unterlassene Reparaturen) eigentlich keine Vermögensgegenstände und somit aus der Sicht der Vermögensbilanz nicht zu begründen sind. Nur soweit es diese Abgrenzungsposten etc. betrifft, rechtfertigt sich die Ablehnung der dualistischen Bilanzauffassung durch *Schmalenbach*. Diese nur aus der Sicht der GuV bestimmbaren Abgrenzungsposten haben aber nicht ein derartiges Gewicht, daß aus ihrer Existenz die Unvereinbarkeit von Erfolgs- und Vermögensbilanz abgeleitet werden kann[19]. — F. *Schmidt* hat die Auffassung *Schmalenbachs* zur dualistischen Bilanzauffassung treffend widerlegt, wenn er meint[20]: „Die Bilanz als die Zusammenfassung alles dessen, was noch nicht umgesetzt ist, entspricht in dieser Umschreibung durchaus dem von *Schmalenbach* geprägten Begriff des Kostenspeichers.... Sie ist das Bild eines Staubeckens mit dauerndem Zu- und Abfluß. ... Unhaltbar erscheint nur schon angesichts dieser Zusammenhänge, daß *Schmalenbach* der Bilanz den Charakter als Vermögensrechnung absprechen will." Die Interdependenz von Bilanz und GuV stellt F. *Schmidt* klar mit dem Hinweis heraus, „daß alles, was dem Umsatz zugeführt wird, bis zum Augenblick dieses Umsatzes auch Vermögen ist"[21]. — Auch *Kosiol*, der die pagatorische Bilanztheorie als „konsequente Weiterentwicklung der von *Schmalenbach* und *Walb* begründeten dynamischen Bilanzauffassung" sieht[22], hält unter den zuvor erwähnten Einschränkungen eine „erfolgsrechnerische und statische Betrachtung der Erfolgsbilanz durchaus (für) verträglich[23]. ... Auch die Aktiva und Passiva der Erfolgsbilanz sind eine Darstellung von Vermögen und Kapital"[24]. Damit hat *Kosiol* auch die Darlegungen *Gnams*[25] widerlegt.

Als Ergebnis dieser Überlegungen bleibt festzuhalten, daß die dynamische Bilanz wie jede andere Bilanz eine Vermögensbilanz, also statisch ist. Ihre Besonderheit gegenüber anderen Bilanzen liegt darin, daß die Bewertung der in ihr ausgewiesenen Vermögensgegenstände nach sogenannten dynamischen Grundsätzen erfolgt. Es mag sein, daß einzelne Bilanzpositionen (z. B. die transitorischen Aktiva und Passiva) in ihrem Wertansatz ausschließlich vom Aufwands- und Ertragsdenken,

---

19 Es ist deswegen unzutreffend, wenn *Tomfohrde* (Die dynamische Bilanzauffassung und das Bilanzsteuerrecht, S. 31) behauptet, „daß bei der Berechnung des periodenweise erzielten Gewinns alle Bindungen an den herkömmlichen Vermögensbegriff (im Sinne greifbarer, verwertbarer Objekte) zu lösen sind". *Tomfohrde* hat nur insofern Recht, als das die Auffassung *Schmalenbachs* ist.

20 *Schmidt*, F.: Die organische Tageswertbilanz, S. 51.

21 *Schmidt*, F.: a.a.O., S. 47.

22 *Kosiol*, E.: Pagatorische Bilanz. (Eine Erfolgsrechnung), in: Lexikon des kaufmännischen Rechnungswesens, Sp. 2087.

23 *Kosiol*, E.: a.a.O., Sp. 2117.

24 *Kosiol*, E.: a.a.O., Sp. 2116.

25 *Gnam*, Arnulf: Die Bilanzformel, in: ZfhF 1954, S. 35.

d. h. allein von der Gewinn- und Verlustrechnung her bestimmt werden können[26]. Das aber widerspricht nicht dem zuvor Gesagten. Die Vermögensdarstellung in der dynamischen Bilanz ist daher auch nicht Nebenzweck[27]. Der Zweck einer Bilanz kann immer nur der sein, Vermögen darzustellen. Das Wesentliche der dynamischen Bilanz darin sehen zu wollen, sie sei keine Vermögensbilanz, hieße den Bilanzbegriff überhaupt zu verkennen.

2. Vergleichbarkeit des Bilanzerfolges

Rieger stützt seine Kritik an der dynamischen Bilanz in erster Linie darauf, daß er keinen zureichenden Gewinnbegriff finden konnte und daß die Bewertungsgrundsätze der dynamischen Bilanz ein „malerisches Durcheinander" bilden[28]. Dieser Vorwurf *Riegers* geht im Grunde genommen an der Sache vorbei, insbesondere dann, wenn man das Charakteristische der dynamischen Bilanzauffassung herauszufinden sucht und daran den Gewinnbegriff mißt. Allerdings ist nicht zu verkennen, daß *Schmalenbach* zugleich Theoretiker und Praktiker war und deshalb anstrebte, seine theoretische Konzeption durch entsprechende Modifikationen praktikabel zu machen. Dieser Pragmatismus erschwert es, die theoretische Linie in der dynamischen Bilanz zu verfolgen. Deshalb sind eindeutige Feststellungen und Aussagen zur Lehre der dynamischen Bilanz so außerordentlich schwierig. Es sei in diesem Zusammenhang u. a. an die Ablehnung der dualistischen Bilanzauffassung und an das nur wenige Sätze vorhergehende Zugeständnis *Schmalenbachs* erinnert, daß auch die dynamische Bilanz Nebenzwecke statischer Natur erfüllen könne (insofern also auch nach *Schmalenbach* dualistisch ist)[29]. Im Laufe dieser Untersuchungen ist noch auf eine Reihe ähnlicher Widersprüche aufmerksam zu machen, die sich überwiegend als Konsequenz theoretischer Zugeständnisse *Schmalenbachs* an die Praxis charakterisieren lassen.

Der Schlüssel zum Verständnis der dynamischen Bilanzauffassung und der dazu entwickelten dynamischen Bilanztheorie liegt in der

---

[26] Umgekehrt gibt es Aufwands- oder Ertragspositionen der Gewinn- und Verlustrechnung, die sich allein aus der Bilanz ableiten, z. B. die Ausbuchung von Vermögensgegenständen aufgrund von Fehlbeständen bei der Inventur oder weil Vermögensgegenstände verdorben sind usw. — Bilanz und GuV sind somit zwar einerseits (rechentechnisch) unabhängige Erfolgsrechnungen, andererseits gibt es aber auch bestimmte, wenn auch schmale Bereiche, wo sie sich gegenseitig ergänzen, also voneinander abhängig sind. Ihre eigentliche Interdependenz ergibt sich jedoch aus dem Umstand, daß sie sich auf den gleichen Sachverhalt beziehen.

[27] *Schmalenbach:* Dynamische Bilanz, 13. Aufl., S. 44.

[28] *Rieger:* Schmalenbachs Dynamische Bilanz, S. 47.

[29] *Schmalenbach:* a.a.O., S. 44/45.

Vorstellung *Schmalenbachs,* die Bilanz solle dem Unternehmer ein Instrument sein, die Lage des Unternehmens anhand des erzielten Erfolges zu beurteilen. Daß sich die Gewinn- und Verlustrechnung dazu besser eignet als die Bilanz, weil sie die Komponenten des Erfolges zeigt, ist an sich von zweitrangiger Bedeutung. — In diesem Sinne schreibt *Schmalenbach*[30]: „Wer sein Vermögen zu oft zählt, tut unproduktive Arbeit. Aber den Erfolg soll er messen, fort und fort messen ... Ob ein Unternehmen vorwärts geht, ob es stagniert oder gar rückwärts geht, das muß der Leiter einer Unternehmung wissen, um danach die Betriebssteuerung einzurichten[31]. ... Gute Erfolgsrechnungen brauchen wir nicht nur, um rechtzeitig zu erkennen, wann ein Unternehmen krank zu werden beginnt. Wir brauchen sie auch, um rechtzeitig wahrzunehmen, ob das Unternehmen einen Auftrieb zeigt; denn den Auftrieb, mag er konjunkturell oder strukturell bedingt sein, soll ein tüchtiger Unternehmenslenker ausnutzen[32].“

Wenn der Erfolg eines Unternehmens im *Schmalenbach*schen Sinne dazu bestimmt ist, den Unternehmer über die Lage seines Unternehmens zu orientieren, so muß er an irgendeinem Maßstab gemessen werden. Außerdem ist vorauszusetzen, daß es sich jeweils um den vollen — oder anders formuliert — um den tatsächlichen Erfolg der in Betracht kommenden Bilanzperiode handelt. Werden dagegen in einer Bilanz 100 %, in einer anderen 80 %, in einer dritten 85 % des jeweils tatsächlich erzielten Erfolges ausgewiesen usw., so entfällt die Vergleichsmöglichkeit.

Schmalenbach hat sich eingehend mit der Frage auseinandergesetzt, wie nun dieser Maßstab aussehen soll, mit dem der tatsächliche Bilanzerfolg gemessen und beurteilt werden soll. Mit Recht sieht *Schmalenbach* in diesem Maßstab das Fundament der dynamischen Bilanztheorie. Wie sollte es dem Unternehmer auch sonst möglich sein, sich über die Lage seines Unternehmens zu orientieren. Das Bilanzergebnis als solches sagt ihm lediglich, mit welchem Gewinn oder welchem Verlust er gearbeitet hat, gibt aber keine Antwort auf die weitaus wichtigere Frage, ob ein besseres Ergebnis hätte erzielt werden können, um daraufhin entsprechende Dispositionen zu treffen. Wörtlich führt *Schmalenbach* hierzu aus[33]: „Zur Messung des betrieblichen Jahreserfolges und seiner Komponenten wären absolute Maße erwünscht; etwa die Beträge, die sich bei denkbar bester Betriebsführung in dem Jahre, für das der Jahresabschluß gemacht wurde, unter Berücksichtigung aller gegebenen Verhältnisse hätten erzielen lassen.“

---

30 *Schmalenbach:* a.a.O., S. 49 ff.

31 *Schmalenbach:* a.a.O., S. 49.

32 *Schmalenbach:* a.a.O., S. 50.

33 *Schmalenbach,* a.a.O., S. 54.

Schmalenbach war sich aber dessen bewußt, daß die Ermittlung solcher optimalen Vergleichszahlen zu jedem Bilanzstichtag praktisch unmöglich ist. Die Einflüsse auf das Bilanzergebnis sind zu vielfältig, als daß sie sich so im einzelnen analysieren lassen, um sagen zu können, das optimale Bilanzergebnis hätte bei einem bestimmten Betrag liegen müssen. Abgesehen davon würde die Ermittlung solcher Optimalzahlen zu viel Zeit erfordern, so daß der Vergleich nicht mehr zeitnahe genug getroffen werden kann, um das eigentliche Ziel zu erreichen, nämlich dem Unternehmer die Möglichkeit einer raschen Orientierung auf das Wirtschaftsgeschehen zu bieten. Die Ermittlung der optimalen Vergleichszahlen kann auch nicht bereits vor dem Stichtag des Jahresabschlusses, sondern erst danach begonnen werden, weil sonst die Gefahr besteht, daß bis zum Bilanzstichtag neu eintretende Umstände eine völlige Neuberechnung erfordern. — *Schmalenbach* als Pragmatiker hat das alles wohl bedacht, wenn er etwas resigniert bemerkt: „Mißt man die Istzahlen der Jahresrechnung an jenen Sollzahlen, so handelt es sich um einen Soll-Ist-Vergleich. Praktisch kommt ein solcher Vergleich kaum vor, da die erforderlichen Sollzahlen nur selten zur Verfügung stehen und sich auch nicht immer schaffen lassen[34]."

Auf der Suche nach einem anderen Maßstab gab dann *Schmalenbach* zu, daß „unter diesen Umständen ... für die Messung der Betriebsgebarung in der Mehrzahl der Fälle nur der Zeitvergleich übrig (bleibt). Hierbei werden innerhalb eines Betriebes Zahlen verschiedener Rechnungszeiträume miteinander verglichen. ... (Es ist zwar) zu bedenken, daß viele Betriebe Strukturwandlungen unterworfen sind, die den Zeitvergleich stören. Trotzdem aber bietet der Zeitvergleich in der großen Mehrzahl der Fälle für die Kontrolle der Betriebsgebarung das beste Mittel"[35]. — Obwohl *Schmalenbach* im Zeitvergleich lediglich eine Ersatzlösung zu den von ihm zunächst geforderten optimalen Vergleichszahlen sah, liegt hier eine entscheidende Weichenstellung für die weitere Ausgestaltung der dynamischen Bilanztheorie.

Angesichts seiner umfangreichen praktischen Erfahrungen hat *Schmalenbach* auch die Schwierigkeiten eines Zeitraumvergleiches von Bilanzen nicht ignorieren können. Eine andere Frage aber ist es, ob er sie in vollem Umfange erkannt hat. — Zunächst muß bei einem Vergleich von Bilanzen verschiedener Zeiträume eine Eliminierung aller zufälligen Einflüsse stattfinden, gleichviel, ob sie ihre Ursache im Unternehmen selbst haben oder vom Markt her auf das Unternehmen einwirken. Zu derartigen außerordentlichen Faktoren zählt *Schmalen-*

---

[34] *Schmalenbach:* a.a.O., S. 54.

[35] *Schmalenbach:* a.a.O., S. 54.

bach Konjunktureinflüsse, Saisoneinflüsse, Modeeinflüsse und Struktureinflüsse[36]. *Schmalenbach* räumt allerdings ein, daß es „nach den bisherigen Erfahrungen (keinen Erfolg) verspricht, diese verschiedenen Einflüsse isoliert erfassen zu wollen. Aussichtsvoller ist es, es bei einer Trennung von Innen- und Außeneinflüssen bewenden zu lassen, dafür aber die Außeneinflüsse statt nach Ursachen nach Wirkungen zu erfassen. Als Wirkungen der Außeneinflüsse sind besonders erfolgswichtig: Die Veränderung der Preisspanne, die Veränderung des Beschäftigungsgrades, die Zusammensetzung der Aufträge"[37]. — Hier wird bereits der entscheidende Unterschied zu dem von *Schmalenbach* ursprünglich gewählten Vergleichsmaßstab sichtbar. Statt den Unternehmenserfolg anhand optimaler Sollzahlen zu analysieren, die für den jeweiligen Bilanzstichtag zu ermitteln sind, werden beim Zeitvergleich dem tatsächlichen Bilanzergebnis alle außerordentlichen Aufwendungen und Erträge zu- oder abgesetzt, so daß zum Schluß der Betriebserfolg verbleibt. Auf diese Art und Weise werden dann nur noch die Betriebsergebnisse verschiedener Bilanzzeiträume miteinander verglichen. *Walb* hat das klar zum Ausdruck gebracht, wenn er bemerkt, „im Grunde bezieht sich die ... *Schmalenbach*sche dynamische Bilanzlehre weit mehr auf (den Betriebs-) Gewinn als auf den Unternehmungsgewinn[38]. ... Die Aufgabe des Betriebsgewinns besteht darin, eine Meßziffer für die ökonomische Betriebsgebarung zu liefern"[39]. *Walb* ist deswegen der Ansicht, die dynamische Bilanz *Schmalenbachs* sei „betriebsorientiert" und nicht „marktorientiert"[40]. — Dieses Ergebnis überrascht durchaus nicht. Sagt doch *Schmalenbach* selbst, es bestehe das Bedürfnis, „aus den Erfolgszahlen den Teil herauszulösen, der der eigentlichen Betriebsleistung zu danken ist. Der Betrieb kann zunehmend unwirtschaftlich arbeiten, und der Gewinn kann infolge der Außeneinflüsse sehr gut sein"[41]. — Es sei aber nochmals darauf hingewiesen, daß eine derartige Konzeption *Schmalenbach* ursprünglich nicht vorschwebte. Ihm ging es weniger um die betriebliche Ökonomik, da es durchaus so sein kann, daß ein wirtschaftlich arbeitender Betrieb keine Marktchancen hat. Ausgangspunkt der Überlegungen *Schmalenbachs* war die Absicht, dem Unternehmer einen Kompaß in die Hand zu geben, mit dessen Hilfe er das Unternehmen durch das Wirtschaftsgeschehen steuern kann. Dabei ist

---

36 *Schmalenbach:* a.a.O., S. 212.

37 *Schmalenbach:* a.a.O., S. 213.

38 *Walb,* Ernst: Finanzwirtschaftliche Bilanz, S. 83.

39 *Walb,* Ernst: a.a.O., S. 84; vgl. auch *Muscheid:* Schmalenbachs Dynamische Bilanz, S. 52.

40 *Walb,* Ernst: Die Erfolgsrechnung privater und öffentlicher Betriebe, S. 357.

41 *Schmalenbach,* a.a.O., S. 211

es z. B. denkbar, daß aus Gründen der Preispolitik eine Drosselung der Produktion zu empfehlen ist, obwohl dadurch der Betrieb wegen der Fixkostenlast unwirtschaftlicher arbeitet; der Preisverfall bei voller Produktion kann sich nämlich durchaus stärker auswirken als die Fixkostenlast.

Die Schwierigkeiten, in der dynamischen Bilanz den betrieblichen und außerbetrieblichen Erfolg auszuweisen, sind wahrscheinlich nicht viel geringer als sie hinsichtlich der Ermittlung optimaler Sollzahlen zum Bilanzstichtag bestehen. So bemerkt *Schmalenbach*: „Wir werden später noch genauer sehen, daß die Bilanz nicht fähig ist, den absoluten Gewinn völlig genau zu bestimmen, weil bei der Anlagen-, Vorrats- und Risikenbewertung Ungenauigkeiten und Schätzungsfehler unvermeidlich sind. Da aber diese Fehler sich von Jahr zu Jahr in der gleichen Richtung wiederholen, läßt sich eine relative Genauigkeit ziemlich sicher erzielen[42].“ W. *Lehmann* meint jedoch zu Recht: „Der Ausgleich der zeitraumfremden Erfolge vollzieht sich aber keineswegs zwangsläufig. Es muß eine Reihe Vorbedingungen erfüllt sein ,ohne die die Wahrscheinlichkeit des Ausgleichs gering ist. Am bedeutsamsten sind die folgenden beiden Voraussetzungen: 1. Es müssen stets dieselben Bewertungsverfahren angewandt werden (materielle Bilanzkontinuität); 2. Das Vermögen und das Fremdkapital müssen sowohl der Höhe als auch der Zusammensetzung nach konstant bleiben[43].“ W. *Lehmann* hält es aber bereits für irreal annehmen zu wollen, daß die zweite Voraussetzung erfüllt werden könne, von der ersten Voraussetzung ganz abgesehen. *Schmalenbach* hätte übersehen, daß sich Bilanzierungsfehler zweischneidig auswirken. Im Jahre ihrer Aufdeckung oder ihres automatischen Ausgleiches würden sie das Bilanzergebnis noch einmal verfälschen. Außerdem sei die Frist des Fehlerausgleiches bei den einzelnen Bilanzierungsfehlern sehr unterschiedlich. Die Forderung, vergleichbare Bilanzen aufzustellen, sei deswegen nicht realisierbar. Hierbei beruft sich W. *Lehmann* insbesondere auf *Hasenack*[44]. — In diesem Zusam-

---

[42] *Schmalenbach:* a.a.O., S. 51.

[43] *Lehmann,* W.: Die dynamische Bilanz Schmalenbachs, S. 94.

[44] „Aber einmal abgesehen von der zweiten Voraussetzung (s. o.), ist der Erfolg der Kompensation auch dann nicht gewiß. Es wird mit Hilfe des Prinzips der Stetigkeit der Bewertungsverfahren zwar die Voraussetzung für das erreichbare Höchstmaß an Wahrscheinlichkeit, daß sich die aperiodischen Erfolge ausgleichen, geschaffen, aber auch nicht mehr. Die subjektive Unzulänglichkeit des Bilanzierenden, die unterschiedliche Fristigkeit des Wirksambleibens von Fehlbewertungen stellen sich dem Ziel entgegen. Hier finden die Mittel des Rechnungswesens ihre Grenzen. *Hasenack* spricht daher im Zusammenhang mit der *Schmalenbach*schen Vorstellung von der Vergleichbarkeit mit Recht von einer betriebswirtschaftlichen ‚Aporie'. — Die vorstehend gemachten Einschränkungen können im wesentlichen mit einem Beispiel *Hasenacks,* das wegen seiner Anschaulichkeit hier wieder-

menhang verdient der Hinweis *Muscheids*[45] besonderes Interesse, wonach bereits 1927 aufgrund von Andeutungen F. *Lehmanns*[46] sich bei *Schmalenbach* im Laufe der Zeit „eine gewisse Abkehr oder vielmehr Geringerschätzung der Jahresperioden vergleichenden Bilanz zugunsten kurzfristiger, vor allem monatlicher Erfolgsberechnung ..." zeigte. — *Leffson* fiel es auf, daß „*Schmalenbach* ... das Prinzip der Vergleichbarkeit in den nach dem zweiten Weltkrieg veröffentlichten Auflagen der Dynamischen Bilanz nicht mehr mit Nachdruck hervorgehoben (hat)[47]. ... Bei diesem Stand der Sache ist es nicht verwunderlich, daß der Gedanke der Vergleichbarkeit im deutschen Schrifttum nicht zu den allgemein anerkannten Grundsätzen ordnungsmäßiger Buchführung gerechnet wird. Es ist bezeichnend, daß in Standardwerken wie dem Kommentar von *Adler-Düring-Schmaltz*, dem Handwörterbuch der Betriebswirtschaftslehre und dem Wirtschaftsprüfer-Handbuch das Stichwort Vergleichbarkeit, von Hinweisen auf die Kostenrechnungsrichtlinien abgesehen, im Register nicht angeführt ist. Der Grundsatz der Vergleichbarkeit wird also in den der praktischen und wissenschaftlichen Arbeit dienenden Handbüchern nicht dargestellt, geschweige denn weiter ausgebaut"[48].

Hier zeigt sich ein außerordentlich schwacher Punkt der dynamischen Bilanzauffassung. Abgesehen von den zuvor zitierten und kaum zu widerlegenden Bedenken *Hasenacks* stellt sich die Frage, ob es angesichts der Realitäten des heutigen Wirtschaftslebens überhaupt möglich ist, Bilanzergebnisse verschiedener Rechnungsperioden mit-

---

gegeben werden soll, versinnbildlicht werden. (Nachstehend zitiert W. *Lehmann Hasenack*:) ‚Wenn man sich einmal ... die Erfolgskurve des Betriebes in Form einer Linie mit verschiedenen Maxima und Minima dargestellt denkt, so würde eine ... Falschbewertung lediglich eine Parallelverschiebung der Kurve zur Folge haben, d. h. die aus ihr entsprechend den einzelnen Perioden herausgeschnittenen Stücke blieben vergleichbar. *Schmalenbach* berücksichtigt dabei jedoch die Zweischneidigkeit der Bewertung nicht, denn diese würde zur Folge haben, daß die Falschbewertung, d. h. ein etwaiger früherer unechter Periodenverlust, zu einem bestimmten Zeitpunkt als unechter Periodengewinn sichtbar würde. Wenn es sich nur um diese einzige Falschbewertung handelte, so könnte noch angenommen werden, daß die Kurve dann in ihre ursprüngliche Lage zurückschnellt. Wenn aber mehrere Falschbewertungen mit verschiedener Fristigkeit ihres Sichtbarwerdens nebeneinander herlaufen, dann erfolgt nicht lediglich ein Zurückschnellen, sondern die Kurve wird jeweils im Zeitpunkt des Sichtbarwerdens in einer bestimmten Richtung abgelenkt. Wegen der möglichen Kompensationswirkungen der verschiedenen Falschbewertungen können diese Ablenkungen nicht im einzelnen kontrolliert werden, und daher sind die Abschnitte der Kurve nicht mehr miteinander vergleichbar' " (*Lehmann*, W.: Die dynamische Bilanz Schmalenbachs, S. 95).

[45] *Muscheid:* Schmalenbachs Dynamische Bilanz, S. 166.

[46] *Lehmann*, F.: Bilanz der Bilanztheorie, in: Magazin der Wirtschaft 1927, S. 864.

[47] *Leffson:* Die Grundsätze ordnungsmäßiger Buchführung, S. 230.

[48] *Leffson:* a.a.O., S. 231.

einander zu vergleichen. Wenn diese Frage zu verneinen ist, und auch *Schmalenbach* scheinen nach den zuvor zitierten Andeutungen F. *Lehmanns* Bedenken gekommen zu sein, so hat das entscheidende Bedeutung für die Beurteilung der dynamischen Bilanz.

Selbst wenn man sich die wirtschaftlichen Verhältnisse jener Zeit vor dem ersten Weltkrieg vergegenwärtigt, in der *Schmalenbach* die Fundamente der dynamischen Bilanztheorie legte, ist es zweifelhaft, ob das Postulat der Vergleichbarkeit im Hinblick auf die bereits zitierten Bedenken *Hasenacks* und W. *Lehmanns* aufrechterhalten werden kann. Ganz gewiß aber ist diese Frage zu verneinen, wenn man die heutigen dynamischen Wirtschaftsverhältnisse bedenkt. Schon allein die Expansion der Unternehmen macht einen über mehrere Jahre sich erstreckenden Bilanzvergleich hinfällig. Hinzu kommt, daß die Expansion der Unternehmungen nur zum Teil auf eine Ausweitung der bisherigen Produktion zurückzuführen ist, abgesehen davon, daß im letzteren Fall dennoch völlig andere Produktionsverfahren in Betracht kommen, so daß auch insofern die Vergleichbarkeit gestört wird (statt manueller Arbeit Mechanisierung, statt einfacher Maschinen Automaten usw.). Oft hängt aber die Expansion mit einer Erweiterung oder gänzlichen Umstellung des Produktionsprogrammes zusammen. Das gilt besonders für die chemische Industrie. Angeblich beträgt dort der Anteil jener Produkte, die jeweils vor 10 Jahren noch nicht produziert wurden, 70 %. Damit aber noch nicht genug, sind die von außen auf die Unternehmungen einwirkenden Faktoren von solcher Bedeutung, daß auch sie den Bilanzvergleich empfindlich stören. Wenn es nur die bereits als normal angesehene jährliche Kaufkraftentwertung zwischen 3 bis 4 % wäre, so ließe sich das u. U. noch mittels Indexrechnungen eliminieren. Normalerweise liegen aber zusätzlich erhebliche Preisdifferenzierungen bei den einzelnen Wirtschaftsgütern vor. Dann aber genügt eine Indexrechnung nicht mehr, wie F. *Schmidt* in der „Organischen Tageswertbilanz“ zutreffend bemerkt[49]. Schließlich wirken auf das Bilanzergebnis die Änderungen der Marktstruktur ein, wie sie z. B. gerade jetzt aus der Verwirklichung des EWG-Marktes für viele Unternehmen spürbar werden, sei es zu ihrem Vor- oder Nachteil.

---

[49] *Schmidt*, F.: Die organische Tageswertbilanz, S. 80: „Diese durch Index korrigierte Bilanz, deren Vertreter in Deutschland während der Inflationszeit hauptsächlich *Schmalenbach* und *Mahlberg* wurden, hat verschiedene Nachteile... (Das Unternehmungsvermögen) besteht aus einer Vielheit von Gütern, von denen jedes seinen Wert nicht nur nach dem allgemeinen Preisniveau, sondern auch nach der Sonderlage seines Marktes orientiert. Demnach kann auch ein berichtigter Anschaffungswert nur die Verschiebung des allgemeinen Preisniveaus, nicht aber die des Sondermarktes der Güter berücksichtigen, die neben allgemeinen Verschiebungen auch recht bedeutend zu sein pflegen.“

Versucht man, all diese verschiedenen Einflüsse zu summieren, so liegt (selbst dann, wenn man zu weitreichenden Zugeständnissen bereit ist) die Schlußfolgerung nahe, daß bereits der Vergleich zweier aufeinanderfolgender Jahresbilanzen in vielen Fällen recht problematisch ist, bei einem Vergleichszeitraum von drei bis fünf Jahren so gut wie unmöglich wird und für größere Zeiträume einfach sinnlos ist. Da diese Situation nicht nur vorübergehender Natur ist, sondern angesichts der immer stärker werdenden Dynamik der wirtschaftlichen Verhältnisse der Vergleich von Jahresbilanzen zunehmend fragwürdig wird, muß man zwangsläufig zu dem Ergebnis kommen, daß die dynamische Bilanz auf Voraussetzungen beruht, die mit den Realitäten der heutigen wirtschaftlichen Verhältnisse nicht mehr in Einklang zu bringen sind. Wie bereits in einem Aufsatz des Verfassers[50] dargelegt, ist es durchaus nicht nur ein Wortspiel, sondern entspricht es den tatsächlichen Verhältnissen und einem konsequenten Zu-Ende-Denken der Grundsätze der dynamischen Bilanz, wenn festgestellt wird, daß sie statische Wirtschaftsverhältnisse voraussetzt, die es nicht mehr gibt. — Stellt sich aber heraus, daß das Postulat der dynamischen Bilanz, vergleichbare Erfolge auszuweisen, nicht haltbar ist, so kommt der periodengerechten Aufteilung der Aufwendungen und Erträge keine uneingeschränkte Priorität mehr zu. Diese Feststellung hat beachtliche Konsequenzen, namentlich für die Steuerbilanz.

Wenn man bedenkt, wie vielschichtig das Phänomen Bilanz ist, so überrascht die zuvor getroffene Feststellung nicht. Es ist eine Vergewaltigung der Bilanz, sie allein mit dem Zweck verbinden zu wollen, den *vergleichbaren Erfolg* eines Unternehmens festzustellen. Die Bilanz hat unabhängig davon stets den Charakter einer Vermögensaufstellung, der von *Schmalenbach* trotz seiner praxisnahen Einstellung und trotz mancher Zugeständnisse an die Praxis weitgehend vernachlässigt wurde.

Es bleibt hinsichtlich der Vergleichbarkeit der Bilanzen noch die Frage zu prüfen, welche Bedeutung der dynamischen Bilanzauffassung im Rahmen der kurzfristigen Erfolgsrechnung zukommt. Je kürzer der Rechnungszeitraum ist, für den eine Bilanz aufgestellt wird, um so mehr nähert man sich statischen Wirtschaftsverhältnissen und um so eher läßt sich der Erfolg solch kurzer Rechnungsperioden vergleichen. *Beste* bemerkt jedoch[51]: „Wo Kennzahlen für Kontrollen in Gebrauch sind, besteht die Gefahr, daß sie weiter benutzt werden, auch wenn die Grundlagen sich geändert haben, die bei ihrer Bildung

---

[50] *Feuerbaum*, E.: Grenzen der dynamischen Bilanzauffassung, in: Betriebs-Berater 1965, S. 135.

[51] *Beste:* Die Kurzfristige Erfolgsrechnung, 2. erweiterte Aufl., Köln—Opladen 1962, S. 496.

in Geltung waren. Heute, da viele Betriebe sich in fortgesetztem Umbau befinden und dadurch die Bestimmungsgründe ihrer Lage und ihrer Erfolgsfaktoren, wie sie sich in den Instrumenten der Kurzfristigen Erfolgsrechnung ausdrücken, wechseln, ist vor allem darauf zu achten, ob die Kennzahlen noch dafür geeignet sind, daß an ihnen die Tatsachen der jüngsten Vergangenheit beurteilt werden." *Beste* äußert somit selbst für kurzfristige Bilanzvergleiche ähnliche Bedenken, wie sie zuvor für den Vergleich von Jahresbilanzen geltend gemacht wurden. Davon abgesehen, mißt *Beste* der kurzfristigen Erfolgsbilanz sowie der kurzfristigen Gewinn- und Verlustrechnung keine große praktische Bedeutung zu, wenn er ausführt: „Über die Auswertung der indirekten Kurzfristigen Erfolgsrechnung wäre kein Wort zu verlieren, wenn die Kostenträger-Erfolgsrechnung nicht in der Regel als ihr Hauptstück angesehen würde. Ihr wird mancherorts eine solche Bedeutung zugemessen, daß hinter ihr die aus der Kostenträger-Erfolgsrechnung hervorgehende periodische Kurzfristige Erfolgsrechnung zurücktritt, diese vielleicht überhaupt nicht aufgestellt und wenn, dann nicht ausgewertet wird[52]." — Somit bleibt der dynamischen Bilanz auch dort die praktische Bedeutung versagt, wo durch kurzfristigen Vergleich eher die Voraussetzungen statischer Wirtschaftsverhältnisse anzutreffen sind.

3. Die dynamische Bilanz als Nominalwertrechnung

Die wichtigste Konsequenz des von *Schmalenbach* gewählten Ersatzmaßstabes zur Analyse der Bilanz, seine Forderung, vergleichbare Bilanzen aufzustellen, liegt nun allerdings nicht darin, daß diese Vergleichbarkeit nach den Worten *Hasenacks* eine betriebswirtschaftliche Aporie, also eine Unmöglichkeit darstellt. Über diese Unmöglichkeit könnte man noch am ehesten hinwegkommen. Wesentlich folgenschwerer ist dagegen die zum Zwecke der Vergleichbarkeit von Bilanzen geforderte Nominalwertrechnung. Das zeigte sich bereits bei der Erörterung der Frage, wie die Ersatzbeschaffung von Gegenständen des Anlagevermögens finanziert werden soll, wenn die bilanziellen Abschreibungen auf der Basis der Anschaffungswerte vorgenommen werden, die Wiederbeschaffungspreise aber gestiegen sind. *Schmalenbach* vertritt hierzu die Ansicht, daß die sich dann ergebenden Fehlbeträge durch entsprechende Kapitalerhöhungen zu überbrücken sind. — Der Nachweis, die dynamische Bilanz sei eine Nominalwertrechnung, ist allerdings nicht leicht zu führen, da *Schmalenbach* in dieser Hinsicht verschiedene Zugeständnisse an die Realitäten des Wirtschaftslebens macht. Es lassen sich deswegen eine Reihe von Argumenten nennen, aus denen sich sowohl eine Bejahung als

---

[52] *Beste:* a.a.O., S. 516.

auch eine Ablehnung der Nominalwertrechnung durch *Schmalenbach* ableitet.

Der durchschlagende Beweis dafür, daß die dynamische Bilanzauffassung grundsätzlich eine Nominalwertrechnung ist, ergibt sich zunächst aus der Überlegung, daß nur so die Vergleichbarkeit von Bilanzen sichergestellt ist. Ohne Nominalwertrechnung wäre der Erfolgsmaßstab in Gestalt vergleichbarer Bilanzen — wenn man es so formulieren will — mit einem Gummiband gleichzusetzen. Wäre es jedoch möglich gewesen, an der ursprünglichen Konzeption *Schmalenbachs* festzuhalten, das Bilanzergebnis mit optimalen Sollzahlen zum Bilanzstichtag zu vergleichen, so hätte die Nominalwertrechnung u. U. keinen Eingang in die dynamische Bilanztheorie gefunden. Es wäre denkbar, daß *Schmalenbach* dann in gleicher Weise wie F. *Schmidt* die Bilanzierung zu Tageswerten gefordert hätte, ohne dabei nun in allen Punkten den Vorstellungen F. *Schmidts* folgen zu müssen[53, 54]. — W. *Lehmann* ist ebenfalls der Auffassung, daß die dynamische Bilanz eine Nominalwertrechnung ist: „Sie soll insbesondere primär der Erfolgsermittlung zum Zwecke der Betriebssteuerung dienen und die grundsätzlich nominelle Kapitalerhaltung verfolgen[55]." Wenn es dazu noch eines Beweises bedarf, so ergibt er sich daraus, daß *Schmalenbach* versucht, die Bilanz grundsätzlich aus Einnahmen und Ausgaben abzuleiten: „Will man das Wesen einer komplizierten Sache erkennen, soll man, nötigenfalls unter Annahme unwirklicher Verhältnisse, von denkbar primitivsten Formen ausgehen. Die denkbar primitivste Form einer Erfolgsbilanz kommt vor, wenn eine einfache Einnahmen- und Ausgabenrechnung genügt, um den Erfolg zu bestimmen. Dieses ist nur möglich, wenn der Saldo der Einnahmen und Ausgaben gleich dem Saldo der Erträge und Aufwendungen ist[56]." *Schmalenbach* mißt somit die Aufwendungen und Erträge an den effektiven Ausgaben und Einnahmen[57, 58]. Die wichtigste Wertart ist somit für die dyna-

---

53 Diese Überlegungen bestätigen die bereits zitierten Ausführungen von W. *Müller* (Anpassung der Besteuerung an den gesunkenen Geldwert — ein indiskutables Problem? in: Finanz-Rundschau 1965, S. 381), wenn er bemerkt: „Ebenso wie bei der dynamischen Bilanzlehre steht im Mittelpunkt der Rechnungslegung nach dem Wiederbeschaffungswertprinzip (der organischen Tageswertbilanz) die Ermittlung des betriebswirtschaftlich richtigen Periodengewinns. Man könnte sogar der Meinung sein, daß beide identisch sind, sofern man bei der dynamischen Bilanzierung die durch die Geldentwertung erforderlichen Korrekturen berücksichtigt."

54 Ähnlich äußert sich auch *Hauck* (Bilanztheorien; S. 57): „So ist das, was z. B. *Schmalenbach* und *Schmidt* gemeinsam haben, die Erfolgsrechnung; nur die Wege zu ihr sind verschieden."

55 *Lehmann*, W.: Die dynamische Bilanz Schmalenbachs, S. 40.

56 *Schmalenbach:* Dynamische Bilanz, 13. Aufl., S. 58.

57 Vgl. *Hax:* Die Substanzerhaltung der Betriebe, S. 16.

58 *Tomfohrde* (Die dynamische Bilanzauffassung und das Bilanzsteuerrecht, S. 25) bemerkt deswegen zutreffend: „Als Erfolgskomponenten sind

mische Bilanz *Schmalenbachs* der Anschaffungswert[59]. W. *Lehmann* bemerkt allerdings einschränkend, „daß sich *Schmalenbach* in Zeiten wesentlicher Geldwertveränderungen vom Maßstab der gesetzlichen Inlandswährung löst und auf einen Ersatzwertmesser, die Indexwährung, ausweicht. ... Die nominelle Grundrichtung bleibt (aber) unangetastet"[60]. — Neben dem soeben zitierten Zugeständnis *Schmalenbachs,* in Zeiten inflationärer Entwicklung eine Indexrechnung vorzunehmen (Goldmarkbilanzierung[61]), liegt eine weitere Abweichung von der strengen Nominalwertrechnung in seiner Forderung, beim Vorratsvermögen mit eisernen Beständen zu rechnen. Dadurch sollen die beim eisernen Bestand des Vorratsvermögens eintretenden Wertschwankungen und die daraus resultierenden Einflüsse auf die Erfolgsrechnung eliminiert werden. Um bei sinkenden Preisen nicht mit dem Niederstwertprinzip der Handelsbilanz in Konflikt zu geraten, empfiehlt er, den eisernen Bestand möglichst niedrig zu bewerten[62]: „In den einzelnen Perioden stehen dann den Erträgen Aufwendungen gegenüber, die zu Anschaffungspreisen derselben Periode bewertet sind. Die stillen Rücklagen am übernommenen Bestand werden von Periode zu Periode weitergewälzt[63]." Dieses Abweichen von der strengen Nominalwertrechnung stellt aber noch keinen Widerspruch zu den eigentlichen Grundsätzen der dynamischen Bilanzauffassung dar. Vielmehr ist das Gegenteil der Fall. Anders sieht es jedoch mit dem Zugeständnis *Schmalenbachs* hinsichtlich des niedrigeren Tageswertes zum Vorratsvermögen aus. *Muscheid* bemerkt hierzu, „daß *Schmalenbach,* der auf die Vergleichbarkeit der Periodengewinne ... größten Wert legt, von seinem Standpunkt aus jeder imparitätischen Bewertung, wie sie das Niederstwertprinzip nun einmal fordert, ablehnend gegenüberstehen muß"[64]. Besonders störend aber wirkt sich das Niederstwertprinzip auf den Ausweis eines vergleichbaren Periodenerfolges bei den sogenannten Spekulationsvorräten aus. Hierzu forderte *Schmalenbach* ursprünglich und in Widerspruch zur Nominalwertrechnung den Ausweis des Wiederbeschaffungswertes am Bilanzstichtag: „Wenn die vorhandenen Vorräte nur gehalten werden, um

---

von *Schmalenbach* Aufwand und Ertrag herausgearbeitet worden, die an Ausgaben und Einnahmen zu messen sind. Dies heißt aber, daß Maßstab und zu messendes Objekt wesensgleich sind: Die Erfolgsrechnung ist nichts anderes als eine durch Periodisierung modifizierte Einnahmen- und Ausgabenrechnung, d. h. sie beruht auf reinen Zahlungswerten."

[59] *Lehmann,* W.: Die dynamische Bilanz Schmalenbachs, S. 28.

[60] *Lehmann,* W.: a.a.O., S. 29.

[61] Vgl. *Schmalenbach:* Grundlagen dynamischer Bilanzlehre, 3. Aufl., Leipzig 1925.

[62] *Schmalenbach:* Dynamische Bilanz, 13. Aufl., S. 199 ff.

[63] *Lehmann,* W.: a.a.O., S. 49.

[64] *Muscheid,* W.: Schmalenbachs Dynamische Bilanz, S. 55.

den erwarteten Preis abzuwarten ..., dann wäre logischerweise der Preis des Bilanzstichtages anzusetzen, gleichviel, ob der Preis inzwischen (zum Zeitpunkt der Bilanzaufstellung) gefallen oder gestiegen ist. Wenn man (dagegen) die Realisationstheorie (Imparitätsprinzip) anwendet, so werden die Spekulationserfolge dem Realisationsjahre zugeschrieben, während sie in Wirklichkeit dem Jahre zugeschrieben werden sollten, in dem das Spekulationswagnis gelang[65]." — Es war durchaus nicht inkonsequent, wenn *Schmalenbach* hier bei den Spekulationsvorräten wie F. *Schmidt* die Bilanzierung zu Tageswerten forderte. Es handelt sich hierbei nicht um ein, wie *Rieger* meint, „malerisches Durcheinander" von Anschaffungs- und Wiederbeschaffungswerten. Das System hierzu liegt in der Absicht *Schmalenbachs,* den zutreffenden Erfolg zu ermitteln[66]. Um aber den nach dynamischen Grundsätzen bilanzierenden Kaufmann nicht mit den handelsrechtlichen Vorschriften in Konflikt zu bringen, gab *Schmalenbach* das Zeitwertprinzip „seit der 8. Auflage — wenn auch widerwillig —" auf[67, 68, 69].

Die mit der Nominalwertrechnung verbundenen Konsequenzen wurden bereits in den Ausführungen über die Handelsbilanz herausgestellt. Dabei wird insbesonders auf die Ausführungen zum Aktiengesetz 1965 verwiesen. Außerdem stehen diese Fragen im Abschnitt „Die Steuerbilanz" weiterhin zur Diskussion.

---

[65] *Schmalenbach:* Dynamische Bilanz, 13. Aufl., S. 194/195.

[66] *Hauck* ist der gleichen Auffassung, wenn er bemerkt (*Hauck,* W. Ch.: Bilanztheorien, S. 52): „Man findet sehr oft bei gründlichen Lesern der dynamischen Bilanzlehre von *Schmalenbach* die Ansicht, daß dieser Bilanzauffassung gar keine einheitliche Bewertung zugrunde liege. Das ist auch ganz richtig so! *Schmalenbach* setzt für seine Bilanzlehre zuerst einen einheitlichen, klar umrissenen Zweck und paßt die Bewertung diesem Bilanzzweck an. Dieser Bilanzzweck ist die Erfolgsrechnung ... Darum arbeitet *Schmalenbach* in seiner Bewertungslehre für die Bilanz mit allen möglichen Bewertungsmaßstäben, Anschaffungswerten, Tageswerten, Verrechnungswerten, wie z. B. beim sogenannten eisernen Bestand."

[67] *Muscheid,* W.: Schmalenbachs Dynamische Bilanz, S. 56.

[68] *Leffson,* U.: Die Grundsätze ordnungsmäßiger Buchführung, S. 159.

[69] *Kosiol,* der sich bei der Erfolgsermittlung noch strenger als *Schmalenbach* an die Einnahmen und Ausgaben hält, umgeht die zuvor anhand des Beispieles von Spekulationsvorräten dargestellten Schwierigkeiten dadurch, daß in der pagatorischen Bilanz „bis zum Realisationszeitpunkt ... die pagatorischen Vergangenheitswerte, insbesondere Ausgabenwerte, fortgeführt" werden (*Kosiol:* Pagatorische Bilanz [Erfolgsrechnung], in: Lexikon des kaufmännischen Rechnungswesens, Sp. 2108). Allerdings hält er sich auch an das Niederstwertprinzip und weicht insofern vom Anschaffungswert ab. Dazu bemerkt er, daß durch das Niederstwertprinzip zwar auch unrealisierte Erfolgseinflüsse berücksichtigt werden; „dadurch wird jedoch der pagatorische Charakter der buchhalterischen Erfolgsrechnung nicht aufgehoben. Vielmehr gelingt es, durch gewisse (!) Modifizierungen der bisherigen Aussagen auch die Niederstwertrechnung als pagatorische Erfolgsrechnung zu kennzeichnen und dadurch zu einer umfassenden Theorie der pagatorischen Bewertung zu kommen".

4. Die Position Liquide Mittel im dynamischen Bilanzschema

Bereits bei den Überlegungen zur Interdependenz von Bilanz und Gewinn- und Verlustrechnung ergab sich, daß *Schmalenbach* deren Eigenständigkeit als zwei völlig verschiedenartige Rechnungsmethoden dadurch aufzuheben sucht, daß er die Bilanz in die Gewinn- und Verlustrechnung eingliedert, wodurch dann auch die Interdependenz zwischen diesen beiden Rechnungsmethoden verlorengeht. Möglicherweise liegt darin eine Erklärung für den an sich gegenstandslosen und auch unfruchtbaren Streit über die dualistische Bilanzauffassung sowie für den zwar praktisch durchaus brauchbaren, aber theoretisch nicht ganz durchdachten Begriff „dynamische Bilanz". Wenn aber die Vernachlässigung der Interdependenz von Bilanz und Gewinn- und Verlustrechnung keine weiteren Folgen hätte, könnte man darüber hinwegsehen. Sie wären zu geringfügig, um sie überhaupt zu erwähnen. Die tatsächliche Situation ist jedoch eine andere. Sie soll in diesem Abschnitt eingehend untersucht werden, wobei auch der Faden zu den Ausführungen über die Vergleichbarkeit des Bilanzerfolges neu aufzunehmen ist.

Schmalenbachs Anliegen ist, die dynamische Bilanz so auszugestalten, daß sie dem Unternehmer ein Orientierungsinstrument wird, mit dessen Hilfe er feststellen kann, ob der Weg durch die Vergangenheit richtig war und welcher Kurs nach dem Bilanzstichtag einzuschlagen ist. Das ist der Kern der dynamischen Bilanztheorie. Von hier aus leiten sich alle weiteren Überlegungen ab. Dabei stellte sich jedoch heraus, daß der ideale Maßstab zur Analyse der Bilanz, die Ermittlung optimaler Sollzahlen zum Bilanzstichtag, nicht praktikabel ist. Einen Ausweg glaubt *Schmalenbach* darin zu finden, daß die jeweilige Jahresbilanz mit vorhergehenden Bilanzen verglichen wird, um so feststellen zu können, ob das Unternehmen den richtigen Weg gewählt hat oder nicht. Diese Hilfslösung setzt allerdings voraus, daß der Jahresabschluß getrennt das Betriebsergebnis und das neutrale Ergebnis ausweist. Das wurde bereits eingehend erörtert. Worauf es jedoch hier zunächst ankommt, ist die Feststellung, daß eine derartige Aufgliederung nicht erforderlich wäre, wenn der Jahreserfolg anhand optimaler Sollzahlen zum Bilanzstichtag gemessen werden könnte. Gewiß wäre es auch in diesem Falle eine interessante Frage, wie es um das Betriebs- und das neutrale Ergebnis steht. Angesichts des heutigen dynamischen Wirtschaftsablaufes ist es aber nicht nur schwierig, diese Trennung vorzunehmen, sondern u. U. auch müßig. Äußere und innere Faktoren sind durch die Interdependenz des wirtschaftlichen Geschehens zu eng miteinander verwoben. Das klang auch in den zitierten Ausführungen *Bestes* zur kurzfristigen Erfolgsrechnung an. — Eine weitaus wichtigere Konsequenz des von *Schmalenbach* aus Gründen der Praktikabilität gewählten Weges, Bilanzen verschiedener Zeiträume miteinander zu vergleichen, liegt nun allerdings darin, daß er der Gewinn- und Verlustrechnung Vorrang einräumen muß. Denn nur in der Gewinn- und Verlustrechnung läßt sich das Betriebsergebnis und das neutrale Ergebnis darstellen. Die Bilanz ist dazu nicht geeignet. Zweifellos wäre die Gewinn- und Verlustrechnung auch dann von besonderem Interesse gewesen, wenn *Schmalenbach* an seiner ihm ursprünglich vorschwebenden Konzeption optimaler Sollzahlen zum Bilanzstichtag hätte festhalten können. Es ist aber als sicher zu unterstellen, daß er dann nicht so sehr an die Gewinn- und Verlustrechnung gebunden gewesen wäre. Es wird somit deutlich, wie entscheidend die Weichenstellung war, als sich *Schmalenbach* dafür entschied, die Jahresbilanz an vorhergehenden Jahresbilanzen zu messen: Nominalwertrechnung, Aufspaltung des Jahreserfolges in Betriebsergebnis und neutrales Ergebnis sowie Gewichtsverlagerung von der Bilanz zur Gewinn- und Verlustrechnung.

Die aus zuvor genannten Gründen notwendige Bevorzugung der Gewinn- und Verlustrechnung hat aber auch in gewisser Hinsicht eine sehr fruchtbare Konsequenz gehabt. *Schmalenbachs* Versuch, die Bilanz so zu deuten, daß die Aktiva schwebende Vorleistungen und die Passiva schwebende Nachleistungen sind, die irgendwann einmal in die Gewinn- und Verlustrechnung einmünden, hat die Erkenntnis über das Wesen der Bilanz bereichert und vertieft. Nur so lassen sich die Abgrenzungsposten in der Bilanz, wozu auch die Rückstellungen für z. B. unterlassene Reparaturen zählen, bilanztheoretisch begründen[70]. —Diese Deutung der Bilanz darf wohl als der wertvollste Beitrag

---

[70] *Tomfohrde* bemerkt dazu (*Tomfohrde*, Klaus: Die dynamische Bilanzauffassung und das Bilanzsteuerrecht, S. 25/26): „Worauf es nun entscheidend ankommt, ist, sich mit dem Gedanken vertraut zu machen, daß die schließlich in die Bilanz gelangenden Bestände nicht etwa aufgenommen werden, weil es sich um Vermögensgegenstände im juristischen Sinne handelt. Der Weg verläuft höchstens umgekehrt. Die Zahlengrößen in der Bilanz korrespondieren meistens einem greifbaren Gegenstand materieller oder immaterieller Art (Maschinen, Grundstücke usw. sowie rechtlich bestimmte oder bestimmbare Forderungen und Schulden), dessen Wert sie ausdrücken. Insoweit wird, etwa von unterschiedlicher Bewertung abgesehen, ein Abweichen von der herkömmlichen Vermögensrechnung nach außen gar nicht sichtbar. Dies braucht jedoch keineswegs der Fall zu sein, was bei den Bilanzpositionen deutlich wird, die keinen Vermögenswert besitzen: Rechnungsabgrenzungsposten haben keinen Vermögenswert, Rückstellungen für unterlassene Reparaturen sind z. B. von keinerlei rechtlicher Relevanz." — M. R. *Lehmann* ist allerdings und wohl auch zu Recht der Auffassung, daß die Rechnungsabgrenzungsposten auch von der Bilanz her („statisch") erklärt werden können (M. R. *Lehmann:* Die Quintessenz der Bilanztheorie, in: Zeitschrift für Betriebswirtschaft 1955, S. 540). Ihm ist aber nicht zuzustimmen, wenn er meint: „Die statische Deutung der Bilanzposten ist also ohne (!) Ausnahme möglich." Denn Rückstellungen für unterlassene Reparaturen ergeben sich allein aus dem Aufwands- und Ertragsdenken.

Schmalenbachs zur Bilanzlehre bezeichnet werden. Mit Ausnahme der organischen Bilanzauffassung von F. *Schmidt* gibt es wohl keinen gleichwertigen Beitrag zur Bilanztheorie, der mit *Schmalenbachs* Deutung der Bilanz aus der Perspektive der Gewinn- und Verlustrechnung vergleichbar ist.

Es kann nicht die Aufgabe dieser Untersuchung sein, die Einzelheiten des *Schmalenbach*schen Bilanzschemas darzustellen. Es wird auf die Ausführungen *Schmalenbachs* in der 13. Auflage der „Dynamischen Bilanz“[71] verwiesen. Außerdem empfiehlt es sich, die Untersuchungen W. *Lehmanns* zum dynamischen Bilanzschema nachzulesen[72].

Im Rahmen der hier zu treffenden Untersuchungen ist nun allerdings die Frage zu stellen, inwieweit es *Schmalenbach* tatsächlich gelungen ist, die Bilanz restlos aus der Sicht der Gewinn- und Verlustrechnung zu deuten. Hierbei ist zunächst die Position „Liquide Mittel“ des dynamischen Bilanzschemas von Interesse, die in der Auseinandersetzung um die dynamische Bilanz eine zentrale Stellung einnimmt.

Mit Ausnahme der Bilanzpositionen Eigenkapital und Liquide Mittel lassen sich alle anderen — so scheint es — ohne besondere theoretische Schwierigkeiten in das *Schmalenbach*sche Schema von Vorleistungen und Nachleistungen einordnen. Insofern hat dieses Schema auch in der Literatur Anerkennung gefunden. Die eine Zeitlang geäußerten Bedenken, ob die Position Eigenkapital noch dem Schema der Vor- und Nachleistungen entspricht, können unterdessen als behoben angesehen werden. Dennoch weist *Schmalenbach* die Position Eigenkapital neben der Position Liquide Mittel gesondert aus und bemerkt: „Zusammenfassend kann man sagen: die Aktivseite enthält Vorleistungen, die Passivseite enthält Nachleistungen; zu den letzteren ist auch die Erwartung der Kapitaleinzahler auf spätere Rückzahlung zu rechnen[73].“ — Zur Position Liquide Mittel schweigt *Schmalenbach*. Er geht auch an keiner anderen Stelle der „Dynamischen Bilanz“ (13. Auflage) auf diese Frage ein. Das überrascht um so mehr, als gerade hierzu zahlreiche kritische Einwendungen von verschiedener Seite geäußert wurden. Das Schweigen *Schmalenbachs* kann deshalb nur so gedeutet werden, daß er keine Lösung des Problems sah.

Muscheid hält die Kritik *Riegers* an der Position Liquide Mittel für durchaus gerechtfertigt[74]. W. *Lehmann* fragt allerdings, ob die Kapitula-

---

[71] *Schmalenbach:* Dynamische Bilanz, 13. Aufl., S. 66 ff.

[72] *Lehmann,* W.: Die dynamische Bilanz Schmalenbachs; insbesondere Seite 31—39.

[73] *Schmalenbach:* a.a.O., S. 72.

[74] „Als ersten Posten der Aktiva betrachtet *Rieger* (*Rieger,* W.: Schmalenbachs Dynamische Bilanz, S. 115) die Position ‚Geld‘, von der er mit Recht sagt, daß sie schon rein sprachlich nicht zu den anderen Positionen passe,

tion *Schmalenbachs* vor der Kritik an der Position Liquide Mittel (von der 8. Auflage der „Dynamischen Bilanz" an brachte *Schmalenbach* die liquiden Mittel nicht mehr mit den Schwebeposten in Verbindung) notwendig war, „d. h. ob sich die Zahlungsmittel nicht doch betriebsdynamisch erklären lassen"[75]. W. *Lehmann* verneint diese Frage und schließt sich der Auffassung *Münstermanns* an, der gezeigt habe, „daß es *Schmalenbach* nicht nötig gehabt hat, vor der Kritik *Nicklischs* und anderer Autoren an der Stellung der Position Geld im Bilanzschema zu kapitulieren. Die Einwendungen sind seiner Meinung nach nur deshalb berechtigt, weil *Schmalenbach* versucht hat, das Aktivum Geld von den Ausgaben her zu erklären, indem er es zu den[76] ‚Ausgaben, noch nicht Aufwand' rechnete. Diese Erklärung *(Schmalenbachs)* muß als abwegig bezeichnet werden, ‚da das vorhandene Geld nur aus Einnahmen, sei es des laufenden Monats, sei es früherer Monate, stammen kann'. Folglich ist das Geld grundsätzlich als Einnahme, insbesondere als ‚Einnahme, noch nicht Ausgabe', zu kennzeichnen"[77]. — Dieser Rettungsversuch der Position Liquide Mittel ist aber nicht überzeugend. Zweifellos haben *Münstermann* und W. *Lehmann* mit Recht erkannt, daß die liquiden Mittel nicht, wie *Schmalenbach* es versucht, als „Ausgaben, noch nicht Aufwand" definiert werden können. Die Umdefinition auf „Einnahme, noch nicht Ausgabe" ist aber so gut wie inhaltslos. Es besteht auch kein Bezug mehr zum Vor- und Nachleistungsschema *Schmalenbachs*. Max Rudolf *Lehmann* ist deswegen zuzustimmen, wenn er der Ansicht ist, daß es *Schmalenbach* nicht gelang, die Position Geld im Schema der Vor- und Nachleistungen zureichend zu erklären[78]. Nach M. R. *Lehmann* zeichnen sich „alle statischen Bilanztheorien ... dadurch aus, daß sie die Posten der Bilanz als Bestandsgrößen auffassen. Allen dynamischen Bilanztheorien hingegen ist das Bestreben gemeinsam, die Posten der Bilanz gedanklich von oder aus Bewegungsgrößen abzuleiten"[79]. „Das in einem beliebigen Zeitpunkt (Bilanzstichtag) vorhandene Geld (könne) nur als Bestandsmasse und nicht als Bewegungsmasse ... erklärt werden. ... Zusammenfassend (ist des-

---

da ihr von Dynamik nichts anzumerken sei. *Rieger* hat weiter recht, wenn er den *Schmalenbach*schen Versuch, das Geld im dynamischen Sinne *(Rieger,* W.: a.a.O., S. 119) als ‚ebenfalls gekauft, etwa eingewechselt' zu erklären, als abwegig bezeichnet, denn seine Frage: ‚... auf was beruhte denn dann die erste Ausgabe?' ist nicht zu umgehen" (*Muscheid,* W.: Schmalenbachs Dynamische Bilanz, S. 134).

75 *Lehmann,* W.: Die dynamische Bilanz Schmalenbachs, S. 64.

76 Zitiert nach *Münstermann,* Hans (Einführung in die dynamische Bilanz, Leipzig 1941, S. 18).

77 *Lehmann,* W.: a.a.O., S. 65.

78 *Lehmann,* M. R.: Die Quintessenz der Bilanztheorie, in: Zeitschrift für Betriebswirtschaft 1955, S. 543.

79 *Lehmann,* M. R.: a.a.O., S. 539.

wegen festzustellen), daß der Posten Geld einen Fremdkörper im dynamischen Bilanzschema darstellt[80]." — *Holzer*[81] ist ebenfalls der Ansicht, „*Schmalenbach* (habe) mit der Einfügung der Position Geld die Einheitlichkeit seines Bilanzschemas zerstört"[82].

M. R. *Lehmann* ist es nahezu gelungen, eine befriedigende Erklärung zu geben, warum die Position Liquide Mittel dem Bilanzschema *Schmalenbachs* nicht entspricht, wenn er in seinen zuvor zitierten Ausführungen darauf hinweist, daß die liquiden Mittel als Bestands- und nicht als Bewegungsmasse zu sehen sind und sich damit der Deutung von der Gewinn- und Verlustrechnung her entziehen. — Es wurde bereits herausgearbeitet, daß der dynamischen Bilanztheorie stillschweigend statische Wirtschaftsverhältnisse vorausgesetzt sind, wenn die Forderung erhoben wird, vergleichbare Jahresabschlüsse aufzustellen. Bei statischen Wirtschaftsverhältnissen ist es aber nicht erforderlich, in nennenswertem Umfang liquide Mittel zu halten, weil dann zu unterstellen ist, daß der Wirtschaftsablauf gleichförmig stattfindet. Auf Überraschungen braucht man sich unter der Voraussetzung ökonomischer Betriebsgebarung nicht sonderlich einzurichten. Alles kann überwiegend exakt vorausgeplant werden, mit der Folge, daß die flüssigen Mittel „überflüssig" werden, da sie unverzinslich sind und die betriebliche Ökonomie nur beeinträchtigen. Entsteht ein kurzfristiger Geldbedarf, der bei statischem Wirtschaftsablauf voraussehbar ist, da dieser kurzfristige Geldbedarf immer wieder zur gleichen Zeit in gleicher Höhe vorkommt, so sind z. B. Bankkredite vorzuziehen, die trotz der höheren Schuldzinsen billiger sind als der Zinsverlust aus dauernd vorhandenen unverzinslichen liquiden Mitteln. So gesehen stellt die Position Liquide Mittel im Rahmen des dynamischen Bilanzschemas lediglich ein Zugeständnis an dynamische Wirtschaftsverhältnisse dar. Mit Hilfe der liquiden Mittel will man den zufälligen oder überraschenden Ereignissen dynamischen Wirtschaftsablaufs begegnen.

Es geht hier allerdings nicht allein um die liquiden Mittel. Relativ gesehen sind sie zu unbedeutend, als daß sie das Bilanzschema *Schmalenbachs* in Frage stellen könnten; insofern kann man *Schmalenbach* verstehen, wenn er schließlich den zuvor dargestellten Schwierigkeiten einfach schweigend aus dem Wege ging. Die Position Liquide Mittel ist aber der Ansatzpunkt zu einer weitergreifenden kritischen Prüfung der dynamischen Bilanztheorie. Es stellt sich hier erneut die Frage, ob es zulässig war, die Bilanz in die Kategorien der Gewinn- und Ver-

---

[80] Zitiert nach W. *Lehmann:* Die dynamische Bilanz Schmalenbachs, S. 61, der sich dabei auf den zuvor zitierten Aufsatz M. R. *Lehmanns,* Die Quintessenz der Bilanztheorie, beruft.

[81] *Holzer,* Hans: Die Axiomatik der Buchführungs- und Bilanztheorie, Stuttgart 1936, S. 55.

[82] Zitiert nach *Lehmann,* W.: a.a.O., S. 61.

lustrechnung zu zwingen, wie es *Schmalenbach* mit dem Schema der Vor- und Nachleistungen unternimmt. Die Position Liquide Mittel gibt aber bereits zu der Vermutung Anlaß, daß diese Frage zu verneinen ist. Das Phänomen Bilanz scheint vielschichtiger zu sein, als daß es dem Schema der Vor- und Nachleistungen eingeordnet werden könnte.

Wenn sich bereits zeigte, daß nicht alle Vermögensgegenstände der Bilanz der Interpretation von der Gewinn- und Verlustrechnung her zugänglich sind, mit anderen Worten, wenn sie nicht als Vor- oder Nachleistungen der Gewinn- und Verlustrechnung verstanden werden können, so muß es sich um Vermögensgegenstände besonderer Art handeln. Normalerweise hat *Schmalenbach* Recht, wenn er meint, daß die Vermögensgegenstände der Bilanz „werbendes" Vermögen sind, deren Zweck als Vorleistungen (soweit es sich um Bilanzaktiva handelt) darin liegt, später einmal in die Gewinn- und Verlustrechnung einzumünden. Neben dem sogenannten „werbenden" Vermögen gibt es aber auch noch das Sicherungsvermögen, dessen Bestimmung es ist, das Unternehmen vor Krisen zu bewahren. Von diesem Vermögen soll das Unternehmen auch dann weiterleben können, wenn es die Leistungserstellung aus irgendwelchen Gründen vorübergehend unterbrechen oder einschränken muß. Zwar lassen sich das werbende und das sichernde Vermögen nicht voneinander trennen; ihre Funktionen sind aber eindeutig verschieden. — Zu diesem Sicherungsvermögen zählen nicht nur die liquiden Mittel; sie stellen den geringsten Anteil dar. Ausgesprochenes Sicherungsvermögen sind z. B. die sogenannten eisernen Bestände des Vorratsvermögens, die zur Überbrückung überraschender Versorgungsstörungen, gleichviel welcher Art, gehalten werden. Auch Fertigfabrikate-Bestände können zum Sicherungsvermögen zählen, wenn sie dazu dienen, bei Produktionsstörungen die Lieferbereitschaft aufrechtzuerhalten. Schließlich sind jene Gegenstände des Anlagevermögens mitzurechnen, die ausschließlich dazu bestimmt sind, bei Produktionsstörungen Auswegmöglichkeiten zu bieten, z. B. Notstromaggregate für den Fall von Stromunterbrechungen, Koksheizungsanlagen für den Fall, daß die Ölzufuhr unterbleibt, Pumpanlagen, um der Gefahr von Hochwasser begegnen zu können, alte, an sich auszurangierende Maschinen, die nur deswegen installiert bleiben, um zur Not weiterproduzieren zu können, wenn die neuangeschafften Maschinen ausfallen, Werksfeuerwehr usw. Dieser durchaus noch erweiterungsfähige Katalog des Sicherungsvermögens zeigt, daß es sowohl aus innerbetrieblichen als auch außerbetrieblichen Störfaktoren resultiert. — Insgesamt kann angesichts des heutigen komplizierten Produktionsapparates und der dynamischen Marktverhältnisse festgestellt werden, daß das Sicherungsvermögen einen Umfang angenommen hat, der als beachtlich zu bezeichnen ist.

Dieser Aspekt des Sicherungsvermögens, das sich der Deutung aus der Blickrichtung der Gewinn- und Verlustrechnung entzieht, so wie es für die Position Liquide Mittel der Fall ist, lag wohl auch der oben zitierten Bemerkung M. R. *Lehmanns* zugrunde, wenn er von „Bestandsmasse“ im Gegensatz zur „Bewegungsmasse“ spricht. Diese Bestandsmasse ist, wenn der Vergleich erlaubt ist, das Fettpolster einer Unternehmung, um in Zeiten der Not das Weiterleben sicherzustellen. Dabei ist es dann gleichgültig, ob der Prozeß der Leistungserstellung aufgrund dieser Reserven fortgesetzt wird, oder ob das Unternehmen vorübergehend stillgelegt wird und während dieser Stillstandszeit von den Reserven zehrt. — Ähnliche Vorstellungen hatte wohl auch F. *Schmidt:* „Es ist ... wichtig festzustellen, daß es Risikowirkungen gibt, die der Erfolgsrechnung (GuV) überhaupt nicht zugerechnet werden dürfen, weil sie Risiko des Vermögens (!), nicht aber Umsatz sind[83].“ — Analoge Überlegungen wie für das Sicherungsvermögen gelten auch für das sog. „Sozialvermögen“, das Verwaltungsvermögen und insbesondere für das Überschußvermögen, das allerdings in diesem Zusammenhang weitgehend mit dem Sicherungsvermögen gleichgesetzt werden kann[84].

Aus dieser Sicht kann M. R. *Lehmann* vollauf zugestimmt werden, wenn er von einer „grundsätzlichen Unterlegenheit der dynamischen ... (gegenüber) den statischen Bilanztheorien“ spricht[85], was nur natürlich ist, weil nach dynamischer Bilanzauffassung unter Vernachlässigung der Interdependenz von Bilanz und Gewinn- und Verlustrechnung die Bilanz allein aus den Denkkategorien der Gewinn- und Verlustrechnung gedeutet werden soll. Ebenso verfehlt wäre es allerdings, den umgekehrten Weg zu gehen und die Gewinn- und Verlustrechnung allein aus der Perspektive der Bilanz sehen zu wollen[86]. Die Interdependenz zwischen Bilanz und GuV (die sich aus einer weitreichenden Selbständigkeit dieser beiden Systeme ergibt) verbietet es, sie für identisch zu erklären[87].

---

83 *Schmidt,* F.: Die organische Tageswertbilanz, S. 230.

84 Vgl. hierzu *le Coutre:* Grundzüge der Bilanzkunde. Eine totale Bilanzlehre, S. 245.

85 *Lehmann,* M. R.: Die Quintessenz der Bilanztheorie, S. 540.

86 Die Gewinn- und Verlustrechnung würde dann so interpretiert, wie sie dazu beiträgt, die in der Bilanz ausgewiesenen Positionen der Aktiv- und Passivseite zu mehren oder zu mindern.

87 M. R. *Lehmann* bringt hierzu einen sehr interessanten Gedanken, daß nämlich die Ableitung der dynamischen Bilanz aus der Gewinn- und Verlustrechnung bei „Industriebilanzen für manche Zwecke gute Dienste zu leisten (vermag), weil in der Industrie die inneren Betriebsvorgänge rhythmischen und kontinuierlichen Charakters eine bedeutungsvolle Rolle spielen. Dagegen kann man mit den dynamischen Bilanztheorien, namentlich soweit es sich um die Erklärung des Inhalts von Bankbilanzen handelt, im Grunde nichts anfangen; denn bei den Banken stehen Bewegungserscheinungen arhythmischer und diskontinuierlicher Natur entscheidend im Vor-

5. Zusammenfassung

Läßt man die formalen Schwächen in der Darstellung der dynamischen Bilanztheorie außer Betracht, so überrascht die ihr innewohnende Systematik, die in weiten Teilen trotz aller Zugeständnisse an die Praxis erhalten blieb. Wenn diese theoretische Leistung *Schmalenbachs* dennoch mit den Realitäten des Wirtschaftslebens nicht in Einklang zu bringen ist, so liegt das daran, daß *Schmalenbach* die Vielschichtigkeit des Phänomens Bilanz vernachlässigte, wobei allerdings nicht übersehen werden darf, daß zu der Zeit, als er vor fast 60 Jahren die theoretische Konzeption der dynamischen Bilanz erarbeitete, einige Besonderheiten des Wirtschaftslebens noch unbekannt und wohl auch unvorstellbar waren, die heute das normale Erscheinungsbild ausmachen. *Schmalenbach* setzte der dynamischen Bilanz, mehr oder weniger unbewußt, statische Wirtschaftsverhältnisse voraus, mit der Folge, daß er jene Bilanzzwecke, die unter dynamischen Wirtschaftsverhältnissen an Bedeutung gewinnen, nicht ausreichend berücksichtigte. Irgendwann mußte sich deswegen sein Bilanzsystem als unzureichend erweisen, sobald sich die Wirtschaftsverhältnisse entsprechend änderten. Das zeigte sich bei seinem Postulat des vergleichbaren Erfolgsausweises, der Nominalwertrechnung, der Position Liquide Mittel und darüber hinaus beim sog. Sicherungsvermögen. — *Schmalenbachs* Beitrag zum Ausbau der Bilanzlehre ist jedoch nicht vergeblich. Ohne ihn wären jene Schritte nicht denkbar, die über den von ihm erreichten Stand der Erkenntnisse hinausreichen.

III. Die Steuerbilanz

Wenn der Staat sich dazu entschließt, eine Einkommensteuer zu erheben, so bedarf es nicht der Artikel 3 und 19, III des Grundgesetzes, daß bei der Festsetzung der Einkommensteuer Gleichmäßigkeit zu walten hat. Auch steht es nicht in Widerspruch zur Gleichmäßig-

---

dergrund. Im Handel schließlich liegen die Dinge wieder anders; denn in ihm hat man es im wesentlichen mit Bewegungserscheinungen zu tun, die zwar als rhythmisch, aber zugleich als diskontinuierlich anzusprechen sind (‚Geschäftsvorfälle'). Im Hinblick auf die Eigentümlichkeiten seiner Bewegungserscheinungen steht also der Handel gewissermaßen zwischen Industrie und Bankwesen. So kommt es, daß der Betriebswirt, der sich vor allem mit den Problemen des Handels beschäftigt, der Frage, ob der Inhalt von Bilanzen dynamisch (= aus Bewegungsgrößen) oder statisch (= als Bestandsgrößen) erklärt werden soll, im allgemeinen ziemlich gleichgültig gegenüberstehen dürfte. ... (Es zeige sich somit), daß im Gegensatz zur statischen Bilanzerklärung, die restlos (?) und generell zum Ziele führt, die dynamische Bilanzerklärung oder, richtiger, die dynamischen Arten der Bilanzerklärung Mängel haben. Diese bestehen erstens darin, daß man bei ihnen stets an gewisse *Grenzen* gelangt, von denen an sie versagen, und zweitens darin, daß ihre Bedeutung wirtschaftszweigbedingt ist" (M. R. *Lehmann:* Die Quintessenz der Bilanztheorie, in: Zeitschrift für Betriebswirtschaft, S. 541).

keit der Besteuerung, wenn die Einkommensteuer natürlicher Personen abhängig von der Höhe des Einkommens progressiv gestaltet ist. Vielmehr wird erst dadurch dem Postulat der Gleichmäßigkeit der Besteuerung Genüge getan. Es kann aber nicht die Aufgabe dieser Untersuchung sein, diesen Fragen weiter nachzugehen, zumal sie so gut wie nicht umstritten sind. — Soweit es die Einkünfte aus Gewerbebetrieben betrifft, leitet sich aus dem Postulat gleichmäßiger Besteuerung ab, daß der Besteuerung das volle gewerbliche Einkommen zugrunde zu legen ist. Die Besteuerung des vollen Gewinnes ist aber nicht nur eine Frage der Gerechtigkeit (Gleichmäßigkeit), sondern auch deswegen zu fordern, weil sonst ein System der Einkommensbesteuerung nicht denkbar ist. Aus dem zuvor genannten Grunde muß der Besteuerung sogar dann der volle Gewinn zugrunde gelegt werden, wenn man der Ansicht ist, daß es nicht unbedingt auf Gerechtigkeit der Besteuerung ankommt. Es kann demnach eine unterschiedliche Besteuerung stattfinden, obwohl zur Besteuerung jeweils der volle Gewinn in Ansatz gebracht wird. Die Unterschiedlichkeit der Besteuerung drückt sich dann in den unterschiedlichen Steuersätzen oder Ausnahmen von den generellen Bewertungsgrundsätzen aus.

Die Feststellung, daß ein Einkommensteuersystem grundsätzlich mit der Besteuerung des vollen Gewinnes identisch sein sollte, ist für die jetzt zu treffenden Untersuchungen allein entscheidend und von dem Postulat einer gerechten Besteuerung in gewisser Hinsicht unabhängig. Diese Unterscheidung ist insbesonders dann von Nutzen, wenn berücksichtigt wird, welche Wandlungen die Vorstellung einer gerechten Besteuerung im Laufe dieses Jahrhunderts erfahren hat. So war es im Rahmen des Steuerklassensystems der Wilhelminischen Ära eine soziale Auszeichnung, bei höherem Einkommen mehr Steuern zu zahlen und nicht eine Frage der sozialen Gerechtigkeit. Dagegen trat in den Jahren der sozialen Notstände nach dem 1. und 2. Weltkrieg die Frage einer gerechten Einkommensbesteuerung stark in den Vordergrund, um heute angesichts der Besonderheiten einer Wohlstandsgesellschaft an Priorität zu verlieren. Die damit zusammenhängenden Fragen stehen an späterer Stelle noch zur Diskussion.

Den Überlegungen zur Steuerbilanz ist somit vorauszuschicken, daß es vornehmlich aus steuersystematischen Gründen legitim und deshalb auch eine Verpflichtung des Staates ist, dafür zu sorgen, daß der Besteuerung gewerblicher Gewinne der volle Erfolg zugrunde zu legen ist.

1. Die Steuerbilanz als Vermögensbilanz

Prüft man die Bestimmung der §§ 4, 5, 6 und 7 des Einkommensteuergesetzes, so überrascht, daß dort von einer Steuerbilanz nicht die Rede ist. Vielmehr bezieht sich § 4 Abs. 1 EStG auf das Betriebsvermögen,

§ 4 Abs. 2 EStG auf die Vermögensübersicht (Bilanz) und § 5 EStG auf das Betriebsvermögen, das nach den handelsrechtlichen Grundsätzen ordnungsmäßiger Buchführung auszuweisen ist, wobei dann allerdings die steuerlichen Sondervorschriften zur Bewertung zu beachten sind. Erst in dem später eingefügten § 6 a Abs. 3 EStG (Pensionsrückstellungen) findet sich der Begriff „Steuerbilanz". — Weiterhin fällt auf, daß im § 4 Abs. 1 EStG der Gewinn als „Unterschiedsbetrag zwischen dem Betriebsvermögen am Schluß des Wirtschaftsjahres und dem Betriebsvermögen am Schluß des vorangegangenen Wirtschaftsjahres ..." definiert wird. Aus § 5 EStG ergibt sich grundsätzlich das gleiche.

Schon aus dieser Sicht kommt man zu dem Ergebnis, daß die Steuerbilanz keine Erfolgsbilanz im Sinne der dynamischen Bilanzauffassung sein kann. Hieraus folgt, daß der steuerliche Gewinn nicht ausschließlich aus der Perspektive der Gewinn- und Verlustrechnung zu definieren ist. Vielmehr ist daneben, vielleicht sogar in erster Linie, der Charakter der Steuerbilanz als Vermögensaufstellung zu berücksichtigen. Zu diesem Ergebnis gelangt man außerdem, wenn man bedenkt, daß § 5 EStG ausschließlich auf die Handelsbilanz verweist, diese aber in keinem Fall eine Erfolgsbilanz im Sinne der dynamischen Bilanzauffassung ist. Sie könnte das erst aufgrund ihrer Systemoffenheit werden, wie in einem früheren Abschnitt dargelegt wurde. Von Hause aus ist die Handelsbilanz eine Bilanz, in der „die Lage des Vermögens nach den Grundsätzen ordnungsmäßiger Buchführung" (§ 38, I HGB) darzustellen ist.

Der gleichen Ansicht ist *Anderson*[1]: „Die Handelsbilanz ist nach den gesetzlichen Vorschriften, zumindest wie diese bei ihrem Erlaß verstanden wurden, eine Vermögensbilanz oder zumindest in erster Linie eine Vermögensbilanz, und zwar in dem Sinn, daß in ihr bilanzierungsfähige Gegenstände unter Beachtung des Gedankens des Gläubigerschutzes bewertet werden[2]. ... Da sie (die Steuerbilanz) auf der Grundlage der Handelsbilanz aufgebaut ist, ist sie — unbeschadet ihres steuerlichen Zwecks, die Gewinne auszuweisen — ihrem Wesen nach eine Vermögensbilanz. Sonst wäre der Grundsatz der Maßgeblichkeit der Handelsbilanz ein Widersinn." [3, 4]

---

1 *Anderson:* Grundsätze ordnungsgemäßer Bilanzierung in der Rechtsprechung der Finanzgerichte, Heidelberg 1965.

2 *Anderson:* a.a.O., S. 34.

3 *Anderson:* a.a.O., S. 35.

4 *Dornemann* (Dynamische Bilanzauffassung und Steuerbilanz, in: ZfhF 1954, S. 376/7/8) kommt zu dem gleichen Ergebnis: „Die Landeseinkommensteuer-Gesetze, insbesondere das Preußische Einkommensteuer-Gesetz, hatten keinen eigenen Gewinnbegriff, sondern bestimmten, daß der Gewinn nach den Vorschriften des Handelsrechts zu berechnen ist. Da die Handelsbilanz damals Vermögensrechnung war, muß dasselbe für die Steuerbilanz

2. Umwandlung der Steuerbilanz in eine dynamische Bilanz

Trotz der zuvor getroffenen Feststellungen sieht die „Wirklichkeit" der Steuerbilanz ganz anders aus. So behauptet *Hoffmann* auf dem Steuerberater-Fachkongreß 1954: „Da die dynamische Bilanzauffassung heute das wirtschaftliche Denken beherrscht und allgemein als Ausdruck der ordnungsmäßigen Buchführung angesehen wird, ist sie auf diese Weise auch gesetzlich (durch § 5 EStG) verankert[5]." *Van der Velde*[6], zitiert nach *Boettcher*[7], meint sogar, es ließe „sich ohne Übertreibung sagen, daß die dynamische Auffassung zur herrschenden Auffassung in Wissenschaft und Praxis geworden ist. Sie ist geradezu zum Ausdruck der Grundsätze ordnungsmäßiger Buchführung geworden". Weiterhin zitiert *Boettcher Aufermann*[8], der die Frage stellt, „welcher Theoretiker und welcher Praktiker existiert denn überhaupt noch, der die statische Bilanzauffassung ohne weiteres vertritt? Selbst eine beschränkt statische Bilanzauffassung, wie sie einmal von *Findeisen* vertreten wurde, ist heute eine Seltenheit. Wir sind alle zu Dynamikern geworden! ... Eine allgemeine dynamische Bilanzauffassung ist heute Allgemeingut der Praxis und Theorie". Nach *Anderson* sieht es *Gnam*[9] „als eine rechtsrelevante Tatsache, daß es der Rechtsprechung gelungen ist, die handelsrechtliche Vermögensbilanz sozusagen auf kaltem Wege in eine dynamische Steuerbilanz zu verwandeln"[10]. *Börn-*

---

gelten. Diese Natur der Steuerbilanz wurde durch das Einkommensteuer-Gesetz 1920 bestätigt und theoretisch fundiert. Dieses Gesetz folgte der Reinvermögenszugangstheorie ... Folgerichtig muß die Bilanz, die auf dieser Theorie aufbaut, eine Vermögensbilanz sein. Das Einkommensteuer-Gesetz 1925 löste sich zwar formell von den in der Finanzwissenschaft entwickelten Einkommenstheorien, nichtsdestoweniger aber wirkt inhaltlich die Reinvermögenszugangstheorie nach. Zu Recht stellen deshalb, z. B. *Aufermann, Findeisen* und *Kosiol*, fest, daß der Gewinnbegriff der Steuerbilanz statische Elemente enthält." *Dornemann* setzt sich dann auch mit der Auffassung auseinander, „der Begriff ‚Vermögen' der Steuerbilanz sei nicht mit dem wirklichen Vermögen i. S. einer statischen Auffassung identisch, sondern stimme mit den Bilanzwerten überein, die sich nach der dynamischen Bilanz ergeben. Diese Ansicht scheint nicht haltbar zu sein". *Dornemann* begründet das aber mit Argumenten, die hier nicht näher interessieren.

[5] *Hoffmann*, F.: Die dynamische Bilanz im Steuerrecht, in: Steuerberater-Jahrbuch 1954/55, S. 19 ff.

[6] *Van der Velde:* Rückstellungen für unterlassene Instandhaltung in der steuerlichen Erfolgsbilanz, in: Zeitschrift für handelswissenschaftliche Forschung 1949, S. 159.

[7] *Boettcher*, Carl: Zur Reform der Ermittlung des steuerpflichtigen Gewinns, in: Steuer und Wirtschaft 1949, Sp. 951 ff.

[8] *Aufermann*, E.: Rückstellungen für Reparaturen in der ESt-Bilanz, in: Die Aktuelle 1948, S. 466.

[9] *Gnam*, Arnulf: Bilanzrecht, Dynamische Bilanztheorie und steuerliche Praxis, in: Die steuerliche Betriebsprüfung 1961, S. 161 ff.

[10] *Anderson*, Viktor: Grundsätze ordnungsgemäßer Bilanzierung in der Rechtsprechung der Finanzgerichte, S. 40.

stein[11] hält, wie *Anderson* bemerkt[12], „die Lehren der dynamischen Bilanzauffassung ohne eine nähere Begründung für rechtsverbindlich". Wörtlich führt *Börnstein* aus: „Der Reichsfinanzhof und ihm folgend der Bundesfinanzhof messen (den) Periodengewinn-Ermittlungsvorschriften des Einkommensteuerrechts eine so große Selbständigkeit bei, daß sie aus ihnen steuerlich sogar eine Aktivierungspflicht auch dann folgern, wenn handelsrechtlich keine Aktivierungsfähigkeit gegeben ist. In Urteilen der letzten Zeit wirft der Bundesfinanzhof gar nicht mehr die Frage einer handelsrechtlichen Aktivierungsfähigkeit auf, sondern er spricht nur noch von ‚Wirtschaftsgütern, die steuerlich zu bilanzieren sind'.... Der Bundesfinanzhof macht sich für die steuerliche Behandlung eines Betriebsaufwandes, der betriebswirtschaftlich als Aufwand späterer Rechnungsperioden anzusehen ist, weitgehend von der handelsrechtlichen Beurteilung frei...[13]." In diesem Sinne äußert sich auch *Tomfohrde*, wenn er in seinen Untersuchungen über die Grundzüge der dynamischen Bilanz (wie bereits zitiert) feststellt, „daß bei der Berechnung des periodenweise erzielten Gewinns alle Bindungen an den herkömmlichen Vermögensbegriff (im Sinne greifbarer, verwertbarer Objekte) zu lösen sind"[14]. Auf die dynamische Bilanz bezogen ist diese Auffassung *Tomfohrdes* durchaus zutreffend. Sie entspricht einem konsequenten Zuendedenken des Vor- und Nachleistungsschemas *Schmalenbachs*[15]. Es ist jedoch unzutreffend, wenn *Tomfohrde* die Auffassung vertritt, „der gesetzliche Rahmen erlaubt es also in vollem Maße, die Steuerbilanz in dynamischem Sinne auszugestalten..."[16].

---

11 *Börnstein*, U.: Die Aktivierung von Versuchs- und Entwicklungskosten nach Handelsrecht und Steuerrecht, in: Betriebs-Berater 1957, S. 553 ff.

12 *Anderson*, Viktor: Grundsätze ordnungsgemäßer Bilanzierung in der Rechtsprechung der Finanzgerichte, S. 30.

13 *Börnstein*, U.: a.a.O., S. 556.

14 *Tomfohrde*, Klaus: Die dynamische Bilanzauffassung und das Bilanzsteuerrecht, S. 31.

15 Es läßt sich allenfalls einwenden, daß *Schmalenbach* die Grundsätze der dynamischen Bilanz nicht so streng zu Ende dachte, wie es durch andere Autoren geschieht. Dort, wo sich das Aufwands- und Ertragsdenken mit der Praxis nicht vereinbaren läßt, ist anzunehmen, daß *Schmalenbach* die Vorstellung, daß nur Vermögensgegenstände bilanzierbar sind, doch nicht ganz aufgeben wollte. In diesem Sinne äußert sich *Flume* (Die Forschungs- und Entwicklungskosten in Handels- und Steuerbilanz, in: Der Betrieb 1955, S. 1052): „*Schmalenbach* selbst hat in der Dynamischen Bilanzlehre den Begriff des Wirtschaftsguts zwar nicht verwandt. Seine Erörterungen über die Aktivierung, und insbesondere auch seine Ausführungen zur Aktivierung von Ausgaben für Untersuchungen und Versuche zeigen jedoch eindeutig, daß er die dynamische Bilanzlehre nur so verstanden hat, wie sie sich ergibt, wenn die Aktivierung an die Voraussetzung des Vorhandenseins eines bewertbaren Wirtschaftsguts geknüpft ist."

16 *Tomfohrde*, Klaus: Die dynamische Bilanzauffassung und das Bilanzsteuerrecht, S. 44. *Tomfohrde* meint hierzu: „Auch die Formulierung des § 4 I EStG, daß sich der Gewinn als der Unterschiedsbetrag zweier Betriebs-

— *Flume* hat sich in seiner bereits erwähnten Untersuchung über „Die Forschungs- und Entwicklungskosten in Handels- und Steuerbilanz" eingehend mit der hier zur Diskussion stehenden Frage auseinandergesetzt. Er räumt zwar ein, daß „die Einkommensteuer- oder Körperschaftsteuerbilanz ... — final betrachtet — ausschließlich eine Erfolgsbilanz" ist[17]. *Flume* weist aber darauf hin, daß „trotzdem ... der Begriff des ‚Wirtschaftsguts' der zentrale Begriff für die Steuerbilanz (ist). ... Wird die Erfolgsrechnung von der Orientierung am Begriff des Wirtschaftsguts gelöst und voll auf die Aufwands-Ertragsrechnung gestellt, so verliert sie jede Gegenständlichkeit, wobei mit Gegenständlichkeit nicht nur die körperliche Gegenständlichkeit gemeint ist"[18]. Betont stellt *Flume* heraus, daß „das theoretische Axiom der Aufwands-Ertragsrechnung nach der dynamischen Bilanzlehre und die praktische Durchführung in einer Weise, daß sie Verbindlichkeit beanspruchen könnte, ... verschiedene Dinge (sind), was von manchen Vertretern dieser Lehre nicht genügend beachtet wird"[19]. *Flume* widerspricht deswegen der zuvor zitierten Auffassung *Börnsteins* und bemerkt außerdem, daß *Börnstein* die von ihm angezogenen Urteile des Bundesfinanzhofes falsch interpretiert. — *Leykum* weist nun allerdings nach, daß der BFH zwar an dem Begriff „Wirtschaftsgut" festhält, diesen aber so weit auslegt, daß im Ergebnis kein Unterschied zur dynamischen Bilanzauffassung verbleibt[20].

Es ist durchaus verständlich, wenn sich die Finanzverwaltung der Rechtsprechung anschließt und darüber hinaus auch ihrerseits dazu beiträgt, die Gedanken der dynamischen Bilanz im Steuerrecht zu verwirklichen. — Bei den Bemühungen um eine dynamische Steuerbilanz wurden dann sowohl von der steuerlichen Rechtsprechung als auch von der Finanzverwaltung die Kernthesen der dynamischen Bilanz-

vermögen errechnet, kann nicht zu der Begründung herangezogen werden, daß es sich bei der steuerlichen Gewinnermittlung um ein statisches Verfahren handele, daß also in Wirklichkeit eine Vermögenszuwachsrechnung vorgenommen werde" (a.a.O., S. 43).

17 *Flume*, W.: Die Forschungs- und Entwicklungskosten in Handels- und Steuerbilanz, in: Der Betrieb 1958, S. 1050.

18 *Flume*, W.: a.a.O., S. 1050.

19 *Flume*, W.: a.a.O., S. 1050.

20 *Leykum*, Klaus-Dietrich: Wirtschaftsgut und dynamische Bilanzauffassung in der Steuerbilanz, in: ZfhF 1963, S. 404: „... Mit dem Satz ‚Kaufleute pflegen als wirtschaftlich handelnde Menschen keine Aufwendungen zu machen, von denen sie nicht geschäftliche Vorteile erwarten' (stellt der BFH) die kaum widerlegbare Vermutung auf, daß jede Ausgabe eines Kaufmanns zu einem geschäftlichen Vorteil, ‚etwas Erlangtem', führt. Im praktischen Ergebnis stimmen Wirtschaftsgut und dynamische Bilanzauffassung insoweit überein, logisch begründet werden sie allerdings ... verschieden."

auffassung in den Vordergrund gestellt, nämlich einen vergleichbaren Jahreserfolg zu bilanzieren[21] und die Wertansätze der Bilanz allein aus der Perspektive der Gewinn- und Verlustrechnung zu bestimmen[22]. Nicht berücksichtigt wurden dagegen u. a. jene Zugeständnisse *Schmalenbachs* an die Vorschriften des Handelsgesetzbuches, die er im Hinblick auf das Prinzip der Vorsicht machte, um den nach dynamischen Grundsätzen bilanzierenden Kaufmann nicht mit dem Handelsgesetz in Konflikt zu bringen. Die steuerliche Rechtsprechung übernimmt damit nur jene Thesen der dynamischen Bilanzauffassung, die sich fiskalisch besonders günstig auswirken[21]. Ob das allein aus systematischen oder mehr aus fiskalischen Gründen geschieht, ist im Ergebnis ohne Belang. — Die Rechtsprechung des Bundesfinanzhofs führte schließlich dahin, daß er sogar selbst von einer „Überspannung der dynamischen Periodenabgrenzung" spricht. So heißt es im Urteil des BFH vom 9. 10. 1962[23]: „Der erkennende Senat hat wiederholt zum Ausdruck gebracht, daß der an sich richtige Grundsatz der periodengerechten Aufwandermittlung nicht überspannt werden ... und nicht dazu führen soll, daß jede Ausgabe auf ihre Wirkung in späteren Jahren untersucht werden muß." Er verweist dabei auf die „Grenzen der dynamischen Bilanz unter Berücksichtigung der Grundsätze der ordnungsmäßigen Buchführung über die Vorsicht bei der Bewertung". Besonders fragwürdig sind in diesem Sinne die Urteile des Bundesfinanzhofes zur Bildung transitorischer Aktiva, wenn als Vertriebseinzelkosten aktivierte Umsatzsteuern (aufgrund von Kundenanzahlungen zu schwebenden Geschäften) nach den Grundsätzen ordnungsmäßiger Buchführung wertberichtigt

---

[21] Daraus resultiert auch z. B. das Verbot, versäumte Zuführungen zu Pensionsrückstellungen in der Steuerbilanz nachträglich vorzunehmen (§ 6 a Abs. 2 EStG 1961). Da die These eines vergleichbaren Bilanzergebnisses ebenso wie die daraus abgeleitete Forderung periodengerechter Erfolgsermittlung eine betriebswirtschaftliche „Aporie" darstellt (*Hasenack*; vgl. dazu *Lehmann*, W.: Die dynamische Bilanz Schmalenbachs, S. 95), ist auch das Nachholverbot von Aufwendungen in der Steuerbilanz nicht haltbar. Der vermögensmäßige Bilanzaspekt wird dadurch in unzulässiger Weise verletzt.

[22] Zumindest insoweit, als es die Aktiva der Bilanz betrifft. Auf der Passivseite wird dagegen z. B. die Berücksichtigung von Rückstellungen für unterlassene Reparaturen von der Finanzverwaltung nicht anerkannt. *Kosiol* bemerkt hierzu: „In der Auffassung der Rückstellungen ist eine völlige Revision der bisherigen grundsätzlichen Einstellung erforderlich. Das Steuerrecht geht bei aller Anerkennung des Erfolgsermittlungscharakters der Bilanz gerade beim Rückstellungsbegriff von einer statischen Denkweise aus ... Sucht man ... den Begriffsinhalt der Rückstellungen primär von der Bilanz als Beständeübersicht her zu erfassen, läßt er sich nicht in voller Breite erfolgsrechnerisch ausreichend bestimmen. Man muß ihn von der Aufwandsermittlung her verstehen" (*Kosiol:* Bilanzreform und Einheitsbilanz, 2. Aufl., S. 156/7).

[23] Urteil des BFH vom 9. 10. 1962 — I 167/62 U — BStBl. 1963, III, S. 7.

werden[24]. Selbst *Littmann*[25] hält diese Urteile für „äußerst bedenklich"[26].

Die Rechtsprechung hat sich aber nicht nur damit begnügt, die Steuerbilanz „auf kaltem Wege" in eine dynamische Steuerbilanz umzuwandeln und dabei die Grundsätze der dynamischen Bilanzauffassung insofern zu strapazieren, als sie die Zugeständnisse *Schmalenbachs* an das Vorsichtsprinzip ignoriert. Sie ist noch einen wesentlichen Schritt weiter gegangen, der zwar auch darauf hinausläuft, das Vorsichtsprinzip zu verletzen, aber dennoch ein Schritt besonderer Art ist. — *Schmalenbach* war, wie bereits erwähnt, in früheren Auflagen der „Dynamischen Bilanz" in weitaus geringerem Umfange bereit, Konzessionen an das Handelsrecht und insbesonders an das Vorsichtsprinzip zu machen, da hierdurch das Postulat des vollen periodengerechten Erfolgsausweises eingeschränkt würde. Es sei in diesem Zusammenhang u. a. an die Ausführungen über die Gewinnrealisierung bei Spekulationsvorräten erinnert[27]. Auch im übrigen hat sich *Schmalenbach*, wie *Muscheid* es ausdrückt, nur „widerwillig"[28] dem Imparitätsprinzip des Handelsrechts angeschlossen. Diese Zugeständnisse *Schmalenbachs* an das Handelsrecht hat allerdings auch die steuerliche Rechtsprechung beachtet. Im Steuerrecht ist das Imparitätsprinzip so gut wie unangetastet. Weitgehend ausgehöhlt ist dagegen das handelsrechtliche Verbot der Aktivierung von Vertriebskosten und das sich daraus ableitende Gebot, aktivierte Vertriebskosten wertzuberichtigen[29]. Immerhin aber handelt es sich bei diesen Vertriebskosten um Vermögensgegenstände, die in irgendeiner Form existent sind und durchaus bilanzierungsfähig wären, wenn dem nicht das Verbot entgegenstünde, Vertriebskosten zu aktivieren. Möglicherweise hätte diese „Überstrapazierung" der dynamischen Bilanzauffassung noch im Sinne *Schmalenbachs* gelegen, eben weil er aus Gründen der periodengerechten Erfolgsabgrenzung nur „widerwillig" dem Vorsichtsprinzip des Handelsrechtes folgte, um so die dynamische Bilanzauffassung für die Praxis anwendbar zu gestalten. Zweifelhaft ist aber, ob *Schmalenbach* ebensoweit gegangen wäre wie der Bundesfinanzhof, nämlich die Aktivierung

---

[24] Urteil des BFH vom 13. 5. 1958 — I 290/56 U — BStBl. 1958, III, S. 331 sowie Urteil des BFH vom 22. 5. 1958 — IV 222/56 U — BStBl. 1958, III, Seite 333.

[25] *Littmann:* Grundsätze ordnungsmäßiger Buchführung und dynamische Bilanzauffassung in Handels- und Steuerbilanz, in: Betriebs-Berater 1964, S. 651 ff.

[26] Vgl. *Döllerer*, Georg: Rechnungslegung nach dem neuen Aktiengesetz und ihre Auswirkungen auf das Steuerrecht, in: Betriebs-Berater 1965, S. 1409.

[27] *Schmalenbach:* Dynamische Bilanz, 13. Aufl., S. 194/195.

[28] *Muscheid*, W.: Schmalenbachs Dynamische Bilanz, S. 56.

[29] Vgl. die zuletzt zitierten BFH-Urteile.

solcher Aufwendungen zu fordern, die auf keinen Fall bilanzierungsfähige Wirtschaftsgüter darstellen. Es handelt sich hierbei um die sogenannte Wertopfertheorie[30]. Danach (wobei die vorliegenden Urteile voneinander abweichen) sind der Restbuchwert sowie die Abbruchkosten eines technisch noch nutzbaren Gebäudes als Grundstückskosten oder als Herstellungskosten des neuen Gebäudes zu aktivieren, weil der Kaufmann das neue Gebäude nicht herstellen würde, wenn es ihm nicht so viel wert wäre wie die Summe der eigentlichen Herstellkosten zuzüglich Restbuchwert und Abbruchkosten des abgerissenen Gebäudes. — Der BFH stützt sich allerdings in seiner Wertopfertheorie nicht ausdrücklich auf die dynamische Bilanzauffassung. Dennoch ist sie aus ihr abzuleiten[31]. Die Wertopfertheorie wird nämlich nur dann verständlich, wenn im Sinne *Schmalenbachs* eine Eingliederung der

---

[30] Urteil des BFH vom 21. 6. 1963 — VI 330/61 U — BStBl. 1963, III, S. 477 sowie Betriebs-Berater 1963, S. 1207.

[31] „Kaufleute pflegen als wirtschaftlich handelnde Menschen keine Aufwendungen zu machen, von denen sie nicht geschäftliche Vorteile erwarten" (Urteil des BFH vom 15. 4. 1958 — I 27/57 U — BStBl. 1958, III, S. 260; vgl. auch *Leykum*, K. D.: Wirtschaftsgut und dynamische Bilanzauffassung in der Steuerbilanz, in: ZfhF 1963, S. 404). Diese Auffassung des BFH ist wohl in erster Linie als Arbeitshypothese zu werten, um so im Interesse des Steueraufkommens zu einer weitreichenden Aktivierung von Aufwendungen zu gelangen. Realistisch ist diese Auffassung jedoch nicht, da sie einerseits das mit jedem Aufwand verbundene Risiko außer Betracht läßt, ob der erwartete Nutzen auch tatsächlich eintritt. Andererseits übersieht der BFH, in welch weitem Ausmaß in der Praxis von vornherein „unnütze" Aufwendungen getätigt werden, sei es aus Prestige-Denken, aus Machtstreben, aus sozialer Einstellung oder aus irgendwelchen anderen Gründen. So schmeichelhaft die Unterstellung des BFH auch sein mag, „Kaufleute" würden nur streng rational handeln, so sieht die Wirklichkeit doch anders aus.

Die Rechtsprechung der Finanzgerichte zu den sog. Schnellbaukosten ist lediglich als Sonderfall der „Wertopfertheorie" zu verstehen. Erfreulicherweise hat der BFH mit Urteil vom 26. 8. 1958 I 80/57 U (BStBl 1958 III S. 420) eine Lösung gefunden, der im Ergebnis weitgehend zugestimmt werden kann. Der BFH ist zwar der Ansicht, daß die mit der Schnellbauweise verbundenen Mehrkosten zunächst zu aktivieren sind, dann aber zu prüfen ist, ob eine Teilwertabschreibung vorgenommen werden kann (wenn gegenüber der „üblichen" Bauweise Mehrkosten angefallen sind, wobei es durchaus sein kann, daß die Schnellbaumethode „üblich" geworden ist). — Nach der hier vertretenen Auffassung kommt jedoch eine Aktivierung der mit der Beschleunigung eines Bauvorhabens verbundenen Mehrkosten nicht in Betracht, so daß sich auch die Frage einer Teilwertabschreibung erübrigt. Die Aktivierung solcher Mehrkosten ist zwar aus der Sicht der Gewinn- und Verlustrechnung logisch begründet. Insofern ist die in dem zuvor erwähnten Urteil wiedergegebene Auffassung der Finanzverwaltung durchaus verständlich. Von der Bilanz her gesehen muß aber die Aktivierung solcher Mehrkosten abgelehnt werden. Aktivierbar sind nur die „normalen" Kosten eines Bauvorhabens, so daß Schnellbau-Mehrkosten (wenn die Schnellbaumethode nicht üblich ist) vermögensmäßig nicht relevant sind. Es ist vielmehr zu prüfen, ob die forcierte Bauweise zu Wertabschlägen Anlaß gibt, nämlich dann, wenn „unsolide" gearbeitet wurde, wie es bei derartigen Bauobjekten durchaus nicht selten vorkommt.

Bilanz in die Gewinn- und Verlustrechnung über das Schema der Vor- und Nachleistungen stattfindet. Nach diesem Schema leiten sich die zu aktivierenden Vor- und Nachleistungen ausschließlich von den Kategorien Ertrag und Aufwand ab, ohne Rücksicht darauf, ob die so aktivierten Vorleistungen bilanzierungsfähige Wirtschaftsgüter sind. Die Wertopfertheorie ist somit nichts anderes als der logische Schlußstein des Versuches *Schmalenbachs*, die Bilanz der Gewinn- und Verlustrechnung unterzuordnen. Aus solcher Sicht kann man ihr eine gewisse Logik nicht absprechen. Aus der Perspektive der Bilanz, die das Vermögen des Unternehmens darstellen soll, ist aber die Wertopfertheorie nicht haltbar. Danach kann ein Wirtschaftsgut, das vernichtet worden ist (ein Gebäude, das abgerissen wurde), nicht mehr aktiviert werden. In völliger Übereinstimmung hierzu heißt es in einem jüngsten Urteil des BFH zur Wertopfertheorie[32]: „Wird ein Gebäude völlig abgebrochen..., so sind (der Restbuchwert und) auch die Abbruchkosten als Betriebsausgaben zu behandeln. Denn jedenfalls beim Abbruch mit anschließendem Neubau tritt an die Stelle des bisherigen Wirtschaftsguts ein anderes Wirtschaftsgut. Das bisherige Wirtschaftsgut geht unter." — Dieses sehr erfreuliche und bilanztheoretisch zu begrüßende Urteil des BFH ist allerdings keineswegs in dem Sinne als Wendepunkt anzusehen, daß nunmehr die Bilanz als Vermögensdarstellung die gebührende Beachtung findet. Vielmehr gleicht der Kurs der heutigen Rechtsprechung einem Zick-Zack-Weg[33]. Lediglich dann, wenn es ganz offensichtlich ist, daß die Überstrapazierung der dynamischen Bilanzauffassung zu nicht mehr tragbaren Ergebnissen führt, wie es bei der Wertopfertheorie der Fall ist, kann mit derartigen Selbstkorrekturen der Rechtsprechung des Bundesfinanzhofes gerechnet werden.

Insgesamt ist festzustellen, daß die Steuerbilanz aufgrund der steuerlichen Rechtsprechung sowie aufgrund der Verwaltungspraxis (insbesonders unter Berücksichtigung der steuerlichen Betriebsprüfung) zu einer kompromißlosen dynamischen Bilanz entwickelt wurde[34], in der nicht nur die Zugeständnisse *Schmalenbachs* an die Vorschriften des Handelsrechtes wenig Beachtung finden, sondern darüber hinaus auch noch die Aktivierung nicht bilanzierungsfähiger Wirtschaftsgüter gefordert wird. Das entspricht genau der weiter oben zitierten Auffassung von *Börnstein* und führt sogar so weit, wie der Verfasser aus eigener Praxis berichten kann, daß von einem Betriebsprüfer unter Hinweis auf die dynamische Bilanzauffassung die Aktivierung von Kosten zur

---

[32] Urteil des BFH vom 3. 12. 1964 — IV 422/62 S — BStBl. 1965, III, S. 323.

[33] Vgl. *Anderson:* Grundsätze ordnungsgemäßer Bilanzierung in der Rechtsprechung der Finanzgerichte, S. 68.

[34] Zumindest, soweit es die Aktiva der Bilanz betrifft!

Beseitigung von Unkraut an Gleisanlagen sowie für die Ausfüllung von Schlaglöchern auf einem Fabrikparkplatz gefordert wurde. In Anlehnung an die Gedanken der Wertopfertheorie argumentierte der Prüfer, der Kaufmann würde das Unkraut nicht beseitigen etc., wenn ihm das die aufgewendeten Kosten nicht wert sind. Da es sich um Aufwendungen für einen Zeitraum von mehr als einem Jahr handelte, müsse aus Gründen der periodengerechten Aufwandsabgrenzung eine Aktivierung vorgenommen werden. Aus der Sicht der Bilanz ist allerdings das beseitigte Unkraut oder das ausgefüllte Schlagloch ebenso wie das abgerissene Gebäude kein aktivierungsfähiges Wirtschaftsgut. — Gewiß handelt es sich hier um ein extremes Beispiel. Weit entfernt davon liegt der steuerliche Alltag aber nicht.

3. Grenzen einer dynamischen Steuerbilanz

Die bisherigen Überlegungen zeigen, daß die Umwandlung der Steuerbilanz in eine dynamische Steuerbilanz betriebswirtschaftlich in mehrfacher Hinsicht zu Bedenken Anlaß gibt. Es geht hier um die Gefahr einer voll zur Wirkung gelangenden Nominalwertrechnung, der Überbetonung periodengerechter Erfolgsabgrenzung angesichts des theoretisch nicht haltbaren Postulats der Bilanzierung vergleichbarer Jahresergebnisse und der Aktivierung von Aufwendungen, die keine bilanzierungsfähigen Wirtschaftsgüter darstellen (Wertopfertheorie). Trotz der weiter oben zitierten Ansicht *Aufermanns*, „wir sind alle zu Dynamikern geworden ... Eine allgemeine dynamische Bilanzauffassung ist heute Allgemeingut der Praxis und Theorie“[35] ist festzustellen, daß eine Reihe betriebswirtschaftlicher Gründe gegen eine Umwandlung der Steuerbilanz in eine dynamische Steuerbilanz spricht. Die dynamische Steuerbilanz findet aber auch rein rechtlich gesehen ihre Grenzen. Es ist das Verdienst *Andersons*, darauf mit aller Klarheit hingewiesen zu haben. *Anderson* verneint in diesem Zusammenhang die von *Littmann* vertretene Ansicht[36], „die Rechtsprechung habe vielleicht ... eine glückliche Synthese zwischen vermögensmäßigem Bilanzdenken und dynamischer Periodenabgrenzung zustande gebracht .... Man braucht wirklich nur das Durcheinander der vom BFH in seinen Urteilen und Gutachten, insbesondere der in der Vergangenheit angewandten statischen und dynamischen Bilanzierungsgrundsätze anzuschauen. In dieses Durcheinander vermochte meiner Ansicht nach auch *Littmann* in seinen Ausführungen keine Ordnung zu bringen“[37]. *Anderson* bestreitet außerdem, und das wohl mit Recht, daß die Grundsätze der dynamischen Bilanz Bestandteil der Grund-

[35] *Aufermann:* Rückstellungen für Reparaturen in der ESt-Bilanz, S. 466.

[36] *Littmann:* Deutsche Steuerrundschau 1963, S. 677.

[37] *Anderson:* Grundsätze ordnungsgemäßer Bilanzierung in der Rechtsprechung der Finanzgerichte, S. 68.

sätze ordnungsmäßiger Buchführung geworden sind. Den Nachweis dafür hat *Hax* in seiner Untersuchung über „Die Substanzerhaltung der Betriebe“ erbracht (Politik der stillen Reserven zwecks Vermeidung der Substanzauszehrung), wozu auf die Ausführungen zur Handelsbilanz verwiesen wird[38]. *Anderson* hält deshalb „das Überwechseln der Rechtsprechung des RFH und insbesondere des BFH zur dynamischen Bilanzauffassung und die Entwicklung der dynamischen Bilanzauffassung durch die Rechtsprechung dieser Gerichte für eindeutig rechtswidrig[39]. ... Bei der eindeutig klaren Verweisung des Handelsrechts und des Steuerrechts auf die Grundsätze ordnungsgemäßer Buchführung können die wissenschaftlichen Lehren auch nicht anläßlich der Auslegung handelsrechtlicher oder steuerrechtlicher Vorschriften berücksichtigt werden. Nur soweit die Grundsätze der dynamischen Bilanzlehre oder anderer Lehren zu Grundsätzen ordnungsgemäßer Buchführung geworden sind, dürfen sie berücksichtigt werden; keinesfalls aber dürfen diese Lehren durch die Rechtsprechung der Finanzgerichte ‚fortentwickelt‘ werden. — ... Soweit also die Rechtsprechung des Bundesfinanzhofs die Grundsätze der dynamischen Bilanzlehre anwendet, obwohl diese Grundsätze nicht zu den Grundsätzen ordnungsgemäßer Buchführung gehören, oder soweit sie die zu den Grundsätzen ordnungsgemäßer Buchführung gehörenden Grundsätze der dynamischen Bilanzauffassung von sich aus weiter fortentwickelt, verstößt sie gegen den Grundsatz der Gewaltenteilung und somit gegen das Grundgesetz (!)“[40, 41].

---

[38] Vgl. auch *Riese*, Hajo und *Trommler*, Klaus: Rücklagenbildung in westlichen Industriestaaten, S. 30, wonach in der Bundesrepublik „die Unternehmen zu stärkerer Zurückhaltung bei der Bewertung neigen, um dadurch den ausgewiesenen Gewinn von Scheingewinnbestandteilen zu befreien“.

[39] *Anderson:* Grundsätze ordnungsgemäßer Bilanzierung in der Rechtsprechung der Finanzgerichte, S. 69.

[40] *Anderson:* a.a.O., S. 79.

[41] Dieser Auffassung *Andersons* schließt sich *Döllerer* in einer neuesten Veröffentlichung an (*Döllerer,* Georg: Rechnungslegung nach dem neuen Aktiengesetz und ihre Auswirkungen auf das Steuerrecht, in: Der Betriebs-Berater 1965, S. 1405): „Gewisse Tendenzen in der neueren Rechtsprechung der Steuergerichte geben Anlaß zu einer weiteren Feststellung. § 5 EStG verweist auf die handelsrechtlichen Grundsätze ordnungsmäßiger Bilanzierung und auf nichts anderes. Daher erscheint es bedenklich, wenn sich der Bundesfinanzhof zur Entscheidung von Bilanzfragen, insbesondere zur Begründung von Rechnungsabgrenzungsposten, wiederholt auf ‚die Grundsätze des Einkommensteuerrechts und der dynamischen Bilanzbetrachtung‘ stützt. Es kann keine Rede davon sein, daß die Lehren der dynamischen Bilanztheorie mit den handelsrechtlichen Grundsätzen ordnungsmäßiger Bilanzierung einfach gleichzusetzen sind. Der Gesetzgeber hat zu keiner Zeit, auch nicht jetzt bei der Neugestaltung des Aktienrechts, die Absicht gehabt, die Lehren irgendeiner betriebswirtschaftlichen Bilanzauffassung zum Gesetz zu erheben. Insbesondere hat er — wie die verschiedenen Aktivierungsverbote und die Ausdehnung des Niederstwertprinzips auf das gesamte Anlagevermögen zeigen werden — den Grundsatz kaufmännischer

4. Neue Wege des Steuergesetzgebers

In den vorhergehenden Abschnitten wurde dargelegt, welche Konsequenzen die Einseitigkeit der dynamischen Bilanzauffassung hat, den Zweck der Bilanz allein in dem Ausweis vergleichbarer Bilanzergebnisse zu sehen. Zunächst ist es die mit der dynamischen Bilanzauffassung verbundene Nominalwertrechnung. Zwar ist auch die Handelsbilanz eine Nominalwertrechnung, doch sucht die Wirtschaft der daraus resultierenden Gefahr durch die Bildung stiller Reserven zu begegnen. Dieses Ausweichen war bei der Systemoffenheit der Handelsbilanz ohne besondere Schwierigkeiten möglich, ist jedoch im Rahmen der dynamischen Bilanzauffassung ausgeschlossen. Somit liegen die stärksten Bedenken gegen eine dynamische Steuerbilanz darin, daß sie die Substanzauszehrung der Unternehmungen zur Folge haben kann[42]. Diese Bedenken verstärken sich noch dadurch, daß die Deutung der dynamischen Bilanz aus der Perspektive der Gewinn- und Verlustrechnung auch in solchen Fällen zur Aktivierung von Aufwendungen führt, in denen nach den Grundsätzen ordnungsmäßiger Buchführung ein bilanzierungsfähiger Vermögensgegenstand nicht vorliegt (Wertopfertheorie, die — durchaus nicht unlogisch — sogar die Aktivierung von Aufwendungen zur Beseitigung von Unkraut umschließt).

Diese steuerliche Rechtsprechungs- und Verwaltungspraxis hat Konsequenzen, die wirtschaftspolitisch nicht mehr zu vertreten sind. Das

Vorsicht höher bewertet als die Forderung nach genauer Periodenabgrenzung. Es gibt auch keine ungeschriebenen Grundsätze des Einkommensteuerrechts, die den Vorrang vor den handelsrechtlichen Grundsätzen ordnungsmäßiger Bilanzierung hätten. § 5 EStG schränkt die Maßgeblichkeit der Handelsbilanz nur dahin ein, daß die in §§ 6, 6a, 7 EStG enthaltenen Vorschriften über die Bewertung und Abschreibung zu befolgen sind."

[42] Der Vorschlag *Gnams* (Scheingewinne, Scheinverluste — eine Interessenkollision zwischen Volkswirtschaft und Betriebswirtschaft? In: Neue Betriebswirtschaft 1952, S. 41), das Problem der Substanzauszehrung als Folge der Besteuerung von Scheingewinnen in der Weise zu lösen, daß unter Beibehaltung der Nominalwertrechnung der Steuersatz entsprechend gesenkt wird, kommt zwar dem Ergebnis einer Substanzrechnung gleich, ist aber nicht sauber gedacht. Wörtlich führt *Gnam* aus: „Die Steuer wird vom Nominalgewinn erhoben. Da dieser bei steigenden Preisen zum Teil im Warenbestand gebunden ist, so ergibt sich schon aus steuerlichen Gründen eine mit der Konjunktur (Preissteigerung) wachsende Illiquidität der Unternehmungen. Gesellt sich dazu eine etwas großzügige Gewinnverteilungspolitik, so können allein aus Gründen der Liquidität selbst bei steigenden Gewinnen ernste wirtschaftliche Störungen auftreten. Der Kaufmann empfindet es als Unrecht, daß er für sein mengenmäßig gleichgebliebenes Lager nur deshalb mehr Steuern bezahlen soll, weil es ihn mehr gekostet und deshalb einen Teil seines Gewinns (nämlich den Scheingewinn) gebunden hat. Diese Überlegungen scheinen zunächst richtig zu sein. Es unterliegt keinem Zweifel, daß die Methode der Nominalgewinnbesteuerung mit den hohen Steuersätzen dazu angetan ist, die Unternehmerinitiative im Keime zu ersticken. Trotzdem wird man nicht für eine Besteuerung des Realgewinns eintreten können. Es muß vielmehr versucht werden, durch eine Senkung der Steuersätze zu helfen."

gilt inbesonders für die irreale Unterstellung einer stabilen Währung durch die Rechtsprechung[43]. Wenn einmal die Hoffnung bestand, daß es wirtschaftspolitisch möglich sein müsse, mit dem Problem der ständigen Kaufkraftentwertung fertig zu werden, so haben die letzten 15 Jahre das Gegenteil bewiesen. Es ist sogar so, daß von namhaften Vertretern der Wirtschaftswissenschaften bezweifelt wird, ob es überhaupt sinnvoll ist, die jährlich eintretende Kaufkraftentwertung von 3 bis 4 % zu bekämpfen, da sie Voraussetzung für wirtschaftliches Wachstum und Vollbeschäftigung zu sein scheint. So stellt *Hax*[44] die Frage, „welchen Charakter die allmähliche und sich über lange Jahre hinaus erstreckende Anhebung der Preise hat, ob es sich dabei um eine dauerhafte und irreversible Erscheinung handelt oder ob sie nicht vielleicht eines Tages durch entsprechende Preissenkungen rückgängig gemacht werden könnte. Die Möglichkeit einer solchen Umkehr ist natürlich immer gegeben; sie erscheint aber wenig wahrscheinlich, wenn man die Ursachen der Entwicklung berücksichtigt. Dazu gehören in erster Linie die Politik der Vollbeschäftigung, die Politik des leichten Geldes mit ständiger Ausweitung des Kreditspielraums, die Unelastizität vieler Preise nach unten, aber nicht nach oben hin, z. B. die politisch bedingte Unelastizität der Agrarpreise und der Löhne, aber auch der Preise industrieller Erzeugnisse, soweit kartellartige Einflüsse wirksam sind. In manchen Kreisen sowohl der Wissenschaft als auch der Wirtschaftspraxis besteht die Überzeugung, daß eine langsame Steigerung des allgemeinen Preisniveaus förderlich für das Wachstum der Gesamtwirtschaft und des Sozialproduktes sei und daß etwaige schädliche Auswirkungen auf diese Weise überkompensiert würden". Den Beweis dafür dürfte John Kenneth *Galbraith*[45] in seinem hierzulande wenig bekannten Werk „The Affluent Society" erbracht haben. *Galbraith* ist der Ansicht, daß mit einer immer weiterreichenden Zunahme der Produktivität die Frage ausreichenden Konsums akut wird (Kapitel 10 und 11). Um die Produktion in Gang zu halten oder sogar noch weiter auszudehnen, wird es erforderlich, künstlich Konsumwünsche zu schaffen, was dann bis zur Kreditierung solcher künstlichen Konsumwünsche reicht (Kapitel 14). Mit dieser Entwicklung seien inflationäre Auswirkungen unvermeidlich verbunden (Ka-

---

[43] *Tomfohrde* (Die dynamische Bilanzauffassung und das Bilanzsteuerrecht, S. 78) zitiert das Gutachten I D 2/49 vom 3. 6. 1949 (Amtliche Sammlung, Band 54, S. 338 ff.), wonach „die Bewertungsbestimmungen des geltenden Einkommensteuerrechtes wie auch des Handelsrechtes eine stabile Währung unterstellen". Auch der BFH ginge in seinem Urteil I 140/52 vom 1. 3. 1955 (BStBl. 1955 III S. 144) „ausdrücklich von dem Bestand einer stabilen Währung aus" (*Tomfohrde*: a.a.O., S. 79).

[44] *Hax:* Die Substanzerhaltung der Betriebe, S. 28.

[45] *Galbraith:* The Affluent Society, Mentor Books, The New American Library of World Literature, New York 1958.

pitel 15). *Galbraith* kommt dann zu dem Schluß[46]: "We are impelled by present attitudes and goals to seek to operate the economy at capacity where, we have seen, inflation must be regarded not as an abnormal but as a normal prospect. The same attitudes which lead us to set store by capacity use of plant and labor force largely deny us the use of measures for preventing inflation. Monetary policy collides with the process of consumer demand creation and, since it works on business investment, is in conflict with our emphasis on growth. It is also ineffectual, discriminatory and, possibly, dangerous. Fiscal policy is sharply at odds with the commitment to a level of output that insures full employment and the accompanying economic security. ... Inflation strikes the economy at the point where it is most vulnerable to damage. We may put it down — after the process of consumer demand creation and its financing — as the second of the unsolved problems of the affluent society[47]."

Eine jährlich eintretende Kaufkraftentwertung von 3 bis 4 % — man mag dazu stehen, wie man will, man muß sie z. Zt. auf jeden Fall als Faktum hinnehmen — führt aber dahin, daß sich unter Beibehaltung der Nominalwertrechnung bei den langlebigen Wirtschaftsgütern des Anlagevermögens erhebliche „stille" Reserven ansammeln, die bei einer Veräußerung dieser Wirtschaftsgüter zu beachtlichen Gewinnen führen. Diese Gewinne sind allerdings aus der Perspektive der Substanzerhaltung überwiegend oder sogar ausschließlich Scheingewinne[48]. Hinzu kommt, daß besonders bei Grundstücken die Wert-

---

[46] *Galbraith:* a.a.O.; Kapitel 17, S. 196. ‚Production versus Price Stability'.

[47] „Durch die heutigen Gewohnheiten und Zielsetzungen sind wir veranlaßt, die Wirtschaft voll zu beschäftigen, wodurch allerdings inflationäre Wirkungen nicht als anomale, sondern als normale Erscheinung auftreten. Dieselben Gründe, die von uns eine Vollbeschäftigung des Kapitals und der Arbeitskräfte fordern, verbieten uns, Maßnahmen gegen die Inflation zu treffen. Die deflationäre Geldpolitik kollidiert mit der künstlichen Schaffung von Konsum, und da sie gegen die Investitionen der Wirtschaft gerichtet ist, gerät sie auch mit der Forderung nach wirtschaftlichem Wachstum in Konflikt. Außerdem ist die deflationäre Geldpolitik ohne Wirkung, diskriminierend und wahrscheinlich auch gefährlich. Sie ist in letzter Konsequenz nicht mit der Forderung zu vereinbaren, Vollbeschäftigung und wirtschaftliche Sicherheit zu erhalten. ... Die Inflation trifft die Wirtschaft in einem Zustand, wo sie ganz besonders der Gefahr des Zusammenbruchs ausgesetzt ist. Wir müssen die Inflation angesichts der künstlichen Konsumschaffung und der Notwendigkeit, den künstlichen Konsum zu finanzieren, als zweites ungelöstes Problem der Überflußgesellschaft akzeptieren."

[48] *Hax* hat es sehr einprägsam formuliert (Bilanzgewinn und Geldwertschwankungen, in: ZfhF 1951, S. 438): „Für die Buchhaltung ist Dollar = Dollar, Franc = Franc und Pfund = Pfund. In den Büchern stehen die Dollars von 1914 friedlich neben den Dollars von 1920, von 1931 und 1951, und in der Bilanz werden sie unbesehen zusammengerechnet, so als handle es sich um Einheiten von gleichem Wert. Das kann naturgemäß nicht ohne Einfluß auf das Ergebnis der Rechnung sein."

steigerung erheblich über die allgemeine Kaufkraftentwertung hinausreicht. Es wird heute überwiegend so sein, daß die in der DM-Eröffnungsbilanz ausgewiesenen Buchwerte zu Grundstücken nur einen Bruchteil des heutigen Veräußerungswertes darstellen. — Angesichts der hohen Ertragssteuerbelastung von 50 bis 60 % muß das schließlich zur Folge haben, daß insbesondere die langlebigen Wirtschaftsgüter immobil werden. Das ist aber nicht die einzige Konsequenz, so schwerwiegend sie auch bereits sein mag. Die weitaus gefährlichere Konsequenz ist darin zu sehen, daß der Expansion der Unternehmungen dort Grenzen gesetzt sind, wo die Grundstücke nicht mehr ausreichen und wegen der bei einer Veräußerung von Grundstücken ausgelösten Steuerlawine davon abgesehen wird, die Betriebe zu verlagern. Dieses Ergebnis ist schließlich auch soziologisch bedenklich, weil so eine Auflockerung der industriellen Ballungsräume verhindert wird.

All diese Momente haben die Bundesregierung veranlaßt, das Einkommensteuergesetz durch den § 6 b zu erweitern, der ab 1. 1. 1965 in Kraft trat. *Thiel*[49] bemerkt dazu in seinem Kommentar zu § 6 b EStG: „Die Besteuerung des Vermögenszuwachses, der regelmäßig aus der nur durch besondere Umstände bedingten Veräußerung von nicht zur Veräußerung bestimmten Wirtschaftsgütern des Anlagevermögens resultiert, stellt sich der Sache nach nicht als eine Besteuerung des Einkommens, sondern als eine Wertzuwachssteuer dar, die einer Substanzbesteuerung gleichkommt. Je höher der Vermögenszuwachs ist, der sich bei der Veräußerung eines solchen Wirtschaftsgutes steuerlich erfolgswirksam realisiert, desto weniger wird der Steuerpflichtige bereit sein, eine solche Substanzbesteuerung hinzunehmen. ... Diese Prohibitivwirkung, die sich in vielen Fällen an die Besteuerung des Vermögenszuwachses knüpft, ist wirtschaftlich unerwünscht; sie veranlaßt die Unternehmen nicht selten zur Aufrechterhaltung wirtschaftlich sinnwidrig gewordener Verhältnisse[50]."

---

[49] *Thiel:* Übertragung stiller Reserven, Heidelberg 1965, S. 21/22.

[50] In der Begründung der Bundesregierung zum Entwurf des § 6 b heißt es lt. *Thiel (Thiel:* a.a.O., S. 118): „Die ökonomisch sinnvolle Anpassung der Wirtschaft an strukturelle Veränderungen produktionstechnischer, verteilungswirtschaftlicher und regionaler Art wird gegenwärtig dadurch erschwert, daß bei der Veräußerung von Anlagegütern wegen der zumeist niedrigen Buchwerte oftmals hohe Veräußerungsgewinne entstehen, die der Gewinnbesteuerung unterliegen. Dies gilt vor allem bei der Veräußerung von Grund und Boden, bei der durch den starken Anstieg der Verkehrswerte die Unterschiede zu den Buchwerten besonders kraß in Erscheinung treten. Der Zugriff der Gewinnsteuern auf die Veräußerungsgewinne hat zu einer weitgehenden Stagnation des Veräußerungsverkehrs nicht nur von Grundstücken, sondern auch von Beteiligungen und sonstigen Anlagen mit langfristiger Anlagedauer geführt. ... Das wirkt sich vor allem dann nachteilig aus, wenn z. B. betriebseigene Industriegrundstücke in Ballungsgebieten zugunsten der Errichtung von modernen Anlagen in standortgünstigeren Gebieten veräußert werden sollen. Solche volkswirt-

Es überrascht, in welchem Ausmaß damit die Äußerungen F. *Schmidts*[51] vor nunmehr fast 40 Jahren übereinstimmen: „Es kann leicht dahin kommen, daß an sich notwendige Umstellungen unmöglich werden, wenn der bei Verkauf errechnete Scheingewinn zu groß wird. Da mit steigender Höhe des Scheingewinnes auch die Anteile der Steuer an dem ‚Gewinn' steigen, so liegt hier eine Gefahr, die sich in den nächsten Jahren auswirken ... wird."

Auch wenn § 6 b EStG nur eine Stundung des steuerlichen Veräußerungsgewinnes, also eine vorübergehende Maßnahme darstellt, so ist doch nicht zu verkennen, daß sich der Gesetzgeber nunmehr Gedanken zum Problem der Substanzerhaltung macht und versucht, die gefährlichsten Auswirkungen der mit der Steuerbilanz verbundenen Nominalwertrechnung einzudämmen. Daß es sich beim § 6 b EStG nicht um das letzte Wort des Gesetzgebers handelt, sondern lediglich um einen ersten Schritt auf einem völlig neuen Weg, zeigen die zahlreichen Änderungswünsche zu § 6 b EStG. Die wirtschaftspolitischen und die soziologischen Konsequenzen der Nominalwertrechnung zwingen den Gesetzgeber auf die Dauer, einen völlig anderen Weg als bisher einzuschlagen. Das beweisen auch eine Reihe anderer Maßnahmen, so z. B. die steuerliche Zulassung einer Preissteigerungsrücklage zum Vorratsvermögen (§ 74 EStDV) sowie das Entwicklungshilfe- Steuergesetz[52]. In diesem Sinne ermutigt die Feststellung *Vogels* (Bundesfinanzministerium)[53]: „Die Besteuerung von Scheingewinnen mit der Folge, daß die Substanz vermindert wird, liegt zweifellos (!) nicht im Sinne des Einkommensteuergesetzes."

Die Umstellung vom bisherigen Nominalwertdenken und von der bisherigen steuerlichen Rechtsprechungs- und Verwaltungspraxis auf die Notwendigkeiten der modernen industriellen Entwicklung wird allerdings ein schwieriger und zugleich langwieriger Prozeß sein. So äußerte sich ein Senatspräsident des Bundesfinanzhofes auf der Tagung der Fachanwälte für Steuerrecht in Wiesbaden vom 3. — 5. 6. 1965, es sei die Aufgabe der Rechtsprechung des Bundesfinanzhofes, in der Steuerbilanz durch sofortige Besteuerung des Wertzuwachses erst gar nicht die Bildung stiller Reserven zuzulassen, um so die sich sonst

---

schaftlich erwünschten Standortverlagerungen unterbleiben heute vielfach, so z. B. wenn die betriebswirtschaftlichen Vorteile aus dem Standortwechsel geringer sind als die damit verbundenen Kosten, zu denen auch die Steuern zu rechnen sind. ... Es ist das Ziel der Steuerpolitik der Bundesregierung, daß ökonomisch erwünschte Anpassungsprozesse im Wirtschaftsleben nicht durch steuerliche Bestimmungen behindert werden. ..."

[51] *Schmidt*, F.: Die organische Tageswertbilanz, S. 63.

[52] Entwicklungshilfe-Steuergesetz, Bundesgesetzblatt 1963, I, S. 1030.

[53] *Vogel:* Preissteigerungsgewinne bei der Einkommensbesteuerung, in: Betriebs-Berater 1956, S. 32.

ergebende Versteuerung hoher Veräußerungsgewinne zu vermeiden. Man könnte diese Einstellung als einen speziellen § 6 b EStG definieren, der allerdings nicht in die Zukunft, sondern in die Vergangenheit gerichtet ist: statt Stundung hoher steuerlicher Veräußerungsgewinne sofortige Besteuerung von Wertsteigerungen. Wohin das allerdings führen würde, ist nicht auszudenken, weder rechtlich noch wirtschaftlich. Dieser Einstellung widerspricht auch § 1 Steueranpassungsgesetz, wonach bei der Auslegung von Steuergesetzen „die Entwicklung der Verhältnisse" zu berücksichtigen ist. Andererseits reicht diese Bestimmung nicht aus, von der Nominalwertrechnung Abstand zu nehmen, wie es W. *Müller* vorschwebt[54]; dazu ist eine Änderung des Einkommensteuer-Gesetzes erforderlich.

IV. Die organische Tageswertbilanz

Die chronische Kaufkraftentwertung ist zu einem Kennzeichen der wirtschaftlichen Entwicklung aller Industrieländer besonders in den Jahren nach dem zweiten Weltkrieg geworden. Selbst jene Industrieländer, denen eine relativ stabile Währung nachgesagt wird, wozu auch die Bundesrepublik zählt, zeigen nicht zu übersehende Folgen der chronischen Kaufkraftentwertung. In anderen Industrieländern sieht es in dieser Hinsicht um so schlechter aus. Es ist deswegen nicht verwunderlich, daß die Frage der Nominalwertrechnung und die sich daraus ableitende Gefahr der Substanzauszehrung heute so gut wie in allen Ländern zur Diskussion steht[1]. Die Wege, dieser Gefahr zu begegnen, sind allerdings verschiedener Art[2]. Wie *Thiel*[3] darauf hinweist, wird in den USA und in Belgien der Veräußerungsgewinn aus Kapitalvermögen mit einem ermäßigten Steuersatz begünstigt. Frank-

[54] *Müller*, Wolfgang: Anpassung der Besteuerung an den gesunkenen Geldwert — ein indiskutables Problem? In: Finanzrundschau 1965, S. 381. So vertritt z. B. *Müller* die Auffassung: „Die Bilanzierung zum Tageswert entspricht aber auch dem Grundgedanken der handelsrechtlichen Bewertungsvorschriften, die Gläubiger durch das Verbot des Ausweises unrealisierter Gewinne zu schützen. ... Im Grunde genommen hat der BFH mit seinem kürzlichen S-Urteil vom 5. 11. 1964 (BFH-Urteil IV 11/64 S BStBl. III 1964, S. 602) zur VOL bereits unbewußt den Übergang zum Tageswertprinzip vollzogen, indem er die Einheitswerte des Grundvermögens nicht mehr als Grundlage für die Einkommenbesteuerung der Landwirtschaft nach Durchschnittssätzen anerkennt."

[1] In dem Aufsatz „Bilanzgewinn und Geldwertschwankungen" (ZfhF 1951, S. 440/441) weist *Hax* auf die Untersuchungen von Max *Gürtler* sowie auf die Untersuchungen von R. C. *Jones* hin, wonach bei einer Reihe von Unternehmen in der Schweiz und in den USA die Nominalwertrechnung zu Gewinnausschüttungen führte, welche die Substanz der Unternehmungen gefährdeten und mehrfache Kapitalerhöhungen zur Folge hatten.

[2] Vgl. *Hax*: Bilanzgewinn und Geldwertschwankungen, in: ZfhF 1951, S. 447.

[3] *Thiel*, Rudolf: Übertragung stiller Reserven, S. 22.

reich hat dagegen eine ähnliche Lösung gefunden, wie sie durch den § 6 b EStG geboten wird, nämlich den „der Übertragung der stillen Reserven". Nach den Untersuchungen von *Puhl*[4] gilt in Frankreich das Prinzip der „nominellen Kapitalerhaltung"; „die Bildung stiller Reserven (ist aber) ... grundsätzlich erlaubt". Dagegen sollen die Schweiz, die Niederlande und Italien „nach wie vor an der Normalbesteuerung des realisierten Vermögenszuwachses (festhalten), wobei allerdings in den Niederlanden, aber wohl auch in der Schweiz insbesondere bei Tauschvorgängen entgegenkommende Sonderregelungen möglich sind"[5, 6].

Die von *Hax* veröffentlichten Zahlen aufgrund der statistischen Jahrbücher für die Bundesrepublik Deutschland zeigen, in welch unterschiedlichem Ausmaß der Preisanstieg in den Jahren 1949—1956 stattgefunden hat und daß diese Preissteigerungen recht beachtlich sind. So erhöhten sich die Preise der Grundstoffe (ohne Lebensmittel und Genußmittel) von 100 % in 1950 auf 135 % in 1956, der Investitionsgüter auf 128 % sowie der Bauleistungen auf 134 % (*Hax*)[7]. Es ist durchaus damit zu rechnen, daß das Preisniveau z. Zt. bei etwa 180 bis 200 % der Preise von 1950 liegt, wobei zu beachten ist, daß es sich hier jeweils um Durchschnittsprozentsätze handelt, mit der Folge, daß in Einzelfällen wesentlich höhere oder auch geringere Preissteigerungen vorkommen[8].

Diese Entwicklung hat in der Bundesrepublik das Interesse an der Theorie der organischen Tageswertbilanz von F. *Schmidt* wieder zunehmen lassen. Das spiegelt sich teilweise in den gesetzgeberischen Maßnahmen wider, z. B. in der Vorschrift des § 51, Abs. 1, Ziff. 2 b EStG in Verbindung mit § 74 EStDV (Preissteigerungsrücklage), in dem bereits erwähnten Entwicklungshilfe-Steuergesetz und insbesondere in dem ebenfalls bereits erwähnten § 6 b EStG. Soweit es die betriebswirtschaftliche Literatur betrifft, ist an erster Stelle das schon mehrfach erwähnte Werk von *Hax*, „Die Substanzerhaltung der Be-

---

[4] *Puhl*, Egon, H.: Der französische Jahresabschluß, in: Der Betrieb 1965, S. 751.

[5] *Thiel*, Rudolf: Übertragung stiller Reserven, S. 22.

[6] *Bankmann* bemerkt in seinem Aufsatz „Abschreibungen auf das Anlagevermögen und die Besteuerung von Scheingewinnen" (Der Betrieb 1962, S. 74), daß die verschiedenen Möglichkeiten, innerhalb oder außerhalb der Bilanz den Gefahren der Substanzauszehrung zu begegnen, „den Unternehmen in der Bundesrepublik (zu der Zeit, als er den Aufsatz schrieb) noch verschlossen (sind), im Gegensatz zu einer ganzen Anzahl ausländischer Staaten, die, im allgemeinen durch eine Aufwertung der Sachanlagen, ihren Unternehmen in gewissem Umfang eine Anpassung an eine steigende Preisentwicklung gestatten".

[7] *Hax*: Die Substanzerhaltung der Betriebe, S. 29. Vgl. dazu auch die Zahlenangaben in dem Beitrag von *Hax* „Bilanzgewinn und Geldwertschwankungen" (ZfhF 1951, S. 437).

[8] Vgl. auch *Bankmann*: a.a.O., S. 74.

triebe", zu erwähnen. Im übrigen wird auf die zahlreichen anderen im Literaturverzeichnis erwähnten Beiträge verwiesen. *Harrmann*[9] kennzeichnet die derzeitige Situation mit den Worten: „Die Erörterung der Fragen der Substanzerhaltung hat ergeben, daß dieses Kernproblem der Betriebswirtschaft nach wie vor ungelöst ist. ... Für die ... zur Auflösung kommenden stillen Reserven müßte in der Weise Vorsorge getroffen werden, daß sie den offenen Rücklagen unversteuert zugeführt werden können."

Die Theorie der organischen Tageswertbilanz wurde zwar von F. *Schmidt* unter dem Eindruck der katastrophalen Geldentwertung in den Inflationsjahren nach dem ersten Weltkrieg entwickelt. Die zuvor genannten Zahlen lassen aber erkennen, daß das Problem der Substanzerhaltung auch dann äußerst aktuell ist, wenn es sich „lediglich" um eine chronische und nicht um eine sog. galoppierende Geldentwertung handelt. Die Forderung F. *Schmidts* nach Substanzerhaltung der Betriebe läßt sich deshalb nicht mehr von der Hand weisen. „Wenn die Betriebe insgesamt oder in ihrer Mehrzahl ihre Substanz allmählich aufzehren, dann ist das ein Beweis dafür, daß die bestehende Wirtschafts- und Finanzordnung versagt und daß durch einen Umbau dieser Ordnung die Voraussetzungen für ein erfolgreiches Arbeiten in den Betrieben neu zu schaffen sind" (*Hax*)[10, 11].

Da die Berechtigung der Forderung nach Substanzerhaltung der Unternehmungen außer Zweifel steht, können die folgenden Überlegungen allein darauf gerichtet sein, inwieweit der Theorie von der organischen Tageswertbilanz Grenzen gezogen sind und wo sie Widersprüche erkennen läßt. Das soll aber nur insoweit geschehen, als es im Hinblick auf die polare Bilanztheorie interessiert.

1. Der Gewinnbegriff der organischen Bilanz

F. *Schmidt* unterscheidet zwischen der „Normal-Bilanz" als „Darstellung des Zustandes und des Lebens der arbeitenden Unternehmen",

[9] *Harrmann*, Alfred: Zur Substanzerhaltung beim Anlagevermögen, in: Der Betrieb 1964, S. 1125.

[10] *Hax:* Die Substanzerhaltung der Betriebe, S. 5.

[11] Anderer Auffassung ist *Schnettler* in seinem Beitrag „Substanz- und Werterhaltung in den Betrieben" (Zeitschrift für Betriebswirtschaft 1956, S. 267): „Die vorstehenden Ausführungen sollen nicht zum Ausdruck bringen, daß die Scheingewinnbesteuerung als grundsätzliches Problem überschätzt wird. Es sollte nur dargestellt werden, daß der Gefahr, Scheingewinne ausweisen zu müssen, weil das Steuerrecht wegen des Prinzips der nominellen Kapitalerhaltung keine kalkulatorisch richtige Aufwandserfassung zulasse, im Schrifttum zu viel Bedeutung beigelegt wird." Diese Auffassung *Schnettlers* wird durch die Untersuchungen von *Hax* in seinem zuvor zitierten Werk sowie durch zahlreiche Literaturbeiträge aus der Praxis widerlegt, z. B. durch *Christoph:* Eiserner Bestand und Preisdifferenzrücklage in der betriebswirtschaftlichen Praxis (Der Betrieb 1956, S. 26).

der „Liquidations-Bilanz“ für den Fall der Auflösung eines Unternehmens, der „Ertragswert-Bilanz“, die zeigen soll, „welchen Bewertungen die Unternehmung als Ganzes begegnet“ und der „Vermögens-Bilanz“, die „Gliederung und Wert des Vermögens darstellen“ soll[12]. Die Liquidations- und Ertragswert-Bilanz interessieren für die weiteren Ausführungen nicht. — Der Begriff „Normal-Bilanz“ findet sich in den folgenden Ausführungen von F. *Schmidt* nicht wieder. Vermutlich (was aber nicht weiter von Belang ist) hat er damit die *organische Erfolgsrechnung* verstanden[13], während unter Vermögens-Bilanz die *organische Vermögensrechnung* zu verstehen ist[14].

Die hier zu stellende Frage lautet, ob die organische Erfolgs- und die organische Vermögensrechnung von einem gemeinsamen oder einem unterschiedlichen Gewinnbegriff ausgehen. Dazu äußert sich F. *Schmidt* zunächst so: „Gewinn der Unternehmung (könne) nur sein, was über die Erhaltung des Unternehmungsvermögens hinaus erzielt wird[15]. ... Es entsteht die weitere Frage, wodurch denn in der Unternehmung ein Mehr über das Anfangsvermögen hinaus erzielt werden kann ... Hier ist zu sagen, daß es nur aus der Betätigung der Unternehmung geschehen kann und diese Betätigung heißt Umsatz[16].“

Daraus ist zu schließen, daß kein Gewinn und wohl auch kein Verlust vorliegen kann, wenn kein Umsatz stattfindet. Das ist zunächst durchaus konsequent gedacht, denn wenn kein Umsatz getätigt wird, muß die Substanz der Unternehmung die gleiche geblieben sein. — Bedenken ergeben sich aber sogleich dann, wenn die Substanz durch Verderb, technische Veralterung, sonstige zeitliche Abnutzung etc. geringer geworden ist, ohne daß irgend etwas umgesetzt wird. Insofern ist die Auffassung F. *Schmidts*, daß Gewinn und Verlust nur durch Umsatz entstehen könne, nicht ganz realistisch. Das gleiche trifft zu, wenn ein Unternehmen vorübergehend, aber nicht nur für kurze Zeit, die Produktion eingestellt hat und während dieser Zeit in erheblichem Umfange Kosten anfallen, z. B. für Löhne und Gehälter. — Mit der zuvor erwähnten Gewinndefinition ist aber noch nicht die Frage beantwortet, ob sie sowohl für die organische Erfolgs- als auch für die organische Vermögensrechnung zutrifft.

Wenn F. *Schmidt* Gewinne oder Verluste als ausschließliche Folge der Umsatztätigkeit sieht, so kann daraus bereits jetzt geschlossen werden, daß die ihm vorschwebende Ergebnisrechnung nur in der organischen Erfolgsrechnung stattfindet. Die nähere Begründung hierzu

[12] *Schmidt*, F.: Die organische Tageswertbilanz, S. 53.
[13] *Schmidt*, F.: a.a.O., S. 139 ff.
[14] *Schmidt*, F.: a.a.O., S. 90 ff.
[15] *Schmidt*, F.: a.a.O., S. 55.
[16] *Schmidt*, F.: a.a.O., S. 56.

ergibt sich aus den noch folgenden Ausführungen. Was hier aber vorweg interessiert, ist die Parallelität zur dynamischen Bilanz von *Schmalenbach*. Dort wird, wie es die früheren Ausführungen zeigten, die Gewinn- und Verlustrechnung ebenfalls in den Vordergrund gestellt. Auf diese Parallelität macht auch *Hauck* in seinen Untersuchungen zu Bilanztheorien[17] aufmerksam. Seine Ausführungen hierzu werden an späterer Stelle wiedergegeben.

Einen Anhaltspunkt für den Gewinnbegriff der organischen Vermögensrechnung bietet die Art der Bewertung, wie sie von F. *Schmidt* gefordert wird: „Das Ziel der Vermögensrechnung der Betriebswerte muß sein, den Gesamtwert aller Aktiven und Passiven einer Unternehmung für die jeweilige Gegenwart zum Marktpreis der Einzelteile festzustellen[18].“ Er spricht in diesem Sinne von der Reproduktionswert-Bilanz. Demnach ist im Rahmen der organischen Vermögensrechnung das als Gewinn anzusehen, was nach Saldierung des zu Wiederbeschaffungswerten bilanzierten Rohvermögens der Schlußbilanz abzüglich Fremdkapital sowie Substanzerhaltungsrücklage mit dem in gleicher Weise errechneten Reinvermögen der Anfangsbilanz verbleibt[19], wobei zunächst noch offen ist, wie sich die Substanzerhaltungsrücklage errechnet.

In den Ausführungen zur organischen Erfolgsrechnung definiert F. *Schmidt* den Gewinnbegriff in der Weise, daß der „Reinerfolg der Unternehmung (der Rest ist), der vom Verkaufserlös der umgesetzten Güter verbleibt, nachdem alle Ersatzbeträge für die am Umsatztage zur Erzeugung des Produktes notwendige Kostenmenge zum Beschaffungswerte des Umsatztages abgezogen sind“[20]. Diesen Gewinnbegriff untergliedert er in einen Gewinn aus dem Normalumsatz, dem Finanzerfolg, dem Spekulationserfolg aus Fremdkapital und dem Spekulationserfolg aus Eigenkapital[21]. — Es entspricht durchaus noch den bisherigen Definitionen zum Gewinnbegriff der organischen Vermögens- und organischen Erfolgsrechnung, wenn F. *Schmidt* bemerkt: „Der Tagesbeschaffungswert des Bilanztages kommt nur für die Güter in Betracht, die am (Bilanzstichtag) noch vorhanden sind. Die Umsatztätigkeit der Unternehmung führt aber dazu, daß während einer Abrechnungsperiode eine große Zahl von Gütern den Betrieb durchlaufen. Für diese Umsatzposten, die nur der Erfolgsrechnung angehören, kommt nun auch ein Tagesbeschaffungswert in Betracht[22].“

---

[17] *Hauck:* Bilanztheorien, S. 82.
[18] *Schmidt,* F.: Die organische Tageswertbilanz, S. 91/92.
[19] *Schmidt,* F.: a.a.O., S. 56.
[20] *Schmidt,* F.: a.a.O., S. 139.
[21] *Schmidt,* F.: a.a.O., S. 252.
[22] *Schmidt,* F.: a.a.O., S. 72.

Die oben gestellte Frage nach der Identität des Gewinnbegriffes der organischen Vermögens- und Erfolgsrechnung wird schließlich eindeutig in den Ausführungen F. *Schmidts* zur „Einheitsbilanz als Vereinigung von Vermögens- und Erfolgsbilanz"[23] beantwortet: „Wenn die Aufgabe der Unternehmung, durch Umsatz von Vermögensteilen ... Erfolg zu erzielen, nicht bestritten werden kann, so wird es auch schwer sein, etwas Stichhaltiges gegen die unlösbare Verbundenheit von Vermögens- und Erfolgsrechnung zu sagen. Das, was umgesetzt wird, ist bis zu dem Augenblick des Umsatzes Vermögen und mit dem Umsatz wird es gegen anderes Vermögen getauscht. Wie soll nun denkbar sein, den beim Umsatz erzielten Erfolg zu ermitteln, wenn man nicht gleichzeitig klarstellt, welchen Wert die umgesetzten wie die eingetauschten Vermögensteile haben[24]?" Deshalb definiert F. *Schmidt* die Tageswertbilanz als Einheitsbilanz: „Sie vereinigt in sich auf der Grundlage des einheitlichen Tagesbeschaffungswertes die Bestandsbilanz als Summe der noch nicht umgesetzten Kostenwerte und die Erfolgsbilanz als Tageswertrechnung der umgesetzten Kostenteile und der Erlöse[25]." — Diese Definition F. *Schmidts* scheint auf den ersten Blick überzeugend zu sein. Tatsächlich aber sind die Gewinnbegriffe der organischen Vermögensbilanz und der organischen Erfolgsrechnung nicht identisch.

Wenn F. *Schmidt* der Auffassung ist, daß die Tageswertbilanz Einheitsbilanz ist und auf der Basis der Tagesbeschaffungswerte die organische Vermögens- und Erfolgsrechnung vereinigt, so müßte der in der organischen Vermögensrechnung ausgewiesene Gewinn mit dem in der organischen Erfolgsrechnung (Gewinn- und Verlustrechnung) ausgewiesenen Gewinn identisch sein. Das aber kann nur rein zufällig so sein. Im Normalfall ist der Gewinn der organischen Vermögensrechnung (als Saldo zwischen dem zu Wiederbeschaffungswerten errechneten Reinvermögen am Stichtag der Schlußbilanz und dem zu Wiederbeschaffungswerten ermittelten Reinvermögen am Stichtag der Anfangsbilanz) ein anderer als der Gewinn der organischen Erfolgsrechnung (wie er sich aus der Summe der Verkaufsergebnisse der einzelnen umgesetzten Wirtschaftsgüter ergibt, wobei das Verkaufsergebnis jeweils die Differenz zwischen den Wiederbeschaffungskosten und dem Verkaufserlös am Umsatztage ist). Die Substanzrechnung wirkt sich nämlich in der organischen Vermögensbilanz zunächst überhaupt nicht aus. Etwaige Zuführungsbeträge zur Substanzerhaltungsrücklage sind erfolgsneutral, weil ihnen in genau gleicher Höhe gestiegene Wiederbeschaffungswerte auf der Aktivseite gegenüberstehen. Das gleiche gilt bei einer

---

[23] *Schmidt,* F.: a.a.O., S. 285 ff.

[24] *Schmidt,* F.: a.a.O., S. 285.

[25] *Schmidt,* F.: a.a.O., S. 289.

Auflösung der Substanzerhaltungsrücklage wegen gesunkener Wiederbeschaffungswerte. Diese Feststellung folgt auch aus der Überlegung, daß die Substanzerhaltungsrücklage der Bilanz immer nur auf zukünftige Scheingewinne bezogen sein kann, da Scheingewinne nur bei der Veräußerung von Wirtschaftsgütern, aber nicht bei noch vorhandenen Wirtschaftsgütern entstehen können. In der organischen Erfolgsrechnung ist dagegen die Substanzrechnung erfolgswirksam. Hier werden nicht zukünftige, sondern effektiv angefallene Scheingewinne durch entsprechende Zuführungsbeträge zum Substanzerhaltungskonto neutralisiert (der Nominalgewinn um die Scheingewinne gemindert). Diese Zuführungsbeträge zum Substanzerhaltungskonto der organischen Erfolgsrechnung sind der Substanzerhaltungsrücklage der organischen Vermögensbilanz zusätzlich zuzuführen. Erst dadurch werden die Ergebnisse der organischen Erfolgsrechnung und der organischen Vermögensbilanz identisch. Das gleiche gilt, wenn sich in der organischen Erfolgsrechnung negative Zuführungsbeträge zum Substanzerhaltungskonto errechnen (wenn die Anschaffungswerte der umgesetzten Wirtschaftsgüter über den Wiederbeschaffungswerten am Umsatztage liegen). Ohne dem, d. h. ohne Berücksichtigung des Ergebnisses der Substanzrechnung der organischen Erfolgsrechnung in der organischen Vermögensbilanz, würden die Gewinne oder Verluste voneinander abweichen. Somit findet die Substanzrechnung eigentlich nur in der organischen Erfolgsrechnung statt. Das ist auch der Grund, weswegen ihr F. *Schmidt* so große Bedeutung beimißt.

Den zuvor dargelegten Überlegungen entspricht die Auffassung F. *Schmidts,* daß „Wertänderungen am ruhenden Vermögen ... der Betriebe nicht Gewinn oder Einkommen“ sein können[26]. F. *Schmidt* hat wohl auch Recht, wenn er die Ablehnung der organischen Tageswertbilanz durch *Schmalenbach* und andere auf ein Mißverständnis zurückführt, soweit von diesen unterstellt wird, daß in der organischen Vermögensbilanz der Ausweis von Wiederbeschaffungswerten das Bilanzergebnis beeinflußt[27]. — *Hauck* äußert sich im gleichen Sinne.

---

[26] *Schmidt,* F.: a.a.O., S. 324.

[27] „Die Zurückhaltung vieler Bilanzschriftsteller, darunter *Schmalenbach, Mahlberg, Geldmacher, Sewering,* gegenüber der Tageswertrechnung entspringt sicherlich diesem (nachstehend genannten) Grunde, weil sie wahrscheinlich meinen, daß die Weiterführung der Anschaffungswerte für die Gebrauchs- und Abnutzungsgüter der Unternehmung am besten die Beeinflussung der Erfolgsrechnung durch Wertänderung vermeiden könne. Man übersieht dabei, daß auch bei der Tageswertrechnung kein (!) Partikelchen Wertänderung auf das Erfolgskonto gelangt, denn sie wird nur gegen das Kapitalkonto verrechnet“ (*Schmidt,* F.: Die organische Tageswertbilanz, S. 321). — Dieses Mißverständnis bestätigen die Ausführungen *Kosiols*: „Darum muß *Schmidt* auch mit zwei Arten von Tageswerten arbeiten. Für die statische Vermögensrechnung verwendet er den Tageswert am Bilanz-

Nach „der Idee des reinen Umsatzgewinnes von *Schmidt* (ist) die Gewinnverteilung ... nichts anderes, als eine Zusammenstellung der Einzelgewinne der vollendeten Umsätze. Der Gewinn einer Periode demnach nichts anderes, als eine Zusammenstellung der Einzelgewinne der in dieser Periode vollendeten Umsätze. Aus diesem Grunde dürfen also Wertveränderungen an den nicht umsatzgewordenen Gütern keinen Einfluß auf die Gewinnrechnung bekommen. ... Damit kommen wir mit *Rieger* und *Schmidt* auf die völlig gleichen Grundgedanken der Bilanztheorie. Auch auf diejenigen von *Schmalenbach*“[28].

Es stellt sich nun die Frage, ob es möglich ist, anstatt der zuvor beschriebenen „indirekten“ Substanzrechnung (Übertragung des Ergebnisses der in der GuV stattfindenden Substanzrechnung auf die Bilanz) auch eine direkte Substanzrechnung in der Bilanz vorzunehmen[29] und ob beide Formen der Substanzrechnung zu dem gleichen Ergebnis führen. — Abgesehen davon, wie die direkte Substanzrechnung in der Bilanz buchhaltungstechnisch durchzuführen ist, ist zunächst zu beachten, daß in der organischen Erfolgsrechnung von F. *Schmidt* eine Zuführung zum Substanzerhaltungskonto nur dann vorgenommen wird, wenn innerhalb der Rechnungsperiode per Saldo die Wiederbeschaffungswerte des jeweiligen Umsatztages aller umgesetzten Wirtschaftsgüter deren Anschaffungswerte übersteigen, wobei es durchaus so sein kann, daß innerhalb der in Betracht kommenden Rechnungsperiode die Summe der Wiederbeschaffungswerte sämtlicher noch vorhandenen Wirtschaftsgüter nicht gestiegen ist. Schon allein aus diesem Grunde wird die Substanzrechnung der Bilanz von der Substanzrechnung der GuV abweichen. Weiterhin kann es vorkommen, daß innerhalb der gleichen Bilanzperiode Wirtschaftsgüter angeschafft und zu gestiegenen Wiederbeschaffungswerten veräußert wurden. Die daraus resultierenden Scheingewinne können ebenfalls

stichtage und für die dynamische Erfolgsrechnung braucht er den Tageswert am Umsatztage. Sein Wertänderungskonto empfängt daher zwei durchaus heterogene Bestandteile. ... Der (aus der Gewinn- und Verlustrechnung herrührende) Bestandteil des Wertänderungskontos führt den Aufwand von Anschaffungswerten in Tageswerte am Umsatztage über und hat mit der statischen Vermögensrechnung der Aktiva und Passiva nichts zu tun. Er trennt vom geldmäßigen Erfolg den Wertänderungserfolg ab, weil *Schmidt* — meines Erachtens zu Unrecht (!) — darin keinen Erfolg, sondern nur eine Vermögenswertänderung sieht.“ (*Kosiol*, Erich: Bilanzreform und Einheitsbilanz, 2. Aufl. 1949, S. 22). — Auch *Gnam* hat F. *Schmidt* mißverstanden, wie die nachstehenden Ausführungen zeigen: „Würde man den Erfolg mit einer Vermögensbilanz ... ermitteln, so wäre das natürlich — im Gegensatz zur *Schmalenbach*schen Auffassung — möglich ..., mit der notwendigen Konsequenz, daß z. B. ein ‚Erfolg‘ ausgewiesen würde, der noch gar nicht verwirklicht (realisiert) ist“ (*Gnam*: Axiome der Bilanzierung auf der Grundlage der Währung, S. 23).

[28] *Hauck*: Bilanztheorien, S. 82.

[29] Die Überlegungen dazu finden sich an späterer Stelle.

nur in der Substanzrechnung der GuV erfaßt werden, nicht dagegen durch eine Substanzrechnung innerhalb der Bilanz, weil die betreffenden Wirtschaftsgüter weder in der Anfangs- noch in der Schlußbilanz der Rechnungsperiode ausgewiesen werden. Das gleiche gilt, wenn zwar die betreffenden Wirtschaftsgüter zum Stichtag der Anfangsbilanz vorhanden waren (und damit auch bilanziert wurden), die Wiederbeschaffungswerte sich aber erst nach dem Bilanzstichtag änderten (erhöhten oder zurückgingen). Auch hier versagt die Substanzrechnung in der Bilanz. Andererseits kann sich die Summe der Wiederbeschaffungswerte der Schlußbilanz gegenüber der Anfangsbilanz erhöht haben, ohne daß etwas umgesetzt wurde. Derartige Wertänderungen werden nur durch die Substanzrechnung der Bilanz aufgefangen, jedoch nicht durch die Substanzrechnung der Gewinn- und Verlustrechnung.

Diese durchaus noch nicht zu Ende geführten Überlegungen (sie werden später wieder aufgenommen) sind nicht als Argumente gegen die Substanzrechnung F. *Schmidts* zu verstehen. Sie zeigen aber bereits, wie unterschiedlich sich die Substanzrechnung gestaltet, je nachdem, ob sie auf der Basis der Gewinn- und Verlustrechnung oder auf der Basis der Bilanz durchgeführt wird. Beide Arten der Substanzrechnung haben Vor- und Nachteile. Hier ging es allein darum zu zeigen, daß es verschiedene Wege der Substanzrechnung gibt. Die dabei gewonnenen Erkenntnisse sind von Bedeutung für die in der polaren Bilanz zu wählende Form der Substanzrechnung.

2. Problematik ausschließlicher Substanzrechnung

Es überrascht zunächst, wenn F. *Schmidt* den Reinerfolg der organischen Vermögensrechnung als das substantielle Mehr an Vermögensgegenständen der Schlußbilanz im Vergleich zur Anfangsbilanz definiert[30]. Das gleiche gilt hinsichtlich der Gewinndefinition der organischen Erfolgsrechnung als „Rest, der vom Verkaufserlös der umgesetzten Güter verbleibt, nachdem alle Ersatzbeträge für die am Umsatztage zur Erzeugung des Produktes notwendige Kostenmenge zum Beschaffungswerte des Umsatztages abgezogen sind“[31]. Hierzu ist die Frage zu stellen, was unter diesen Bedingungen mit einer Unternehmung geschehen soll, die ausschließlich oder überwiegend mit Fremdkapital arbeitet, die Wiederbeschaffungswerte aber erheblich gesunken sind. Auch in einer derartigen Situation würde in der organischen Tageswertbilanz ein Gewinn ausgewiesen, vorausgesetzt,

---

[30] *Schmidt*, F.: Die organische Tageswertbilanz, S. 56. — Dabei ist jedoch zu beachten, daß in der organischen Vermögensbilanz keine erfolgswirksame Substanzrechnung stattfindet, wie die Ausführungen des vorhergehenden Abschnittes zeigten.

[31] *Schmidt*, F.: a.a.O., S. 139.

daß die gesunkenen Wiederbeschaffungswerte am Umsatztage noch unter dem Verkaufserlös liegen oder in der Bilanz kein Substanzverlust vorliegt. Im Rahmen einer Nominalwertrechnung würde sich jedoch ein Verlust ergeben, wenn die Verkaufserlöse der umgesetzten Wirtschaftsgüter deren Anschaffungswerte unterschreiten. Ist das betreffende Unternehmen überwiegend mit Eigenkapital finanziert, kann es solche Verluste unter Umständen noch überstehen (bis das Eigenkapital aufgezehrt ist), bei einer überwiegenden Fremdfinanzierung ist das jedoch nicht der Fall. *Hax* hält deswegen F. *Schmidt* entgegen: „Die Verfechter einer einseitigen Substanzerhaltung übersehen vor allem, daß die Geld- und Kapitalrechnung zu den Grundlagen unseres Wirtschaftssystems gehört[32].“ — Hier zeigt sich eine Schwäche der organischen Tageswertbilanz. Hier findet sie auch ihre Grenze.

Man würde aber F. *Schmidt* nicht gerecht, wenn man es allein bei dieser Feststellung beläßt. Vielmehr sollte sie Anlaß sein, die Frage zu stellen, wie es dazu kam, daß F. *Schmidt* eine derartig einseitige Orientierung der organischen Bilanz sucht. — Geht man den Dingen auf den Grund, dann zeigt sich, daß die organische Bilanztheorie in ihrer Grundkonzeption nicht von den Ereignissen der Zeit zu trennen ist, in der sie von F. *Schmidt* entwickelt wurde, nämlich den Jahren der großen Inflation nach dem ersten Weltkrieg. Damals änderten sich die Werte der Wirtschaftsgüter von Tag zu Tag und dabei auch in der Relation zueinander derart, daß jegliche Konstanz verlorenging. *Hax* bemerkt zutreffend, daß „bei einer galoppierenden Inflation ... die (nominelle) Gewinnrechnung ihren Wert als Steuerungsmittel der Unternehmung“ verliert[33].

F. *Schmidt* sah nun seine Aufgabe darin, den Unternehmungen dennoch ein Orientierungsmittel zu schaffen, das es ihnen erlaubt, sich jeden Tag wieder aufs neue auszurichten. Man kann deswegen die Tageswertbilanz im wahrsten Sinne des Wortes auch so verstehen, daß sie immer nur für einen Tag Gültigkeit besitzt, losgelöst von allem, was bisher war, und losgelöst auch von dem, was sein wird, weil es während der großen Inflation nahezu undenkbar war, das wirtschaftliche Morgen zu erfassen. „Daraus folgt, daß der Tagesbeschaffungswert des Umsatztages der grundlegende Wert für die Erfolgsrechnung sein muß[34] ... Die organische Bilanzauffassung ist ausschließlich auf die Gegenwart eingestellt, weil die Unternehmung alle ihre Wertbeziehungen in die Gegenwart im Sinne der jeweiligen Produktionsperiode hineinbaut und aus dieser Gegenwart heraus alle

---

[32] *Hax:* Die Substanzerhaltung der Betriebe, S. 15.
[33] *Hax:* a.a.O., S. 273.
[34] *Schmidt,* F.: Die organische Tageswertbilanz, S. 73.

ihre Maßstäbe empfängt[35]." Nur das Rechnen mit Wiederbeschaffungswerten erlaube „die harmonische Anpassung der Unternehmung an die Konjunktur"[36]. Der Unternehmer müsse „dauernd prüfen, ob die in seiner Unternehmung vereinigten Vermögensteile mindestens den normalen Ertrag erzielen, und immer versuchen, sein Vermögen der Produktion zuzuführen, die jeweils den höchsten Ertrag verspricht. Er muß das produzieren, was in der Bedürfnisskala der Konsumenten jeweils am höchsten bewertet wird. Das aber kann er nur, wenn sein Rechnungswesen ihm sichere und klare Maßstäbe liefert, wie sie die bisherigen Methoden unmöglich bieten können"[37]. — Unterstellt man einen derartigen Wirtschaftsablauf, der es erforderlich macht, fast täglich aufs neue die Stellung des Unternehmens im Markte auszuloten, so wird die Nominalwertrechnung völlig aus den Angeln gehoben, wie es in der Zeit der großen Inflation auch tatsächlich der Fall war. In einer solchen Situation ist es auch verständlich, wenn es F. *Schmidt* allein darauf ankommt, die Substanz des Unternehmens zu erhalten und ihn die Nominalwertrechnung nicht kümmert. Das Festhalten an der Nominalwertrechnung ist dann nicht nur vergebliche Mühe, sondern wäre sogar fast sinnlos. Aus dieser Perspektive findet sich ein weiteres Argument, weswegen F. *Schmidt* so großen Wert auf die organische Erfolgsrechnung legt und den Gewinn allein aus dem Umsatz ableitet. Alles, was die Bilanz an Vermögensgegenständen enthält, kann nur evtl. einmal später umgesetzt werden. Wie und zu welchen Werten, ist bei den von F. *Schmidt* unterstellten Wirtschaftsverhältnissen völlig ungewiß. Sichere Grundlage dagegen ist nur das, was sich am Umsatztage abspielt.

Wenn es noch eines Beweises bedurfte, wie sehr die bisherigen Bilanztheorien davon abhängig sind, unter welchen Zeichen der Zeit sie standen, so wird er durch die soeben dargestellten Überlegungen und Versuche, die Grundkonzeption der organischen Bilanztheorie zu deuten, erbracht. — Die bisherigen Untersuchungen zeigten zugleich, wie weit die dynamische und organische Bilanztheorie in ihrer Grundkonzeption auseinandergehen. Während der dynamischen Bilanz stillschweigend statische Wirtschaftsverhältnisse vorausgesetzt sind, ist es bei der organischen Bilanz genau umgekehrt. Sie nimmt ihren Ausgangspunkt in einem extrem dynamischen Wirtschaftsablauf. Unter diesen Aspekten wird verständlich, weshalb die dynamische Bilanz unter Anwendung der Nominalwertrechnung eine Vergleichbarkeit des Erfolges fordert, um so eine *langfristige* Orientierung zu ermöglichen. Dagegen sieht F. *Schmidt* den Zweck der organischen

[35] *Schmidt,* F.: a.a.O., S. 89.
[36] *Schmidt,* F.: a.a.O., S. 143.
[37] *Schmidt,* F.: a.a.O., S. 161.

Bilanz darin, daß sich die Unternehmungen (unter Vernachlässigung der Vergangenheit und der Zukunft, d. h. unter Aufgabe der Nominalwertrechnung) in ihren Dispositionen *von Tag zu Tag* aufs neue am Tageswert ausrichten. Der dynamischen und organischen Bilanzauffassung sind jedoch insoweit Grenzen gezogen, als die heutige wirtschaftliche Wirklichkeit weder dem statischen Wirtschaftsablauf entspricht, wie er der dynamischen Bilanz zugrunde liegt, noch so stark dynamisch ist, daß er mit der Grundkonzeption der organischen Bilanz übereinstimmen könnte.

3. Praktikabilität der organischen Bilanz

Wenn die organische Erfolgsrechnung kaum praktische Bedeutung gewonnen hat (die organische Vermögensrechnung konnte es nicht, weil in ihr die Substanzrechnung nur indirekt über die organische Erfolgsrechnung stattfindet), so ist der Hauptgrund in den Schwierigkeiten zu sehen, jeweils am Umsatztage der Wirtschaftsgüter deren Reproduktions- oder Wiederbeschaffungswert festzustellen[38]. Dadurch verliert die Buchhaltung im Rahmen der organischen Bilanz das, was sie sonst auszeichnet, nämlich ihren hohen Grad an Sicherheit. Außerdem würden dann an den Buchhalter so hohe Anforderungen bei der Ermittlung der Wiederbeschaffungswerte gestellt, daß die organische Bilanztheorie schon allein deswegen praktisch nicht anwendbar ist. Die Ermittlung des Wiederbeschaffungswertes zum Vorratsvermögen mag noch halbwegs gelingen. Völlig unmöglich aber dürfte es sein, für die jeweils umgesetzten Wirtschaftsgüter die Abschreibungsquoten des Anlagevermögens auf der Basis der Wiederbeschaffungswerte am Umsatztage zu errechnen. Darauf hat *Hax* mit überzeugenden Argumenten hingewiesen: „Das eigentliche Problem der Substanzrechnung erwächst aber nicht aus der Notwendigkeit, Wiederbeschaffungspreise zu verwenden, sondern wird dadurch bedingt, daß vielfach die verbrauchten Produktivgüter nicht mehr in der gleichen Form wieder-

[38] „Es lassen sich nun einmal praktisch die Aufwendungen, insbesondere in der Fabrikation, nicht nachträglich nochmals auf den Umsatztag errechnen Die Kosten eines solchen Rechnungsapparates wären für den Betrieb untragbar" (*Walb*, Ernst: Die Erfolgsrechnung privater und öffentlicher Betriebe, S. 409). — In Anlehnung an die bereits zitierten Gedanken M. R. *Lehmanns*, die dynamische Bilanz eigne sich mehr für Industrie-Betriebe, weil dort die Betriebsvorgänge rhythmischen und kontinuierlichen Charakter haben, dagegen nicht so sehr für Handelsunternehmen mit zwar rhythmischen, aber diskontinuierlichen Geschäftsvorfällen (M. R. *Lehmann:* Die Quintessenz der Bilanztheorie, in: Zeitschrift für Betriebswirtschaft 1955, S. 541), könnte man die Auffassung vertreten, daß die organische Tageswertbilanz von F. *Schmidt* mehr auf Handels- und weniger auf Industrie-Unternehmen ausgerichtet ist. Dafür spricht (neben zu offensichtlichen Gründen, als daß sie einer weiteren Erörterung bedürfen), die Tatsache der einfacheren Substanzrechnung in Handelsbetrieben.

beschafft werden[39]. ... Stärker noch als bei den Werkstoffen wirkt sich der technische Fortschritt bei der Neubeschaffung von Betriebsmitteln aus. Das liegt in der unterschiedlichen Umschlagsgeschwindigkeit begründet. Bei Werkstoffen erfolgt die Wiederbeschaffung in der Regel mehrmals im Jahre, bei Betriebsmitteln dagegen erst nach einem Zeitraum von mehreren Jahren. In dieser Zeit sind fast immer gewisse Verbesserungen an dem Betriebsmittel vorgenommen worden[40]." — *Hax* nennt noch eine Reihe weiterer Momente, die das Rechnen mit Wiederbeschaffungspreisen so außerordentlich schwierig gestalten, in diesem Zusammenhang aber nicht interessieren.

Hax hat es dabei völlig dahingestellt sein lassen, ob die Substanzrechnung im Sinne F. *Schmidts* anhand der umgesetzten Wirtschaftsgüter stattfindet oder aufgrund des Bilanzvermögens. Es liegt aber auf der Hand, daß die Schwierigkeiten der Substanzrechnung erheblich geringer sind, wenn sie nur einmal im Jahr und nicht zu jedem Umsatz, den das Unternehmen tätigt, erfolgt. F. *Schmidt* mußte aber den schwierigeren Weg einschlagen, weil sich dieser, wie es die Ausführungen des vorhergehenden Abschnittes zeigten, zwangsläufig aus dem ureigenen Zweck der organischen Bilanzauffassung ableitet. *Schmidt* war wohl zu sehr Theoretiker, um hier ähnlich wie *Schmalenbach* Zugeständnisse an die Praxis billigen zu können.

Die Praktikabilität der organischen Erfolgsrechnung leidet aber nicht nur darunter, daß sie „auf den Umsatzkonten ... jeden einzelnen Umsatz verfolgen" muß (F. *Schmidt*)[41], sondern daß zusätzlich die sog. „Wertgleichheit in der Bilanz" gefordert wird. — Im vorherigen Abschnitt wurde die Vernachlässigung der Nominalwertrechnung durch F. *Schmidt* damit zu begründen versucht, daß ihr in den Zeiten einer „galoppierenden" Inflation kaum noch Bedeutung zukommt und daß es F. *Schmidt* unter solchen Umständen in erster Linie darum ging, mit Hilfe der organischen Tageswertbilanz unter Außerachtlassung der Vergangenheit und der Zukunft sozusagen eine tägliche Neuorientierung der Unternehmung zu ermöglichen. Gänzlich konnte er jedoch nicht an der Tatsache vorbeikommen, daß bei fremdfinanzierten Unternehmungen sinkende Wiederbeschaffungspreise die Gefahr einer Überschuldung und damit die Gefahr des Konkurses zur Folge haben. Um diesem Einwand zu begegnen, empfiehlt F. *Schmidt* eine Verstärkung der Eigenfinanzierung bei sinkendem Preisniveau und eine Verstärkung der Fremdfinanzierung bei steigendem Preisniveau. „Bei Steigerung des Preisniveaus ergibt sich Wertzuwachs, der als neues Eigenkapital zu betrachten ist, bei Senkung des Preis-

---

[39] *Hax:* Die Substanzerhaltung der Betriebe, S. 43.

[40] *Hax:* a.a.O., S. 46.

[41] *Schmidt,* F.: Die organische Tageswertbilanz, S. 77.

niveaus tritt Vermögensverlust ein, der Überschuldung bedeutet. Dieser letztere Fall kennzeichnet die Gefahr, welche aus der Verwendung von Fremdkapital zum Erwerb von Realgütern herauswächst. Eine Senkung des Preisniveaus läßt die Schuld in alter Höhe bestehen, mindert aber die Gegenposten der Aktivseite, so daß Überschuldung und Zusammenbruch unvermeidlich sind. Andererseits erzielt man bei Wertsteigerung des Preisniveaus den vollen Zuwachs als neues Eigenkapital. Demnach wird der Unternehmer danach streben, bei steigendem Preisniveau mit möglichst viel Fremdkapital zu arbeiten, bei sinkendem dagegen mit möglichst geringem[42]."

F. *Schmidt* sah aber auch ein, daß es schlecht möglich ist, langfristig genug vorauszusehen, ob das Preisniveau steigt oder sinkt, um danach Dispositionen zur Relation zwischen Eigenkapital und Fremdkapital treffen zu können. Daher schlägt er vor, „alle Realgüter der Aktivseite aus Eigenkapital, alle Geldforderungen und Geldbestände der Aktivseite aber durch Aufnahme von Geldschulden zu beschaffen"[43]. Aber auch dieser Weg ist fraglich, da die Relation zwischen den Realgütern einerseits und den Geldforderungen sowie Geldbeständen andererseits nicht konstant ist. Außerdem steht es nicht im freien Ermessen des Unternehmers, seine Finanzdispositionen nach diesem Vorschlag F. *Schmidts* auszurichten, d. h. seine Finanzdispositionen sind nicht nur seine (eigenen) Willensentscheidungen, sondern auch davon abhängig, ob der Kapitalmarkt seinen Vorstellungen folgen kann oder will[44, 45]. Insgesamt kann man sich kaum des Eindrucks erwehren, daß F. *Schmidt* mit seiner Forderung der „Wertgleichheit in der Bilanz" lediglich einen Kunstgriff versuchte, um die Geschlossenheit der Theorie zur organischen Tageswertbilanz zu wahren. Überzeugend ist das keineswegs. Die Praktikabilität der organischen Bilanz wurde dadurch zusätzlich infrage gestellt.

---

42 *Schmidt,* F.: a.a.O., S. 132/133.

43 *Schmidt,* F.: a.a.O., S. 133.

44 *Hauck* macht außerdem darauf aufmerksam, daß „die strenge Forderung nach der Wertgleichheit ... dann illusorisch (wird), wenn alle Unternehmungen so rechnen. Denn dann wird sich der Geber der Kredite oder des Fremdkapitals ein Risiko aus seiner nominalen Bindung nicht mehr gefallen lassen" (*Hauck:* Bilanztheorien, S. 109/110). Vor allem wird der Kapitalmarkt nicht in der Lage sein, sich diesem schwankenden Kapitalbedarf anzupassen, da bei einer allgemeinen Geldwertminderung kein Ausgleich zwischen Kapitalbedarf und Kapitalüberschuß stattfindet, sondern ein stark überwiegender Kapitalbedarf zu erwarten ist.

45 *Walb* bemerkt hierzu: „Es ist weder möglich, Geldposten überhaupt zu vermeiden, noch sie in beiden Seiten gleichzuhalten. Außerdem will der Betrieb das letztere auch oft gar nicht, wenn es seinen Zwecken nicht entspricht. Dem Betrieb aber vorzuschreiben, er solle etwas, was er wollen darf, nicht wollen, weil sonst das Rechnungswesen nicht klappe, bedeutet ein unmögliches, utopisches Verlangen" (*Walb,* Ernst: Die Erfolgsrechnung privater und öffentlicher Betriebe, S. 335).

C. Umgestaltung des Bilanzrechts durch die polare Bilanz

Die bisherigen Untersuchungen führten zu dem Ergebnis, daß weder die bestehenden gesetzlichen Bilanzierungsvorschriften noch die verschiedenen maßgeblichen Bilanztheorien den Anforderungen der heutigen wirtschaftlichen Verhältnisse genügen. Überall zeigten sich Grenzen. Soweit es die gesetzlichen Bilanzierungsvorschriften betrifft, wurden sie von der wirtschaftlichen Entwicklung in irgendeiner Form durchbrochen (Legung stiller Reserven gegen Substanzauszehrung, § 6 b EStG usw.). Die maßgeblichen Bilanztheorien, die entweder eine ausschließlich nominelle oder eine ausschließlich substantielle Kapitalrechnung zum Inhalt haben, erwiesen sich dagegen als zu einseitig orientiert. *Hax* hat diese Situation, wie bereits zitiert, eindringlich herausgestellt, daß nämlich, wenn „die bestehende Wirtschafts- und Finanzordnung versagt, ... durch einen Umbau dieser Ordnung die Voraussetzungen für ein erfolgreiches Arbeiten in den Betrieben neu zu schaffen sind“[1]. Wie *Hax* außerdem im Vorwort seines Werkes vermerkt, haben seine Untersuchungen zur „Substanzerhaltung der Betriebe“ den Zweck, „die Grundlage für eine zielbewußte und klare Umgestaltung der Grundsätze des betrieblichen Rechnungswesens und der entsprechenden gesetzlichen Vorschriften (zu schaffen), eine Umgestaltung, die nicht durch Sonderinteressen einzelner Wirtschaftsgruppen bestimmt wird, sondern durch die allgemeinen Interessen der Gesamtwirtschaft“. — Die von *Hax* erhobene Forderung auf Änderung der handelsrechtlichen und steuerrechtlichen Bilanzierungsvorschriften hat um so mehr Gewicht, als „die heute geltenden Grundsätze der Unternehmungsrechnung, die im wesentlichen auch bei der Ermittlung des steuerpflichtigen Gewinns angewandt werden, ... ihre endgültige Gestalt in der zweiten Hälfte des 19. Jahrhunderts (fanden), d. h. in einer Zeit, in der das allgemeine Preisniveau relativ stabil war“[2, 3]. — Wenn man bedenkt, wie völlig verschieden die Struktur der heutigen

---

[1] *Hax:* Die Substanzerhaltung der Betriebe, S. 5.

[2] *Hax:* a.a.O., S. 10.

[3] *Walb* bemerkt hierzu, daß „in der Zeit bis zu den großen, im Gefolge des (ersten!) Weltkriegs aufgetretenen Geldwertschwankungen ... die Frage der Kapitalerhaltung ... überhaupt kein Problem (war). Es galt als ganz selbstverständlich, daß ein Betrieb nur dann von Gewinn reden könne, wenn das investierte Kapital in gleicher Geldziffer erhalten worden sei“ (*Walb:* Ernst: Die Erfolgsrechnung privater und öffentlicher Betriebe, S. 328).

modernen Industriewirtschaft von derjenigen vor 100 Jahren ist, so überrascht es geradezu, daß sich in den Bilanzierungsvorschriften so wenig geändert hat. Auch das Aktiengesetz 1965 bewegt sich grundsätzlich noch in den Gleisen der 2. Hälfte des 19. Jahrhunderts[4].

Die heute noch bestehenden Bilanzierungsvorschriften sind nicht nur veraltet und durch die Entwicklung der wirtschaftlichen Verhältnisse als überholt anzusehen. Sie sind außerdem aufgrund der Nominalwertrechnung eine ernst zu nehmende Gefahr für die Existenz der Unternehmungen geworden. Den Nachweis dazu brachten die Ausführungen über die Umwandlung der Handelsbilanz in eine Erfolgsbilanz sowie über die Steuerbilanz. Die steuerliche Rechtsprechung und Verwaltungspraxis haben sogar eine Krise der bestehenden Bilanzierungsvorschriften heraufbeschworen, und zwar durch eine Überspannung der Grundsätze der dynamischen Bilanzauffassung.

Die aus den veralteten Bilanzierungsvorschriften drohenden Gefahren treffen aber nicht nur das einzelne Unternehmen. Vielmehr sind sie auch zu einem volkswirtschaftlichen und steuerpolitischen Problem ersten Ranges geworden. Das zeigen die Bemühungen des Steuergesetzgebers, den schlimmsten Auswirkungen unserer überholten Bilanzierungsvorschriften zu begegnen. Die bereits zitierte Gesetzesbegründung zu § 6 b EStG ist zwar vornehmlich wirtschaftspolitisch ausgerichtet. *Thiel* weist aber mit Bezug auf § 6 b EStG überzeugend nach, daß sich hier die Nominalwertrechnung selbst für den Fiskus ungünstig auswirkt: „Die (heutige) Rechtslage hat dazu geführt, daß die Wirtschaftsgüter des Anlagevermögens, die seit der Währungsreform in besonderem Maße im Wert gestiegen sind und seither nicht den Besitzer gewechselt haben, heute mit einer steuerlichen Hypothek belastet sind, die diese Wirtschaftsgüter weitgehend dem Verkehr entzieht. ... Das Angebot auf dem ohnehin knapp beschickten Grundstücksmarkt[5] wird auf diese Weise noch mehr verknappt ... .Alles das vollzieht sich aufgrund einer prohibitiven steuerlichen Regelung, aus der der Fiskus — eben wegen des prohibitiven Charakters dieser Regelung — nennenswerte Einnahmen nicht erzielt. ... Eine prohibitive Besteuerung des Vermögenszuwachses ist fiskalisch gesehen unergiebig, sie schadet nicht nur den Steuerpflichtigen, sondern zugleich der Allgemeinheit[6]." — Letztlich hat der Fiskus darauf zu achten, und das nicht nur im eigenen Interesse, sondern im Interesse der Allgemeinheit, daß die Besteuerung nicht zum Versiegen der Steuerquellen führt. Die Gefahr, die aus der Besteuerung gewerblicher Einkünfte nach veralteten Vorschriften droht, ist unter-

---

[4] Vgl. die Ausführungen über die Umwandlung der Handelsbilanz in eine Erfolgsbilanz.

[5] *Thiel:* Übertragung stiller Reserven, S. 24.

[6] *Thiel:* a.a.O., S. 25.

dessen so angewachsen, daß § 6 b EStG und ähnliche andere Maßnahmen lediglich als schlecht funktionierende Überdruckventile zu verstehen sind, die auf die Dauer ihren Zweck nicht erfüllen. — In diesem Zusammenhang sei kurz das heute so aktuelle Problem der Steuerflucht in Steueroasen gestreift. Wie *Hollatz* in einer Untersuchung hierzu[7] mit Recht betont, läßt sich dieses Problem langfristig nur dann lösen, wenn die „Steuerwüsten kultiviert und bewässert werden" und kein Anlaß mehr besteht, den Steuerwüsten zu entfliehen[8]. Die unmodern gewordenen handelsrechtlichen und steuerrechtlichen Bilanzierungsvorschriften sind aber in zunehmendem Maße geeignet, Steuerwüsten zu schaffen. Das Aktiengesetz 1965 trägt ebenfalls dazu bei.

Was heute nottut, ist eine Bilanztheorie, die zugleich die nominelle wie auch die substantielle Kapitalerhaltung der Unternehmungen sichert[9]. Dieser Zweck ist der polaren Bilanztheorie gesetzt. Sie will aber noch mehr als das. Die substantielle und nominelle Kapitalerhaltung ist jedoch ihr Hauptzweck.

Schnettler[10] ist allerdings ähnlich wie *Kosiol* der Auffassung, daß es bei der bisherigen Nominalwertrechnung bleiben sollte, da die Substanzrechnung in einer Nebenrechnung durchgeführt werden kann. „Eine Verbindung (der nominellen und substantiellen Kapitalrechnung sei für die Wirtschaft) nicht relevant[11]." — Diese Ansicht versucht *Kosiol*

---

[7] *Hollatz:* Auslandsbeziehungen in steuerlicher Sicht, in: Die Aktiengesellschaft 1965, S. 29.

[8] *Hollatz:* a.a.O., S. 46.

[9] Nach *Hax* (Die Substanzerhaltung der Betriebe, in: Der Betrieb 1956, S. 357) sowie nach *Tomfohrde* (Die dynamische Bilanzauffassung und das Bilanzsteuerrecht, S. 32) hätte *Walb* erstmalig auf die Notwendigkeit einer kombinierten nominellen und substantiellen Kapitalrechnung hingewiesen. *Walb* (Die Erfolgsrechnung privater und öffentlicher Betriebe. Eine Grundlegung; S. 336) schreibt jedoch *Geldmacher* das Verdienst zu, „in Zeitungsartikeln als erster Betriebswirtschaftler auf das Versagen der überlieferten (Nominalwert-) Rechnung bei der Geldentwertung hingewiesen zu haben (Industrie- und Handelszeitung 1920)".

[10] *Schnettler,* Albert: Ziele und Grenzen der betrieblichen Werterhaltung, in: ZfhF, S. 527.

[11] Dem widersprechen die von *Christoph* (Eiserner Bestand und Preisdifferenzrücklage in der betriebswirtschaftlichen Praxis, in: Der Betrieb 1956, S. 26) genannten Zahlen eines praktischen Falles: „Bei einem Unternehmen der NE-Metallhalbzeugindustrie wurde nach den Berechnungen des amtlichen Betriebsprüfers der Wert der Vorräte am 31. 12. 1950 gegenüber dem 31. 12. 1951 gemäß § 6 EStG (?) durch Metallpreissteigerung auf das 3 1/2fache festgestellt. Die Wertsteigerungsdifferenz macht etwa den doppelten Wert des gesamten Anlagevermögens und den 1 1/2fachen Wert des Eigenkapitals aus. In Zahlen ausgedrückt: Bei einem Kapital von 10 Mio. und Anlagewerten von 6,5 Mio. stieg der Wert der Vorräte von 4,8 Mio. auf 18,2 Mio. DM. Kein Betriebswirt wird in diesem Fall auf die Idee kommen, die Wertdifferenz als Gewinn auszuweisen. Das würde im vorliegenden Falle den Bankrott des Unternehmens schon aus den Steuerschulden bedeuten, denn die Vorräte könnten ja nicht veräußert werden, wenn der Betrieb fortgeführt werden sollte" (weil dann entsprechende Scheingewinne realisiert würden).

näher zu begründen. Die von ihm entwickelte pagatorische Bilanztheorie sieht eine strenge Anwendung der Nominalwertrechnung vor[12]. Im Ergebnis stimmt sie mit der dynamischen Bilanz überein, auch wenn *Kosiol* das Wesen der Bilanz im Schema der Vor- und Nachleistungen anders zu deuten versucht als *Schmalenbach*. *Kosiol* verneint allerdings durchaus nicht die Notwendigkeit einer Substanzrechnung bei sinkendem Geldwert. Das aber könne nur Gegenstand einer Nebenrechnung sein, z. B. der Betriebsbuchhaltung[13, 14]. *Kosiol* sieht somit die nominelle und substantielle Kapitalrechnung als isolierte Probleme, zumindest soweit es die Bilanz betrifft[15]. Sie stehen nach seiner Auffassung nicht in einem polaren (wechselseitigen) Spannungsverhältnis, das des Ausgleiches bedarf. Damit geht aber *Kosiol* an der eigentlichen Problematik vorbei. Das ergibt sich schon allein aus der Verschiedenartigkeit des Gewinnbegriffes beider Rechnungen und der sich daraus ableitenden unterschiedlichen Konsequenzen. Dadurch geht die einheitliche Grundlage unternehmerischer Entscheidung verloren. Die aufgrund des Bilanzergebnisses zu treffenden Dispositionen stehen dann in Widerspruch zu denen aufgrund der kalkulatorischen Betriebsbuchhaltung. *Hauck* hat das in seinen Untersuchungen über die Bilanztheorien überzeugend nachgewiesen. Anhand von Zahlenbeispielen stellt er die Gewinnkurven bei nomineller und substantieller Kapitalrechnung gegenüber und bemerkt dazu, „daß je nach dem angewandten Bewertungssystem zwei völlig anders verlaufende Gewinnkurven entstehen und damit auch zwei völlig andere Diagnosen über den Rentabilitäts-

---

12 „Der Anschaffungswert begleitet die Realgüter bis zu ihrem Ausscheiden aus dem Betriebe. ... Es gibt in der pagatorischen Erfolgsrechnung überhaupt keine Wertänderungen ... . Die sogenannte Anschaffungswertbilanz erscheint (dadurch) als pagatorische Bilanz, (daß sie) konstruktiv aus den betrieblichen Zahlungsvorgängen abgeleitet wird" (*Kosiol:* Pagatorische Bilanz (Erfolgsrechnung), in: Lexikon des kaufmännischen Rechnungswesens, Sp. 2107/8).

13 „Es wird ... abgelehnt, der realen Kapitalerhaltung unmittelbar durch die pagatorische Erfolgsrechnung, d. h. durch entsprechende Aufwandsbewertung zu dienen, weil dann die Nominalrechnung als solche aufgegeben würde. Für die Ermittlung des substantiellen Realgewinnes kommt vielmehr die kalkulatorische Erfolgsrechnung der Betriebsbuchhaltung in Frage, in der für diesen Zweck Tageswerte verwendet werden können" (*Kosiol:* a.a.O., Sp. 2112).

14 *Kosiol* vertritt damit eine ähnliche Auffassung wie *Walb* zu einem wesentlich früheren Zeitpunkt: „Der buchhalterische Erfolgsbegriff basiert auf dem Grundsatz der Kapitalerhaltung. Dieser bedingt Verrechnung alles Aufwandes im Prinzip zum Anschaffungspreis ... Die Kalkulation dagegen basiert grundsätzlich auf den Tageswerten" (*Walb,* Ernst: Die Erfolgsrechnung privater und öffentlicher Betriebe, S. 427). Vgl. auch *Walb:* Finanzwirtschaftliche Bilanz, S. 101.

15 „Ihrem strukturellen Wesen nach ... (können) die pagatorische und kalkulatorische Rechnung ... nicht zu einer Einheitsrechnung vereinigt werden, da sie auf abweichenden Kapital- und Erfolgsbegriffen beruhen" (*Kosiol:* Bilanzreform und Einheitsbilanz, S. 186).

verlauf ein und desselben Unternehmens. Konsequenterweise ergeben sich daraus auch zwei völlig verschiedene Prognosen über die zukünftige Ertragsgestaltung und damit auch wieder ein anderes Urteil über den Ertragswert des Unternehmens"[16]. — *Kosiol* meint allerdings, daß die substantielle Kapitalerhaltung auch in der pagatorischen Bilanz gesichert werden kann, wenn in entsprechender Höhe Rücklagen gebildet werden, die nicht ausgeschüttet werden dürfen. Die Frage der substantiellen Kapitalerhaltung ist somit für ihn „nicht eine Frage der Gewinnermittlung, sondern der Gewinnverwendung"[17, 18]. *Kosiol* übersieht aber, daß im Hinblick auf die Ertragsbesteuerung die substantielle Kapitalerhaltung ebenfalls eine Frage der Gewinnermittlung ist. Das bestätigt seine Einlassung, der Staat solle auf die Besteuerung offener Rücklagen zur Substanzerhaltung verzichten, zumal es sich hierbei nur um eine „periodische Verlagerung der Besteuerung" handele[19] (was allerdings voraussetzt, daß die Wiederbeschaffungswerte wieder auf den Anschaffungswert sinken). — Das gleiche gilt hinsichtlich der von *Gnam* vertretenen Auffassung, Scheingewinne seien von der Gewinnverteilung auszuschließen. Konsequenterweise sollte dann auch ihre steuerliche Erfassung verhindert werden, was nichts anderes bedeutet, als die Nominalwertrechnung zugunsten der Substanzrechnung einzuschränken[20]. Es ist deswegen den Ausführungen *Bankmanns* zuzustimmen,

---

16 *Hauck:* Bilanztheorien, S. 69. Besonders auffallend sind die aus der nominellen und substantiellen Kapitalrechnung resultierenden unterschiedlichen Ertragswerte. Bei Anwendung der Nominalwertrechnung ergab sich nach den Zahlen von *Hauck* ein Ertragswert von 75.320 Mk. und bei der substantiellen Kapitalrechnung (Tageswertbilanzierung) ein Ertragswert von 20.600 Mk.: „Wie man sieht, sind die Unterschiede ganz bedeutend; wir glauben, daß man sie im allgemeinen nicht in so starkem Maße erwartet" (*Hauck:* Bilanztheorien, S. 70).

17 *Kosiol:* Pagatorische Bilanz (Erfolgsrechnung), in: Lexikon des kaufmännischen Rechnungswesens, Sp. 2113.

18 Dem entspricht auch das Aktiengesetz 1965: „Der Gesetzgeber hat die Bilanz als Geldkapitalrechnung — im Gegensatz zur Substanzrechnung — bestätigt. Das hat zur Folge, daß auch sogenannte Scheingewinne, die auf Grund von Preissteigerungen eintreten, handelsrechtlich echte Gewinne sind und daß die Substanzerhaltung nicht mit Mitteln der Bewertung, sondern mit Hilfe von freien Rücklagen gesichert werden darf" (*Döllerer,* Georg: Rechnungslegung nach dem neuen Aktiengesetz und ihre Auswirkungen auf das Steuerrecht, in: Betriebs-Berater 1965, S. 1414).

19 *Kosiol:* Pagatorische Bilanz (Erfolgsrechnung), in: Lexikon des kaufmännischen Rechnungswesens, Sp. 2113.

20 *Gnam,* Arnulf: Scheingewinne, Scheinverluste — eine Interessenkollision zwischen Volkswirtschaft und Betriebswirtschaft? In: Neue Betriebswirtschaft 1952, S. 41. *Gnam* gesteht das allerdings nicht ein, sondern versucht, weiterhin uneingeschränkt an der Nominalwertrechnung und an der Besteuerung von Nominalgewinnen festzuhalten, wozu er verschiedene, aber nicht überzeugende Gründe anführt, die später noch zur Diskussion stehen. *Gnam* behauptet dann zwar einerseits, „die Nominalwertbesteuerung (ist) volkswirtschaftlich die günstigste Besteuerungsart", befürwortet aber andererseits „eine steuerliche Erleichterung ... in der Form niedrigerer Steuersätze" (*Gnam:* a.a.O., S. 42).

„daß selbst bei richtiger Kalkulation und bei kostenrechnerisch richtiger Bemessung der Abschreibungsraten auf der Basis der Wiederbeschaffungskosten eine volle Substanzerhaltung eben aufgrund der Ertragsbesteuerung derartiger Abschreibungsteile unmöglich ist“[21]. — In ähnlicher Richtung wie die hier vorgetragenen Bedenken gegen die Auffassungen von *Schnettler, Kosiol* und *Gnam* bemerkt *Saage:* „Es erweist sich so, daß die Probleme der Erhaltung von Substanz, Kapital und Leistungsvermögen nicht zu trennen sind von den Fragen der Gewinnermittlung und Gewinnverwendung. Die Lösung dieser Problematik kann aber nicht auf dem Umweg begrifflicher Deutung, sondern nur unmittelbar durch praktische Bilanzgestaltung, insbesondere durch Bildung von ‚Rücklagen zur Substanzerhaltung‘ bzw. ‚Rückstellungen für leistungsäquivalente und entwicklungsadäquate Kapitalerhaltung‘ erreicht werden, wenn hiermit der Wille zur gewissenhaften und getreuen Rechenschaftslegung verbunden wird“[22, 23].

I. Der Begriff Polare Bilanz

Das Ziel der hier darzulegenden Bilanztheorie ist neben der bereits erwähnten Sicherung der substantiellen und nominellen Kapitalerhaltung der volle Ausweis des Erfolges (wie er sich unter Berücksichtigung des zuvor erwähnten Hauptzweckes vertreten läßt) sowie die Überwindung der Antinomie zwischen Handelsbilanz, steuerlicher Einkommensbilanz und der steuerlichen Vermögensaufstellung. Schließlich soll diese Bilanztheorie auch mit einer größeren Aussagekraft über die Vermögenslage der Unternehmungen verbunden sein. All diese recht verschiedenartigen und nach bisheriger Auffassung überwiegend heterogenen Bilanzzwecke stehen in einem solchen Spannungsverhältnis, daß auch heute noch die Auffassung überwiegt, sie seien nicht miteinander

---

[21] *Bankmann,* J.: Abschreibungen auf das Anlagevermögen und die Besteuerung von Scheingewinnen, in: Der Betrieb 1962, S. 73.

[22] *Saage,* Gustav: Die Erhaltung des betrieblichen Leistungsvermögens, in: Der Betrieb 1960, S. 66.

[23] Angesichts seiner zuvor zitierten Ausführungen überrascht es, wenn *Kosiol* meint, „die Auseinandersetzung zwischen Nominalismus und Realismus, die im Bereich der Betriebswirtschaftslehre innerhalb der Theorie der Erfolgsrechnung noch keine endgültige Klärung gefunden hat, dürfte sich als Scheinantithese erweisen. Die Lösung liegt nicht im Entweder-oder, sondern im Sowohl-als-auch. Auf keine der beiden Ermittlungsarten kann vom gemeinwirtschaftlichen Standpunkt aus verzichtet werden. Die moderne Wirtschaftsorganisation, die auf den beiden Diametralumläufen der Substanz- und Geldwerte aufgebaut ist, kann der *Polarität* zwischen realer und nominaler Betrachtungsweise der Erscheinungen nicht mehr entraten“ *(Kosiol:* Bilanzreform und Einheitsbilanz, 2. Aufl., S. 187). — Wenige Sätze später lehnt jedoch *Kosiol* nochmals „eine beide (Gewinnbegriffe, d. h. den nominellen und substantiellen Gewinnbegriff) umfassende Einheitsbilanz“ ab *(Kosiol:* a.a.O., S. 188).

vereinbar[1]. Die hier zu entwickelnde Bilanztheorie versucht, das Kräftespiel der zuvor erwähnten Bilanzzwecke „auszubalancieren". Sie trägt insofern zu Recht den Namen „polare" Bilanztheorie.

Von den verschiedenen Deutungsmöglichkeiten des Begriffes „polar" scheint jene am besten geeignet zu sein, die in den Naturwissenschaften für die Erklärung der magnetischen Kräfte angewandt wird. Mit den Magnetpolen sind die verschiedenen Bilanzzwecke und die von ihnen ausgestrahlten Kraftfelder vergleichbar. Wie allerdings jeder Vergleich hinkt, so ergeben sich auch hier insofern Schwierigkeiten, als es sich nicht allein um zwei, sondern um mehr Bilanzzwecke handelt, die das Kräftespiel beeinflussen. Dennoch dürfte der Begriff „Polare Bilanz" mit ausreichender Deutlichkeit zum Ausdruck bringen, worum es hier geht, zumal es, um bei der hier gewählten Analogie zu bleiben, durchaus vorstellbar ist, daß sich verschiedene magnetische Kraftfelder überlagern. — Bedenken könnten gegen den Begriff „polar" auch in der Richtung bestehen, als das Wort Bilanz (etwas Zweiseitiges) bereits den Begriff „polar" weitgehend (immerhin nicht restlos) deckt, besonders dann, wenn man die Bilanz mit zwei Waagschalen vergleicht, die ebenfalls ein Kräftespiel im polaren Sinne darstellen.

Auch *Thoms* sieht das Wesen der Bilanz in ihrer Polarität, allerdings in einem ganz anderen als dem hier gemeinten Sinne. „Auch hier (in der Bilanz) .. entdecken wir das große Lebensgesetz, die Polarität. ‚Das Leben ist die polare Ureinheit alles Werdens, Seins und Vergehens in zeitlosem Geschehen ...'[2]. ‚Polarität', erklärt Goethe, ‚ist die ewige Formel des Lebens'[3] ... ‚Auch im Leben der Menschen, in der ganzen Menschheitsgeschichte ist also das Polaritätsprinzip nachweisbar. Bestärkt wird diese Auffassung durch den Nachweis des Basler Philosophen *Joel* über eine rhythmische Grundentwicklung auf geistigem Gebiet des Abendlandes in polaren Entgegensetzungen'[4]. Auf die feinsinnige und geistreiche Schrift von Wilhelm *Vershofen* über Dialektik und Polarität will ich abschließend noch verweisen, die mit folgenden fruchtbaren Gedanken schließt: ‚Wie, wenn der geschichtliche und damit auch der sozialgeschichtliche Prozeß sich nicht dialektisch vollzieht, sondern

---

[1] Vgl. nochmals *Tohmforde*, Klaus: Die dynamische Bilanzauffassung und das Bilanzsteuerrecht, S. 33: „Nun ist allerdings sicher, daß man beide Ziele in *einer* Rechnung, einer Einheitsrechnung, nicht erreichen kann. Man braucht vielmehr zwei verschiedene Rechnungen, die sich in ihrer Struktur unterscheiden: Die Nominalrechnung — so vor allem die dynamische oder pagatorische Bilanz — und die reale, als welche die kalkulatorische Erfolgsrechnung ausgestattet ist."

[2] Zitiert nach *Vitalis*, J. H.: Uralte chinesische Weisheit als moderne Weltanschauung, Bern 1944, S. 101.

[3] Zitiert nach *Brecht*, Franz Josef: Vom menschlichen Denken, Beiträge zur Grundlegung einer philosophischen Anthropologie, Heidelberg o. J., Seite 224.

[4] Zitiert nach *Vitalis:* a.a.O., S. 106.

ein Geschehen echter Polaritäten darstellt; wenn bei ihm von keinem Umschlag, sondern nur von einem ständigen korrelativ-kausalen Ringen zwischen zwei Polen ... die Rede sein muß?'[5]. Die Polarität ist das Gesetz, das alles Leben beherrscht und damit bestimmt. Alles Bestreben, dieses Gesetz in der Ökonomie aufzuheben, macht die Wirtschaft unnatürlich[6]." — Der zuletzt zitierte Satz liegt ganz im Sinne der polaren Bilanzauffassung. Es kommt darauf an, der Vielschichtigkeit des Phänomens Bilanz gerecht zu werden und die Einseitigkeiten zu vermeiden, die mit den bisher bekanntgewordenen Bilanztheorien verbunden sind. Die Bilanz hat ebenso wie „die Ökonomie ... eine vielschichtige Wurzel und vielfältige Ausstrahlungen"[7]. — Der Begriff „polar" wird im Zusammenhang mit Bilanzen auch von *Thoms* verwendet, allerdings nicht generell. So spricht er von einer „polaren Kapitalbewegungsbilanz"[8] sowie von einer „polaren Vermögensbewegungsbilanz"[9]. Abgesehen davon bestehen aber keine Berührungspunkte zu der von *Thoms* entwickelten Bilanztechnik. Deswegen erübrigt es sich auch, darauf näher einzugehen, obwohl die von ihm dargelegten Gedanken durchaus Interesse verdienen[10].

Wenn für die hier zu entwickelnde Bilanztheorie trotz der erwähnten Bedenken der Begriff „polare Bilanz" gewählt wurde, so hat das schließlich seinen Grund auch darin, daß besser geeignete Begriffe mehrdeutig und deshalb abzulehnen sind. Schließlich ist zu bedenken, daß es weniger auf die treffende Begriffsfindung ankommt — so wichtig diese auch sein mag — als auf das, was hinter diesem Begriff als Theorie steht[11].

II. Der Gewinnbegriff der polaren Bilanz

Die Definition des Gewinnbegriffs der polaren Bilanz zeichnete sich bereits in den vorhergehenden Abschnitten ab. Es gilt, die Schwierigkeiten zu vermeiden, die bei den jeweils einseitigen Zielsetzungen der

---

5 *Vershofen,* Wilhelm: Dialektik und Polarität. Beiträge zur Sinnforschung. Die weißen Hefte, Heft 1, Wiesbaden 1951, S. 30.

6 *Thoms,* Walter: Reform der Wirtschaftsrechnung, Herne—Berlin, April 1957, Seite 6.

7 *Thoms,* Walter: Reform der Wirtschaftsrechnung, S. 7.

8 *Thoms,* Walter: Das Buchen und Bilanzieren der funktionalen Kontorechnung, Herne—Berlin 1955, S. 72.

9 *Thoms,* Walter: a.a.O., S. 75.

10 Vgl. auch von *Kortzfleisch,* Gert: Zur funktionalen Kontorechnung, Rezension, in: Die Wirtschaftsprüfung 1963, Heft 21.

11 Die dargelegten Schwächen des Begriffes „polare" Bilanz erscheinen vielleicht dann in einem milderen Lichte, wenn man sich der Auffassung von *Hauck* anschließt, daß „die vielen aufgekommenen Bezeichnungen für die Bilanzauffassungen mindestens recht unglücklich und völlig unzureichend (sind). Alle diese Namen wie ‚statische', ‚dynamische', ‚eudynamische' und auch ‚organische' ‚Bilanz' sind sehr irreleitend" *(Hauck:* Bilanztheorien, S. 51).

maßgeblichen Bilanztheorien zwangsläufig entstehen müssen. — Auch in der polaren Bilanz ist der Gewinnbegriff davon abhängig, welcher oder welche Zwecke der Bilanz beigelegt werden. Einer dieser Zwecke fordert, daß die polare Bilanz den vollen Erfolg ausweist, so wie es in der organischen, der dynamischen und der Steuerbilanz der Fall ist. Die organische Bilanz wertet allerdings nur das substantielle Mehr als Erfolg. Dagegen ist der Erfolg der dynamischen Bilanz das Resultat einer Nominalwertrechnung, wobei die periodengerechte Abgrenzung der Aufwendungen und Erträge aus der Blickrichtung der Gewinn- und Verlustrechnung im Vordergrund steht; daneben finden sich Zugeständnisse an die geltenden handelsrechtlichen Vorschriften (Vorsichts- oder Imparitätsprinzip), um mit diesen nicht in Konflikt zu geraten. Soweit es die Steuerbilanz betrifft, ist deutlich die Tendenz erkennbar, den Gewinnbegriff der dynamischen Bilanz noch konsequenter anzuwenden als es *Schmalenbach* fordert, d. h. die zuvor erwähnten Zugeständnisse an die handelsrechtlichen Vorschriften teilweise oder gänzlich fallen zu lassen, mit der Folge, daß der steuerliche Gewinnbegriff, eingebettet in eine Nominalwertrechnung, das Ergebnis einer weit vorangetriebenen periodengerechten Abgrenzung der Aufwendungen und Erträge ist (soweit sich das fiskalisch günstig auswirkt).

Es ist durchaus die Frage berechtigt, ob der Bilanzzweck unabhängig von der Definition des Gewinnbegriffes gesehen werden kann. Die Antwort darauf gibt die mit der Handelsbilanz ursprünglich allein verbundene Auflage, das Vermögen des Unternehmens nicht zu günstig darzustellen, da man meint, so den Gläubigerinteressen am besten dienen zu können. Wenn man diese Auflage bereits als einen Bilanzzweck verstehen will, dann ist es denkbar, daß Bilanzzweck und Gewinnbegriff, wenn überhaupt, so nur in einem losen formaltechnischen Zusammenhang stehen. In diesem Sinne hat die ursprüngliche Konzeption der Handelsbilanz im Grunde genommen keinen Gewinnbegriff[1]. Ihr geht es allein darum, das Vermögen nicht zu günstig auszuweisen, ohne Rücksicht darauf, welche Konsequenzen das für den Gewinnausweis hat. Mit der weiteren Ausnahme der Liquidationsbilanz sowie der Bilanz zur Bewertung der Unternehmung „als Ganzes" gilt aber in allen anderen Fällen ohne Einschränkung, daß der Bilanzzweck

---

[1] *Kosiol* bemerkt: „Bei der Behandlung der Bilanz steht häufig das Problem der Bewertung im Vordergrund, besonders dann, wenn die Bilanz aus der Inventur abgeleitet wird. Von der Inventur her ist aber eine schlüssige Erklärung der anzusetzenden Werte nicht möglich. Auch die Bewertungsvorschriften des Handels- und Steuerrechts täuschen in diesem Zusammenhang eine Fundierung nur vor, weil man aus ihnen keinen Aufschluß über den Sinn der vorgeschriebenen Werte gewinnen kann" (Pagatorische Bilanz (Erfolgsrechnung); in: Lexikon des kaufmännischen Rechnungswesens, Sp. 2106).

nicht vom Gewinnbegriff zu trennen ist, gleichviel ob es darum geht, in erster Linie das Vermögen „richtig“ darzulegen, oder den „richtigen“ Erfolg auszuweisen.

Da im Rahmen der polaren Bilanztheorie versucht wird, eine Synthese verschiedener Bilanzzwecke zu finden, sie miteinander „auszubalancieren“, so hat das zur Folge, daß keiner von ihnen Priorität genießt. Aus den vorhergehenden Überlegungen ist aber zu schließen, daß all die verschiedenen mit der polaren Bilanz verbundenen Zwecke auf den Gewinnbegriff Einfluß nehmen, sich also dort erkennbar widerspiegeln.

1. Nominelle und substantielle Kapitalerhaltung

Der polaren Bilanz sind zunächst die beiden Zwecke gesetzt, das nominelle und substantielle Kapital der Unternehmung zu erhalten, in dem Sinne, daß von Gewinn nur dann zu sprechen ist, wenn (unter Ausschluß erfolgswirksamer Änderungen auf der Passivseite) das Brutto-Vermögen der Bilanz am Schluß einer Rechnungsperiode das Brutto-Vermögen der Bilanz am Anfang der Rechnungsperiode sowohl substantiell als auch nominell übertrifft. Verlust liegt dagegen vor, wenn eine substantielle oder nominelle Minderung des Brutto-Vermögens eingetreten ist. Dabei hat weder die nominelle noch die substantielle Vermögensrechnung Vorrang. Sie sind im Rahmen der polaren Bilanz gleichrangig und interdependent, d. h. die substantielle Kapitalerhaltung wirkt sich auf die nominelle Kapitalerhaltung und umgekehrt aus. Das in der Anfangsbilanz einer Rechnungsperiode ausgewiesene Vermögen eines Unternehmens (zu Wiederbeschaffungswerten am Stichtag der Anfangsbilanz bilanziert, soweit es der Substanzrechnung unterliegt) ist Ausgangspunkt für die in der betreffenden Rechnungsperiode vorzunehmende Nominalwertrechnung, wie wenn das Unternehmen zum Stichtag der Anfangsbilanz der Rechnungsperiode neu gegründet worden wäre. — Unter der vereinfachenden Voraussetzung (die später aufgegeben wird), daß es sich ausschließlich um solche Vermögensgegenstände handelt, die der Substanzrechnung unterliegen (Anlage- sowie Vorratsvermögen) sowie unter weiteren Vereinfachungen weist also die polare Bilanz Verluste aus, sobald die Summe der Wiederbeschaffungswerte der Vermögensgegenstände am Stichtag der Schlußbilanz unter derjenigen der Anfangsbilanz liegt, auch dann, wenn die Substanz erhalten blieb oder sogar vermehrt wurde. Übertrifft dagegen die Summe der Wiederbeschaffungswerte der Vermögensgegenstände am Stichtag der Schlußbilanz die der Anfangsbilanz, so ist dennoch ein Verlust auszuweisen, wenn sich die Substanz (die Menge der Vermögensgegenstände) vermindert hat. Das ergibt sich aus der Wirkung der Substanzerhaltungsrücklage. Wurde z. B. ein Unternehmen neu gegründet und enthält die Anfangsbilanz 5 Gegenstände à DM 100,—, die durch Eigen- und Fremdkapital von DM 500,— finanziert sind, so errechnet sich ein Verlust, wenn in der nächsten Bilanz von den 5 nur noch 4 Gegenstände zu Wiederbeschaffungswerten von à DM 150,— (Anschaffungswert à DM 100,—) vorhanden sind, weil auf der Passivseite zusätzlich zum Eigen- und Fremdkapital von DM 500,— eine Substanzerhaltungsrücklage von DM 200,— auszuweisen ist (4 x DM 50,—). Der Summe der Passivseite von DM 700,— steht dann ein zu Wiederbeschaffungswerten bilanziertes Vermögen von DM 600,— gegenüber, so daß ein Verlust von DM 100,— vorliegt, der genau dem substantiellen Rückgang von 1 Vermögensgegenstand à DM 100,— entspricht[2]. — Der imparitätische Gewinnbegriff der polaren Bilanz (Gewinne bei nomineller und substantieller Mehrung des Vermögens, Verluste bei nomineller oder substantieller Minderung des Vermögens) hat nichts mit dem Vorsichtsprinzip zu tun. Diese Imparität resultiert allein aus der Logik der Sache, nämlich das Kapital einer Unternehmung substantiell und nominell zu sichern[3]. — Es bleibt späteren Abschnitten vorbehalten, diesen Gewinnbegriff der polaren Bilanz zu präzisieren, wobei insbesonders die vereinfachende Voraussetzung entfällt, daß die Aktivseite nur solche Vermögensgegenstände ausweist, die der Substanzrechnung unterliegen (Anlage- und Vorratsvermögen; das Finanzvermögen blieb bisher außer Betracht).

Der zuvor definierte Gewinnbegriff der polaren Bilanz scheint mit dem Gewinnbegriff identisch zu sein, wie er *Hax*[4] vorschwebt: „Wir kommen zu dem Ergebnis, daß die Gefahren einer auf (nominelle) Kapitalerhaltung ausgerichteten Gewinnkonzeption sich nur bei einer Preissteigerung der Kostengüter zeigen, und zwar in Gestalt eines drohenden Substanzverzehrs. Die Gefahren einer auf Substanzerhaltung ausgerichteten Gewinnkonzeption zeigen sich dagegen bei einem Preisfall der Kostengüter, weil dann die Erhaltung des Geldkapitals bedroht ist. Wenn man beiden Gefahren begegnen will, ist es erforder-

---

[2] Diesen Verlust von DM 100,— würde allerdings auch die Nominalwertrechnung ausweisen. Es geht hier lediglich darum, zu zeigen, daß der Ansatz höherer Wiederbeschaffungswerte noch keinen Gewinn zur Folge hat, der substantielle Verluste ausgleichen könnte.

[3] *Hax* ist ähnlicher Ansicht. Von beiden Kapitalbegriffen (der nominellen und substantiellen Kapitalrechnung) „wird jeweils der höhere zugrunde gelegt, d. h. bei gesunkenen Wiederbeschaffungskosten wird mindestens nominelle Kapitalerhaltung gefordert und bei gestiegenen Wiederbeschaffungspreisen mindestens materielle Kapitalerhaltung. Es handelt sich hierbei um einen Grundsatz, der dem Niederstwertprinzip analog ist" (*Hax:* Bilanzgewinn und Geldwertschwankungen, in ZfhF 1951, S. 450). — Vgl. hierzu auch *Schnettler:* Ziele und Grenzen der betrieblichen Werterhaltung, in ZfhF 1955, S. 526/527, Anmerkung 9.

[4] *Hax:* Die Substanzerhaltung der Betriebe, S. 26.

lich, die beiden Gewinnkonzeptionen miteinander zu kombinieren, und zwar in der Weise, daß bei einer Erhöhung der Beschaffungspreise grundsätzlich die Gewinnkonzeption der Substanzrechnung gilt und bei einer Preissenkung die Gewinnkonzeption der Geldkapitalrechnung." Tatsächlich aber weicht dieser Gewinnbegriff vom Gewinnbegriff der polaren Bilanz ab. Mit *Hax* besteht nur insofern Übereinstimmung, als auch die polare Bilanz die substantielle und nominelle Gewinnkonzeption zu kombinieren sucht. *Hax* tut das jedoch mehr alternativ, nicht kumulativ, wie es im Rahmen der polaren Bilanz geschieht. So verwendet er, wie die von ihm gewählten Zahlenbeispiele zeigen[5], die aufgrund gestiegener Wiederbeschaffungspreise gebildete Substanzerhaltungsrücklage zur Abdeckung nomineller Verluste bei sinkenden Wiederbeschaffungspreisen. Darauf weist *Hax* auch ausdrücklich in einer gemeinsamen Abhandlung mit *Knorr* und *Meier* hin: „Scheingewinne lassen sich (durch die Bildung von Substanzerhaltungsrücklagen) in beliebiger Höhe neutralisieren. Bei Scheinverlusten sind dem Verfahren aber Grenzen gesetzt. Die Neutralisierung kann hier bilanzmäßig nur dann und insoweit erfolgen, als Mindererlöse noch von einer früher gebildeten Substanzerhaltungsrücklage abgebucht werden können. Ist die Substanzerhaltungsrücklage aufgebraucht, so können unechte Verluste bilanzmäßig nicht mehr neutralisiert werden, sondern müssen wegen der nominellen Kapitalrechnung als kapitalmindernde Verluste ausgewiesen werden, da aktive Auffangkonten, d. h. Kapitalentwertungskonten, im Gegensatz zu Rücklagekonten nach deutschem Bilanzrecht nur in besonderen Ausnahmefällen zugelassen sind[6]." *Hax* kommt somit zu dem Ergebnis: „Bei der kombinierten Rechnung liegt also lediglich eine Gewinnverlagerung vor; die Preissteigerungsgewinne werden neutralisiert, um sie zum Ausgleich der Verluste durch spätere Preissenkungen benutzen zu können. Es ergibt sich dadurch in der Regel eine Nivellierung der Gewinne und Verluste in den einzelnen Jahren[7]."

Es ist auf den ersten Blick nicht recht einzusehen, warum *Hax* in seiner Gewinnkonzeption nicht den gleichen Weg ging, wie er hier vorgeschlagen wird. Keineswegs liegt das daran, daß *Hax* sich darauf beschränkt, allein im Terrain der geltenden handelsrechtlichen und steuerrechtlichen Vorschriften zu operieren. Die zuvor genannten Ausführungen finden sich nämlich überwiegend im allgemeinen Teil seiner Untersuchungen und betreffen somit nicht nur die „Möglichkeiten und Grenzen der Substanzrechnung im Rahmen der traditionellen

---

5 *Hax:* Die Substanzerhaltung der Betriebe, S. 38 ff.

6 *Hax,* Karl; *Knorr,* Ernst; *Meier,* Albert: Ein Verfahren zur Erfassung und Neutralisierung von Geldwertveränderungen, in: Die Wirtschaftsprüfung 1952, S. 295.

7 *Hax:* a.a.O., S. 41; vgl. auch S. 60.

Unternehmensrechnung" auf der Basis der handelsrechtlichen und steuerrechtlichen Bestimmungen[8]. Außerdem betont *Hax* am Schluß seines Vorwortes (wie bereits zitiert), „die Grundlage für eine zielbewußte und klare Umgestaltung der Grundsätze des betrieblichen Rechnungswesens und der entsprechenden gesetzlichen Vorschriften" schaffen zu wollen. — Der Beweis, daß die kombinierte Gewinnkonzeption von *Hax* nicht genügt, ist zunächst ohne sonderliche Schwierigkeiten zu führen. Wenn nämlich zwei gleiche Unternehmen unterschiedlichen Alters gegenübergestellt werden, so wird das ältere Unternehmen eine bereits beachtlich hohe Substanzerhaltungsrücklage bilanzieren, das jüngere, evtl. neu gegründete Unternehmen eine relativ niedrige oder keine. Bei sinkenden Wiederbeschaffungswerten kann das ältere Unternehmen die daraus entstehenden nominellen Verluste in weitaus größerem Umfang durch entsprechende Auflösung der Substanzerhaltungsrücklage ausgleichen als das jüngere Unternehmen. Das aber ist durch kein Argument zu rechtfertigen[9]. — In der polaren Bilanz wird diese ungleiche Behandlung dadurch vermieden, daß die in der Anfangsbilanz einer Rechnungsperiode ausgewiesene Substanzerhaltungsrücklage bei sinkenden Wiederbeschaffungswerten unverändert bestehen bleibt. Hierzu gibt es nur in bestimmten Ausnahmefällen Einschränkungen, die in den Ausführungen über die

---

[8] *Hax:* a.a.O., S. 53 ff.

[9] *Hax* hat sich allerdings in einem Aufsatz „Bilanzgewinn und Geldwertschwankungen" (ZfhF 1951, S. 455/6) eingehend mit diesem Einwand auseinandergesetzt: „*Meier (Meier,* Albert: Vorschlag zur Erfassung der wirklichen Scheingewinne und Rücklagenbildung in der Handels- und Steuerbilanz, in: Die Wirtschaftsprüfung 1951, S. 389) vertritt ... den Standpunkt, daß man bei sinkenden Wiederbeschaffungspreisen die Differenzen gegenüber den höheren Einstandspreisen von der Substanzerhaltungsrücklage absetzen solle, da es sich hier nicht um echte Verluste, sondern um Scheinverluste handle, die man erfolgsneutral behandeln müsse. Wenn allerdings die Rücklage für Ersatzbeschaffung aufgezehrt sei, dann lägen echte Verluste vor, die zu Lasten des Betriebsergebnisses gehen müßten. Fritz *Schmidt* würde diese Auffassung als weiteren Beweis für die völligen Mängel an Logik im Denken der deutschen Fachleute des Rechnungswesens ansehen. Der gleiche Betrag könne doch nicht einmal als ‚Scheinverlust' und das andere Mal als ‚echter' Verlust bezeichnet werden, bloß weil im ersten Falle eine Rücklage für Substanzerhaltung vorhanden sei und im zweiten Falle nicht. Und doch ist die Auffassung *Meiers* eine konsequente Auslegung der dem deutschen Rechnungswesen innewohnenden Prinzipien. Das Vorhandensein einer Rücklage für Ersatzbeschaffung bedeutet, daß mehr als der ursprüngliche nominelle Kapitalbetrag zurückbehalten wurde, weil das im Interesse der Erhaltung der mengenmäßigen Kapazität erforderlich war. Wenn jetzt die Wiederbeschaffungspreise sinken, dann entstehen Verluste, und zwar echte Verluste und keine Scheinverluste. Aber diese Verluste können gegen gleichartige Gewinne früherer Jahre aufgerechnet werden, die man wegen ihres vorläufigen Charakters der Gewinn- und Verlustrechnung ferngehalten und in der Rücklage für Ersatzbeschaffung aufgespeichert hatte. Wenn die Rücklage für Ersatzbeschaffung aufgezehrt ist, dann greift jeder weitere Verlust das nominelle Unternehmungskapital an und muß deshalb als solcher in der Erfolgsrechnung erfaßt werden."

bilanztechnische Präzisierung des Gewinnbegriffes der polaren Bilanz dargelegt sind.

Die These, daß in der polaren Bilanz die Substanzerhaltungsrücklage bei sinkenden Wiederbeschaffungswerten unverändert bestehen bleibt, bereitet allerdings angesichts der bisherigen Vorstellungen zur Substanzrechnung, wie sie u. a. auch von *Hax* vertreten werden, einige Schwierigkeiten. Ausgangspunkt der Gewinnrechnung der polaren Bilanz soll statt des Anschaffungswertes der Wiederbeschaffungswert der vorhergehenden Schlußbilanz sein. Hierin liegt eine gewisse Analogie zur Grenzkostenrechnung, die nur von den Änderungen der augenblicklichen Situation zu einer möglichst kurz vorausgehenden Situation und nicht von den Änderungen zu einer weiter zurückliegenden Situation ausgeht. Volkswirtschaftlich gesehen ist der Gewinnbegriff der polaren Bilanz ebenfalls auf die Wertrelationen der jüngsten (der vorhergehenden Bilanz) und nicht einer weiter zurückliegenden Vergangenheit ausgerichtet. Ganz im Sinne von F. *Schmidt* hat sich deshalb ein Unternehmen stets anhand der gegenwärtigen Wertrelationen zu orientieren. Werte der Vergangenheit sind volkswirtschaftlich nicht relevant. Bei steigenden Wiederbeschaffungswerten ist das auch überwiegend[10] anerkannt. Gewinn ist unter solchen Bedingungen nur das, was über den gegenwärtigen Wiederbeschaffungswert hinaus verbleibt. Bei sinkenden Wiederbeschaffungswerten aber sind (volkswirtschaftlich gesehen) Chancen vertan worden. Sinkende Wiederbeschaffungswerte bedeuten nichts anderes, als daß bestimmte Marktsituationen nicht ausgenutzt werden konnten. Diese verlorenen Chancen sind Verlusten gleichzusetzen, gleichviel, ob sich gegenüber dem ursprünglichen und u. U. lange zurückliegenden Anschaffungswert ein Gewinn errechnet. Selbstverständlich ist es nur eine Fiktion, daß bei sinkenden Wiederbeschaffungswerten Chancen verspielt wurden, weil so unterstellt wird, daß jede Chance auch wahrgenommen werden kann oder, konkreter ausgedrückt, die Wiederbeschaffungswerte zum vorhergehenden Bilanzstichtag in Geld hätten umgewandelt werden können. Diese Fiktion trifft insbesonders dann nicht zu, wenn es sich um Wirtschaftsgüter handelt, die (wie z. B. die Gegenstände des Anlagevermögens) für eine langfristige Nutzung investiert werden. Dennoch sind sinkende Wiederbeschaffungswerte volkswirtschaftlich Verlusten gleichzusetzen. Statt der Fiktion, die Wiederbeschaffungswerte der vorhergehenden Bilanz durch Veräußerung der betreffenden Wirtschaftsgüter in Geld umzuwandeln, kann nämlich (in Übereinstimmung mit dem Wort „Wiederbeschaffung“) auch davon ausgegangen werden, daß in Höhe des Wiederbeschaffungswertes Geld hätte investiert werden müssen, um das betreffende Wirtschaftsgut (in glei-

---

[10] Zumindest für die Preiskalkulation.

cher oder ähnlicher Beschaffenheit) zu ersetzen. Dieser Investitionswert geht bei sinkenden Wiederbeschaffungswerten verloren. Dabei handelt es sich dann nicht mehr um eine Fiktion, sondern um eine Realität. Das betreffende Wirtschaftsgut braucht nicht erst angeschafft zu werden, sondern ist bereits vorhanden. — Die ausschließliche Nominalwertrechnung oder die ausschließliche Substanzrechnung (d. h. eine reine Mengenrechnung) sind volkswirtschaftlich abwegig, weil entweder der Knappheitsgrad der Wirtschaftsgüter zum jeweils gegenwärtigen Zeitpunkt oder der Investitionswert der jüngsten Vergangenheit außer Betracht bleiben. Die kombinierte nominelle und substantielle Kapitalrechnung der polaren Bilanz ist somit nicht nur bei steigenden, sondern auch bei sinkenden Wiederbeschaffungswerten volkswirtschaftlich begründet. Es bedarf deswegen nicht des (an sich beachtlichen) von *Hax* verwendeten juristischen Aspektes (Mark = Mark aufgrund vertraglicher Bindungen), wenn er den Verfechtern der ausschließlichen Substanzrechnung entgegenhält, sie übersähen, „daß die Geld- und Kapitalrechnung zu den Grundlagen unseres Wirtschaftssystems gehört“[11], zumal dieses Argument nicht ausreicht, um die hier vertretene Gewinnkonzeption zu begründen (keine Verwendung der Substanzerhaltungsrücklage zur Absorption von Verlusten bei sinkenden Wiederbeschaffungswerten).

Abschließend zu diesen Überlegungen bleibt lediglich zu bemerken, daß es angesichts der Entwicklung in den beiden letzten Jahrzehnten (insgesamt gesehen) nicht sehr realistisch ist, sinkende Wiederbeschaffungswerte zu unterstellen. Es ist auch nicht damit zu rechnen, daß in absehbarer Zeit eine grundsätzliche Änderung eintritt. Es wird hierzu auf die bereits zitierten Ausführungen von *Hax*[12] sowie *Galbraith*[13] verwiesen. Der hier zur Diskussion stehenden These der polaren Bilanz, die Substanzerhaltungsrücklage bei sinkenden Wiederbeschaffungswerten unverändert weiterzuführen, kommt somit mehr theoretische als praktische Bedeutung zu.

2. Ausweis des vollen Erfolges

Die nominelle und substantielle Kapitalerhaltung ist nicht der alleinige Zweck der polaren Bilanz. Es soll darüber hinaus, allerdings im Rahmen der zuvor beschriebenen Gewinnkonzeption, der volle Erfolg ausgewiesen werden. Insofern gelten die Grundsätze der dynamischen Bilanzauffassung, auf die verwiesen wird. Dieser Bilanzzweck wird aber nicht wie in der dynamischen Bilanz damit begründet, daß es wegen der Vergleichbarkeit der Bilanzergebnisse der volle

---

[11] *Hax:* Die Substanzerhaltung der Betriebe, S. 15.
[12] *Hax:* a.a.O., S. 29.
[13] *Galbraith:* The Affluent Society, S. 196.

Erfolg sein müsse. Die Vergleichbarkeit des Bilanzerfolges ist nämlich, wie in einem früheren Abschnitt zur dynamischen Bilanz in Übereinstimmung mit zahlreichen Literaturbeiträgen nachgewiesen wurde, eine theoretisch und auch praktisch nicht haltbare Forderung.

Wenn hier dennoch der Ausweis des vollen Erfolges angestrebt wird, so begründet sich das zunächst mit dem beachtlichen Argument *Schmalenbachs,* daß anderenfalls die Gläubigerinteressen Schaden nehmen könnten[14]. Seine Vorschläge wurden nach jahrzehntelanger Diskussion erstmalig im Aktiengesetz 1965 dadurch gesetzlich verankert, daß dort durch weitreichende Einschränkung der Bildung stiller Reserven der Ausweis des vollen Erfolges vorgesehen ist. Insoweit ist das Aktiengesetz 1965 zu begrüßen. Daß es andererseits zu Bedenken Anlaß gibt, wurde in den Ausführungen über die Umwandlung der Handelsbilanz in eine Erfolgsbilanz dargelegt: Im Rahmen der im Handelsrecht nach wie vor geltenden Nominalwertrechnung ist die Möglichkeit, der Substanzauszehrung durch Bildung stiller Reserven zu begegnen, nicht hoch genug einzuschätzen. Wenn aber das Aktienrecht 1965 die Bildung stiller Reserven weitgehend einschränkt, so ist das bei dem bisher nicht gelösten und wahrscheinlich auch nicht lösbaren Problem der chronischen Geldentwertung ein Gefahrenmoment ersten Ranges.

In der polaren Bilanz wird der volle Ausweis des Erfolges auch deswegen empfohlen, um zu einer Übereinstimmung von Handels- und Steuerbilanz (Ertragssteuerbilanz) zu gelangen. Das dient nicht nur der Vereinfachung des Steuerrechts, sondern auch der Einheitlichkeit der Rechtsordnung, wie sie von Juristen immer wieder gefordert wird. Dadurch würde auch § 5 EStG wieder funktionsfähig, wonach die Handelsbilanz für die Steuerbilanz maßgeblich sein soll. Außerdem würden die steuerlichen Bewertungsvorschriften der §§ 6 und 7 EStG weitgehend oder auch gänzlich überflüssig (und insbesonders die Problematik des „Teilwertes" entfallen), während sie bisher dazu dienten, den § 5 EStG mehr oder weniger außer Kraft zu setzen. Die ergänzenden steuerlichen Vorschriften zur Handelsbilanz hätten dann so gut wie ausschließlich die Funktion, Begünstigungen zu schaffen, aber nicht die Handelsbilanz grundsätzlich zum Zwecke der Besteuerung abzuwandeln. Da jedoch die bisherigen Begünstigungen des Einkommensteuergesetzes zu einem beachtlichen Teil damit motiviert waren, die „normalen" steuerlichen Korrekturvorschriften zur Handelsbilanz angesichts der wirtschaftspolitisch bedenklichen Folgen der Nominalwertrechnung zu entschärfen, entfällt in entsprechendem Ausmaße die Notwendigkeit, steuerliche „Begünstigungen" vorzusehen. Der Weg der Besteuerung wäre dann wieder geradlinig, während er sich auf

[14] *Schmalenbach:* Dynamische Bilanz, 13. Aufl., S. 51/52.

der Basis der geltenden Bestimmungen verschiedentlich im Kreise dreht: Anwendung der Nominalwertrechnung und Überspannung der dynamischen Bilanzauffassung; Korrektur dieser nicht mehr praktikablen und wirtschaftspolitisch bedenklichen Vorschriften durch Maßnahmen wie § 6 b EStG, Preissteigerungsrücklage, Entwicklungshilfe-Steuergesetz etc.

Rieger steht allerdings, wie an früherer Stelle zitiert, dem Postulat eines vollen Erfolgsausweises skeptisch gegenüber, weil jeder Zwischenabschluß „rechnungsmäßig mit der Rücksichtslosigkeit einer Guillotine feinste betriebliche Zusammenhänge zertrennt“[15]. *Muscheid* bemerkt, *Rieger* habe daraus nicht die Konsequenz gezogen, „sich nach einer anderen Art des Abschlusses umzusehen, sondern resigniert (bekannt), daß es im Leben einer Unternehmung eine wahre und richtige Abrechnung überhaupt nicht gibt“[16]. — *Leffson* hat sich ebenfalls eingehend mit der Frage auseinandergesetzt, inwieweit es möglich ist, innerhalb einer Periodenabrechnung den vollen Erfolg zu ermitteln. Der von *Rieger* vertretenen Auffassung hält er entgegen, „eine Erfolgsrechnung kann sich nicht auf die gesamte Lebenszeit einer Unternehmung beziehen. Sonst wäre der Erfolg erst nach der Liquidation feststellbar. ... Da die Erfolge für bestehende Unternehmen ermittelt werden müssen, ist die Totalperiode eine Fiktion, nicht etwa das einzig Reale“[17]. Die Schwierigkeiten, den vollen Erfolg zu ermitteln, werden aber von *Leffson* durchaus nicht übersehen[18]. Insbesonders weist *Leffson* darauf hin, daß der Ausweis des vollen Erfolges durch andere Postulate der Grundsätze ordnungsmäßiger Buchführung eingeschränkt wird, so durch die sich weitgehend aus dem Vorsichtsprinzip ableitenden Imparitäts- und Niederstwertprinzipien. Die sich daraus ergebenden Fragen sind Gegenstand der folgenden Erörterungen.

---

[15] *Rieger,* Wilhelm: Einführung in die Privatwirtschaftslehre, S. 210.

[16] *Muscheid:* Schmalenbachs Dynamische Bilanz, S. 86.

[17] *Leffson:* Die Grundsätze ordnungsmäßiger Buchführung, S. 129.

[18] „Jeder Versuch, Aufwendungen, Erträge und damit auch ihren Saldo — den Erfolg — mit Hilfe von Aktivierungen und Passivierungen zu periodisieren, hat natürliche Grenzen *(Leffson:* Die Grundsätze ordnungsmäßiger Buchführung, S. 130). ... (Es ist nicht einfach) festzustellen, welche Wertentstehung und welcher Wertverzehr einer bestimmten Rechnungsperiode zuzurechnen ist“ *(Leffson:* a.a.O., S. 129). Schwierigkeiten entstünden schon allein deswegen, daß „Rechenschaft zeitnahe gegeben werden (müsse), so daß in ganz erheblichem Umfang Schätzungen an die Stelle sicherer Werte treten ... Zweitens entstehen in der Zeit mancherlei positive und negative Erfolgskomponenten, ohne soweit greifbar zu werden, daß sie im Jahresabschluß berücksichtigt werden können. ... Insofern bedeutet die Abgrenzung der Perioden immer einen künstlichen Schnitt in einen fließenden Prozeß. Dabei läßt sich nicht übersehen, daß eine solche Rechnung nicht anders als unvollkommen sein kann“ *(Leffson:* a.a.O., Seite 130).

Das Postulat des vollen Erfolgsausweises unterliegt also mehrfachen Einschränkungen: Es gilt nur im Rahmen der nominellen und substantiellen Kapitalerhaltung, es ist außerdem eine Utopie, den vollen betriebswirtschaftlichen Erfolg exakt ermitteln zu wollen und es unterliegt zudem jenen Korrekturen, die sich aus der Anwendung des Prinzips der Vorsicht ergeben.

Schließlich muß man sich dessen bewußt sein, daß es keinen Maßstab gibt, an dem der volle Erfolg gemessen werden kann. Von der Fragwürdigkeit vergleichbarer Bilanzen ganz abgesehen ist es auch irreal annehmen zu wollen, es könnten im Sinne *Schmalenbachs* optimale Sollzahlen zum Bilanzstichtag ermittelt werden, anhand derer der Erfolg zu analysieren ist; *Schmalenbach* hat diese Vergleichsmöglichkeit, wie an früherer Stelle bereits dargelegt, ebenfalls als praktisch undurchführbar angesehen. Keineswegs soll aber in diese Einschränkungen eingeschlossen sein, der Bilanzerfolg wäre gänzlich aussagelos. Vielmehr ist er ein bedingt brauchbares Instrument zur Orientierung im Wirtschaftsgeschehen. Die hier vertretene Auffassung liegt deshalb zwischen den Vorstellungen *Schmalenbachs* und *Riegers*, wozu auf die Ausführungen von *Hax* in seiner Abhandlung „Bilanzgewinn und Geldwertschwankungen“ verwiesen wird[19].

3. Anwendung des Vorsichtsprinzips

Der vierte im Rahmen der polaren Bilanztheorie zu berücksichtigende Bilanzzweck (soweit hier überhaupt von einem Bilanzzweck gesprochen werden kann) ist das Prinzip der Vorsicht, wie es auch *Schmalenbach* im Rahmen der dynamischen Bilanztheorie gelten ließ, wie es aber von der steuerlichen Rechtsprechung und Verwaltungspraxis zugunsten einer periodengerechten Aufwands- und Ertragsabgrenzung teilweise auszuklammern versucht wurde und wird. — Das Vorsichtsprinzip steht zweifellos im Gegensatz zu dem zuvor erwähnten Bilanzzweck, den vollen Erfolg im Rahmen der nominellen und substantiellen Kapitalerhaltung zu bilanzieren. Das heißt aber nicht, daß sich diese beiden Bilanzzwecke gegenseitig ausschließen. Sie grenzen sich lediglich ab. Das Prinzip der Vorsicht verhindert, die Forderung nach Ausweis des vollen Erfolges zu weit zu treiben. Dagegen verhindert das Postulat des vollen Erfolgsausweises die Bildung „willkürlicher“ stiller Reserven, die über das hinausreichen, was zur Sicherung der substantiellen und nominellen Kapitalerhaltung erforderlich ist und die auch nicht mehr der Wahrung berechtigter Gläubigerinteressen dienen. — Gewiß ist es

[19] *Hax:* Bilanzgewinn und Geldwertschwankungen, in: ZfhF 1951, S. 436: „Die These *Riegers* (die Periodenbilanz sei eine Fiktion) hat naturgemäß bei all denen Widerspruch gefunden, die der Meinung sind, daß man mit Hilfe der Jahresbilanz doch zu einem verwertbaren Ergebnis gelangen könne.“

schwieriger zu bilanzieren, wenn das Prinzip der Vorsicht nicht mehr uneingeschränkt angewandt werden kann oder wenn bei der Ermittlung des „vollen Erfolges" auch noch das Prinzip der Vorsicht beachtet werden muß. Es besteht hier ein echtes polares Spannungsverhältnis und es wird nicht leicht sein, den richtigen Weg zu finden[20]. Darin spiegeln sich die Schwierigkeiten wider, mit den Realitäten des Wirtschaftslebens zurechtzukommen. Allein ein einseitiges Prinzip anwenden zu wollen, z. B. nur im Interesse des Gläubigerschutzes unterzubewerten, hieße der Wirklichkeit Gewalt anzutun. Außerdem würden in diesem Fall die Gläubigerinteressen nicht geschützt, sondern im Gegenteil verletzt, da sie aus der komplexen Wirklichkeit des Wirtschaftslebens zugleich fordern, vorsichtig zu bewerten, andererseits aber auch den vollen Erfolg im Rahmen einer vorsichtigen Bewertung auszuweisen, um so einen besseren Einblick in den tatsächlichen Geschäftsgang zu ermöglichen.

Ganz so schwierig ist es allerdings in der polaren Bilanz nicht, das Prinzip der Vorsicht unter Beachtung der anderen Bilanzzwecke anzuwenden. Das ergibt sich aus der Überlegung, daß in der polaren Bilanz die Wirtschaftsgüter der Aktivseite mit den Wiederbeschaffungswerten anzusetzen sind, während auf der Passivseite in Höhe der Differenzbeträge zu etwaig niedrigeren Wiederbeschaffungswerten der Anfangsbilanz der Rechnungsperiode die Substanzerhaltungsrücklage erhöht wird. Das Prinzip der Vorsicht wird sich deswegen in erster Linie in der Richtung bewegen, für besondere Risiken und voraussehbare Verluste Rückstellungen zu bilden, dagegen zu schwebenden Geschäften noch keine Gewinnrealisierung vorzunehmen. Außerdem können selbstverständlich nur bilanzierungsfähige Vermögensgegenstände aktiviert werden[21].

Auch *Leffson* ist der Auffassung, daß das Niederstwertprinzip nur zu jenen Bilanzsystemen gehört, „bei denen alle Gegenstände bis zur Realisation mit Anschaffungs- oder Herstellungskosten zu bewerten sind"[22]. Allerdings spricht *Leffson* im Zusammenhang mit diesem Zitat nicht vom Niederstwert-, sondern vom Imparitätsprinzip, „nach dem gewisse unrealisierte negative Erfolgsbeiträge ... in den Jahresabschluß einzustellen sind"[23]. Unter solchen noch nicht realisierten negativen Erfolgsbeiträgen versteht *Leffson* drohende Verluste, wie sie sich aus

---

[20] „*Illetschko* vertritt ... die Ansicht, das Prinzip der Vorsicht sei kein Denkprinzip, sondern eine ‚mehr oder minder konventionelle Verhaltungsweise, gespeist aus recht willkürlichen Gedankenassoziationen an den Haftungs-, an den Wagnis-, an den Leistungsbegriff' " (*Leffson:* Die Grundsätze ordnungsmäßiger Buchführung, S. 266).

[21] Vgl. hierzu die bereits zitierten Ausführungen von *Anderson* zur Anwendung der dynamischen Bilanzauffassung in der Steuerbilanz.

[22] *Leffson:* Die Grundsätze ordnungsmäßiger Buchführung, S. 177.

[23] *Leffson:* a.a.O., S. 174.

einem Sinken der Wiederbeschaffungswerte des Vorratsvermögens oder aus schwebenden Geschäften ergeben können[24]. Das Niederstwertprinzip ist somit nach *Leffson* nur ein spezieller Fall des Imparitätsprinzips[25]. Unter dieser Einschränkung ist das obige Zitat zu verstehen. „Das Imparitätsprinzip (soweit es das Niederstwertprinzip verkörpert) gehört nur zu den Bilanzsystemen, bei denen alle Gegenstände bis zur Realisation mit Anschaffungs- oder Herstellungskosten zu bewerten sind[26]."

Leffson ist beizupflichten, wenn er das Niederstwertprinzip in der überlieferten und heute noch in der Praxis angewandten Form theoretisch für anfechtbar hält. Soweit es der Inhalt des dem Niederstwertprinzip übergeordneten Imparitätsprinzips ist, „unrealisierte negative Erfolgsbeiträge ... in den Jahresabschluß einzustellen"[27], steht das Niederstwertprinzip dazu in Widerspruch, wenn „zwar die Faktorpreise (Wiederbeschaffungspreise) gesunken sind, die Produkte aber wahrscheinlich positive Erfolgsbeiträge bringen"[28]. In einer solchen Situation sind keine negativen Erfolgsbeiträge zu erwarten, so daß für die Anwendung des Imparitätsprinzips kein Raum bleibt. Andererseits kann es sein, daß „zwar die Faktorpreise (Wiederbeschaffungspreise) unverändert geblieben oder gestiegen sind, beim Absatz des Produkts aber negative Erfolgsbeiträge erwartet werden"[29]. Diese negativen Erfolgsbeiträge müßten durch das Imparitätsprinzip erfaßt werden, können es aber nicht, da sich das Niederstwertprinzip nur dann auswirkt, wenn die Beschaffungswerte gesunken sind. *Leffson* empfiehlt deswegen, „eine von der Bestandsbewertung gelöste Veranschlagung negativer Erfolgsbeiträge"[30]. Das bedeutet nun nichts anderes als die Aufgabe des Niederstwertprinzips als Unterbegriff des Imparitätsprinzips. Zum Ausgleich dafür ist dann das Imparitätsprinzip nicht allein auf schwebende Geschäfte im üblichen Sinne anzuwenden. „Negative Erfolgsbeiträge ergeben sich aus der Beendigung der am Abschlußstichtag schwebenden Geschäfte in einem weiten Sinne, der auch die mit der Vorratsbeschaffung eingeleiteten Geschäfte umfaßt. Das Prinzip kann gleichermaßen auf alle am Abschlußstichtag vorhandenen aktiven und passiven Bilanzgegenstände — vom Anlagevermögen abgesehen — und alle unerfüllten zweiseitigen Verträge angewandt werden. In einem weiten Wortsinn kann man beide Gruppen — auch Vorräte — als

---

[24] *Leffson:* a.a.O., S. 175.
[25] *Leffson:* a.a.O., S. 176.
[26] *Leffson:* a.a.O., S. 177.
[27] *Leffson:* a.a.O., S. 174.
[28] *Leffson:* a.a.O., S. 212.
[29] *Leffson:* a.a.O., S. 212.
[30] *Leffson:* a.a.O., S. 212.

schwebende Geschäfte ansehen, die mit der Vorratsbeschaffung und den Vertragsschlüssen eingeleitet sind[31]." — Diese Überlegungen *Leffsons* führen zu der Forderung, für die durch das Imparitätsprinzip erfaßten negativen Erfolgsbeiträge eine „Rückstellung für erwartete negative Erfolgsbeiträge"[32] zu passivieren und von einer Wertberichtigung der Vorräte deshalb abzusehen, weil zwischen den Vorräten und dem Imparitätsprinzip aus den weiter oben genannten Gründen kein direkter Zusammenhang besteht. Fragwürdig erscheint jedoch die Auffassung *Leffsons*, „die Rückstellung könnte in aufeinanderfolgenden Jahresabschlüssen in unveränderter Höhe stehenbleiben — soweit nicht Änderungen langfristig geboten erscheinen. Damit wären die negativen Erfolgsbeiträge ein für allemal berücksichtigt, unabhängig davon, ob die Verhältnisse einmal etwas mehr, einmal etwas weniger zu antizipieren nahelegen"[33]. *Leffson* unterstellt dabei eine solche Konstanz der Wirtschaftsverhältnisse, wie sie nur in Ausnahmefällen anzutreffen ist. Hierzu wird auf die Ausführungen zur dynamischen Bilanz (Vergleichbarkeit des Bilanzerfolges) verwiesen.

Welche Auswirkungen hat nun dieses geänderte Imparitätsprinzip im Sinne von *Leffson* auf die polare Bilanz? Gilt auch hier die oben zitierte Feststellung *Leffsons*, es habe nur bei jenen Bilanzsystemen Bedeutung, „bei denen alle Gegenstände bis zur Realisation mit Anschaffungs- oder Herstellungskosten zu bewerten sind"[34]?

Die Rückstellung für negative Erfolgsbeiträge zu Vorräten (Rohstoffe, Halb- und Fertigfabrikate) errechnet sich in der Weise, daß von den zu erwartenden Erträgen der Fertigerzeugnisse die „Vollkosten zu effektiven Anschaffungspreisen"[35] abgesetzt werden. Die Rückstellung ist in der Höhe zu bilden, wie sich negative Salden ergeben. Daß es sich hierbei um eine sehr schwierige Rechnung handelt, wird auch von *Leffson* zugestanden: „Die nach dem Imparitätsprinzip anzustellenden Rechnungen sind, so wie das Prinzip hier gedeutet wird, komplizierter als die Rechnungen, die seither nach dem zweifachen Niederstwertprinzip anzustellen waren[36]." Das aber ist für die hier gestellte Frage ohne Interesse. — In der polaren Bilanz, so sollte man zunächst annehmen, kann sich die Rückstellung negativer Erfolgsbeiträge nur aus jenem (u. U. negativen) Saldo errechnen, wie er sich aus den erwarteten Erträgen und den Wiederbeschaffungswerten zu Wirtschaftsgütern und Dienstleistungen ergibt, die zur Erzielung der Erträge erforderlich sind. Sind die Wiederbeschaffungswerte gegenüber den effek-

[31] *Leffson:* a.a.O., S. 214.
[32] *Leffson:* a.a.O., S. 215.
[33] *Leffson:* a.a.O., S. 216.
[34] *Leffson:* a.a.O., S. 177.
[35] *Leffson:* a.a.O., S. 210.
[36] *Leffson:* a.a.O., S. 212.

tiven Anschaffungswerten oder Herstellungskosten gestiegen, so muß der negative Erfolgsbeitrag — falls überhaupt einer vorliegt — größer sein, als wenn den Erträgen die Anschaffungs- oder Herstellungskosten gegenüberstehen. Sind die Wiederbeschaffungswerte gesunken, so gilt das Umgekehrte. Bei gestiegenen Wiederbeschaffungswerten wird aber in der polaren Bilanz die Differenz zu den effektiven Anschaffungswerten oder Herstellungskosten in der Substanzerhaltungsrücklage berücksichtigt. Das geschieht aber zunächst erfolgsneutral. Den gestiegenen Wiederbeschaffungswerten auf der Aktivseite steht eine gleich hohe Zuführung zur Substanzerhaltungsrücklage auf der Passivseite gegenüber. Die Substanzerhaltungsrücklage wird erst dann erfolgswirksam, wenn die betreffenden Gegenstände der Aktivseite veräußert worden sind: Den Erlösen stehen dann nicht die effektiven Anschaffungs- oder Herstellungskosten, sondern die höheren Wiederbeschaffungswerte der vorhergehenden Schlußbilanz gegenüber. Hierbei ist allerdings auf die noch folgenden Ausführungen im Abschnitt „Praktikabilität der auf die Bilanz bezogenen Substanzrechnung" hinzuweisen: Die zuletzt angestellten Überlegungen gelten nur hinsichtlich ihrer praktischen Auswirkung; tatsächlich wird jedoch in der Gewinn- und Verlustrechnung der polaren Bilanz nicht mit Wiederbeschaffungswerten gerechnet, da sonst unter anderem die Praktikabilität gefährdet würde. — Aus der Überlegung, daß in der polaren Bilanz jene Anteile der negativen Erfolgsbeiträge in der Substanzerhaltungsrücklage erfaßt werden, die sich aus gestiegenen Wiederbeschaffungswerten ergeben, folgt, daß die Rückstellung für negative Erfolgsbeiträge nicht höher zu sein braucht als sie nach der von *Leffson* empfohlenen Methode errechnet wird. Sie würde also auch in der polaren Bilanz aus dem Saldo zwischen den erwarteten Erträgen und den Vollkosten zu effektiven Anschaffungspreisen ermittelt[37]. Das gilt aber nicht nur bei steigenden Wiederbeschaffungswerten, sondern auch bei sinkenden Wiederbeschaffungswerten. Eine doppelte Verrechnung von Verlusten aus sinkenden Wiederbeschaffungswerten resultiert daraus nicht. Denn die Rückstellung für negative Erfolgsbeiträge erfaßt lediglich die Differenz aus den Anschaffungs- und Veräußerungswerten, nicht dagegen die Minderung der Wiederbeschaffungswerte. Zum gleichen Ergebnis führt die Überlegung, daß in der polaren Bilanz bei sinkenden Wiederbeschaffungswerten eine Auflösung der Substanzerhaltungsrücklage nicht stattfindet und insofern die Nominalwertrechnung zur Anwendung gelangt. Da *Leffson* grundsätzlich eine Nominalwertrechnung unterstellt[38], ist bei sinkenden Wiederbeschaffungswerten auch aus diesem Grunde der gleiche Schluß zu ziehen.

---

[37] *Leffson:* a.a.O., S. 210.
[38] *Leffson:* a.a.O., S. 260 ff.

Das Ergebnis der Untersuchungen zu dem weiterentwickelten Imparitätsprinzip *Leffsons* besteht darin, daß es in der polaren Bilanz ohne Widerspruch angewandt werden kann, falls es überhaupt anwendbar ist. Es bestehen jedoch Bedenken, ob die Ermittlung der negativen Erfolgsbeiträge in dem von *Leffson* geforderten erweiterten Umfange praktisch durchführbar ist.

Auf weitere Einzelheiten zur Anwendung des Prinzips der Vorsicht kann im Rahmen dieser Untersuchung verzichtet werden, da es in der Literatur hinreichend behandelt und so gut wie ausdiskutiert ist, andererseits die Thesen der polaren Bilanz nicht berührt. Es sei in diesem Zusammenhang besonders auf die Ausführungen *Leffsons*[39] verwiesen.

4. Identität von Erfolgs- und Vermögensbilanz

Schließlich ist es der Zweck der polaren Bilanz, eine Identität zwischen der sogenannten Erfolgsbilanz und der Vermögensbilanz herzustellen.

Während es heute üblich ist, aus der Handelsbilanz unter Beachtung der steuerlichen Gewinnermittlungsvorschriften die Steuerbilanz abzuleiten und davon ausgehend die Vermögensaufstellung für die Vermögensbesteuerung zu entwickeln, werden in der polaren Bilanz diese verschiedenen Bilanzarten vereinigt. Dadurch, daß die polare Bilanz die Gegenstände der Aktivseite zu Wiederbeschaffungswerten ausweist, handelt es sich um die in der steuerlichen Vermögensaufstellung geforderten Wertansätze. Allerdings ist das aus der polaren Bilanz sich ergebende Reinvermögen nicht ohne weiteres dem Reinvermögen der steuerlichen Vermögensaufstellung gleichzusetzen. Das folgt aus der Überlegung, daß die Substanzerhaltungsrücklage der polaren Bilanz dazu dient, Scheingewinne ein für allemal der Besteuerung und der Gewinnausschüttung zu entziehen. Aus der Gewinnperspektive ist somit die Substanzerhaltungsrücklage als Fremdkapital zu beurteilen. Im übrigen nimmt die Substanzerhaltungsrücklage eine Zwischenstellung zwischen Eigen- und Fremdkapital ein, je nachdem, welche Blickrichtung gewählt wird. Außenstehende haben keine Ansprüche auf die Substanzerhaltungsrücklage. Insofern ist sie dem Eigenkapital zuzurechnen. Es ergibt sich somit, daß zwar die Funktion der Substanzerhaltungsrücklage in der polaren Bilanz eindeutig definierbar ist, daß aber die materielle Definition dieser Substanzerhaltungsrücklage nicht auf einen einheitlichen Nenner gebracht werden kann. Daraus resultieren die Schwierigkeiten einer Zuordnung dieser Substanzerhaltungsrücklage im Rahmen der steuerlichen Vermögensaufstellung. Diese Schwierigkeiten vermehren sich noch zusätzlich durch die der Vermögensbesteuerung zugrunde liegende Zwecksetzung.

---

[39] *Leffson:* a.a.O., S. 265 ff.

In Wirklichkeit soll die Vermögensteuer im Widerspruch zu ihrer Namensgebung eine vorweggenommene Einkommensteuer sein und deshalb nicht aus der Substanz, sondern aus dem Ertrag bestritten werden. Unter Berücksichtigung dessen wäre eine Zuordnung der Substanzerhaltungsrücklage zum Fremdvermögen gerechtfertigt, so daß sie der Vermögensbesteuerung nicht unterliegt. Dieses Ergebnis ist aber unbefriedigend. Auch befriedigt es nicht, die Substanzerhaltungsrücklage angesichts ihrer Zwischenstellung zwischen Fremd- und Eigenkapital dem Reinvermögen zuzurechnen. Das scheint aber die gerechtere Lösung zu sein. Wegen des besonderen Charakters der Substanzerhaltungsrücklage wäre es schließlich auch denkbar, in der Richtung eine Lösung des Problems zu suchen, daß sie zum überwiegenden Teil dem Reinvermögen zugewiesen wird. Eine theoretisch saubere Lösung ist das jedoch nicht. — Die hier aufgezeigte Problematik ist allerdings weniger ein Spiegelbild fehlender Schlüssigkeit der polaren Bilanztheorie, sondern mehr Ausdruck der Fragwürdigkeit einer Vermögensbesteuerung.

Abgesehen von den zuvor dargestellten Schwierigkeiten entspricht die polare Bilanz eher den Anforderungen an eine Vermögensaufstellung als die steuerliche Vermögensaufstellung, weil ihr die z. Zt. noch bestehenden Verzerrungen bei den Wertansätzen des Grundvermögens fremd sind. Während nämlich die Wertansätze der steuerlichen Vermögensaufstellung die Wertansätze der Handelsbilanz normalerweise (als Folge der Nominalwertrechnung + Vorsichtsprinzip + „willkürliche" stille Reserven) weit übersteigen, ist beim Grundvermögen zur Zeit genau das Gegenteil der Fall. Dort werden statt der Wiederbeschaffungswerte der Grundstücke und Gebäude die Einheitswerte auf der Basis der Zeitwerte zum 1. 1. 1935 ausgewiesen, die in nicht wenigen Fällen weit unter dem Ansatz der Handelsbilanz liegen.

Es ist allerdings zu beachten, daß auch in der polaren Bilanz nicht der Wert eines Unternehmens „als Ganzes" bilanziert wird, der bekanntlich nicht nur eine Summe der Werte der einzelnen Wirtschaftsgüter darstellt, sondern auch den Ertragswert des Unternehmens berücksichtigt, gleichviel, ob daraus eine Erhöhung oder eine Minderung des Substanzwertes resultiert. Auch darf nicht übersehen werden, daß in der polaren Bilanz nicht alle Vermögensgegenstände aktiviert werden, sondern nur solche, die nach den Grundsätzen ordnungsmäßiger Buchführung bilanzierbar sind. So dürfen z. B. immaterielle Wirtschaftsgüter (Patente, Lizenzen etc.) nur dann aktiviert werden, wenn sie erworben, jedoch nicht, wenn sie selbst erstellt wurden. Nach den geltenden handelsrechtlichen Vorschriften (§ 132 Ziff. 2 Aktiengesetz) sind sie nämlich höchstens mit den Anschaffungskosten zu bilanzieren. Es kommt daher nicht der Ansatz eigener Herstellungskosten in Betracht[40]. Im Rahmen der polaren Bilanztheorie sind zwar statt der Anschaffungswerte die Wiederbeschaffungswerte zu bilanzieren, aber immer nur unter der Voraussetzung, daß es sich um erworbene immaterielle Wirtschaftsgüter handelt. Somit weist die polare Bilanz nicht die Summe der „Einzelreproduktionswerte“ im Sinne von F. *Schmidt*[41] aus. Die polare Bilanz besagt deswegen nicht, „welcher Kapitalbetrag im Bilanzzeitpunkte notwendig ist, um die Unternehmung in ihrer gegenwärtigen Form aufzubauen“[42]. Sie ist insofern nur eine verkürzte Vermögensbilanz. Der tatsächliche Reproduktionswert des Unternehmens müßte zusätzlich jenen Kapitalbedarf berücksichtigen, der nicht bilanzierungsfähige Wirtschaftsgüter betrifft. — Hinsichtlich des Unterschiedes zwischen Vermögensgegenständen und bilanzierungsfähigen Vermögensgegenständen wird nochmals auf die bereits zitierten Ausführungen *Andersons*[43] verwiesen.

Auch wenn die polare Bilanz im zuvor umschriebenen Sinne nur eine unvollständige Vermögensaufstellung sein kann, ist es ein Fortschritt, durch den Ansatz von Wiederbeschaffungswerten einen besseren Einblick in die Vermögenslage eines Unternehmens zu erhalten. „Eine solche Reproduktionswertbilanz (die polare Bilanz ist das nur in dem zuvor erwähnten Ausmaße) hat für die Erkenntnis der wirtschaftlichen Lage eines ... Betriebes die allergrößte Bedeutung, denn ihre Summe ist der Wert, an dem allein die Rentabilität des Betriebes gemessen werden kann. In dieser Beziehung versagt der Anschaffungswert vollkommen ...“ (F. *Schmidt*)[44, 45].

---

[40] Anderer Auffassung sind *Adler, Düring, Schmaltz*: Rechnungslegung und Prüfung der Aktiengesellschaft, 3. Aufl., Stuttgart 1957, Tz 118 zu § 133 AktG. — *Flume* bemerkt dazu: „Es ist strittig, ob selbstgeschaffene Patente und ähnliche Rechte bilanzierungsfähig sind. In der Kommentarliteratur wird die Bilanzierungsfähigkeit im allgemeinen bejaht, ohne daß die Frage jedoch eingehender behandelt würde. Soweit man die Aktivierung selbstgeschaffener Patente bejaht, setzt man sich über den Wortlaut des Gesetzes, das nur von der Aktivierung zu den ‚Anschaffungskosten‘ spricht ... hinweg ... .In neuerer Zeit haben *Binder, Fuchs, van der Velde* und vor allem *Döllerer* die Aktivierungsfähigkeit selbstgeschaffener Patente nach § 133 Ziff. 2 verneint. ... Das selbstgeschaffene Patent ist hinsichtlich der Problematik der Bewertung dem selbstgeschaffenen ‚Firmenwert‘ gleichzuachten. ... Entsprechend dem Wortlaut des Gesetzes ist für die Patente ebenso wie für die Güter, welche unter dem Begriff des Firmenwerts zusammengefaßt werden, die Bilanzierung zu den Herstellungskosten ausgeschlossen, weil die Herstellungskosten nicht im Kalkulationszusammenhang zu dem Ergebnis und seiner Verwertbarkeit stehen und deshalb auch nicht den Wert des Ergebnisses indizieren“ (*Flume*, Werner: Die Forschungs- und Entwicklungskosten in Handels- und Steuerbilanz, in: Der Betrieb 1958, S. 1045/6).

[41] *Schmidt*, F.: Die organische Tageswertbilanz, S. 74.

[42] *Schmidt*, F.: a.a.O., S. 74.

[43] *Anderson:* Grundsätze ordnungsgemäßer Bilanzierung, S. 32 ff.

[44] *Schmidt*, F.: Die organische Tageswertbilanz, S. 72.

[45] Vgl. hierzu auch die bereits zitierten Ausführungen von *Hauck:* Bilanztheorien, S. 69/70.

Es ist durchaus die Frage berechtigt, welcher Zusammenhang nun zwischen dem Gewinnbegriff der polaren Bilanz und dem Charakter der polaren Bilanz als Vermögensbilanz besteht. Die Antwort darauf gibt der bereits erwähnte enge Zusammenhang zwischen Bilanzzweck und Gewinnbegriff. Es ist das Ziel, die polare Bilanztheorie soweit wie möglich mit dem vielschichtigen Phänomen Bilanz in Einklang zu bringen. Dazu zählt auch, das Vermögen eines Unternehmens darzulegen. Insofern ist die polare Bilanz als Vermögensbilanz nicht Nebenprodukt, sondern ein sich selbst rechtfertigender Bilanzzweck. Dieser Bilanzzweck läßt sich daher von der Definition des Gewinnbegriffes nicht trennen. Im Rahmen der polaren Bilanz ist aber der Gewinnbegriff bereits so umfassend definiert, daß keine Korrektur mehr erforderlich ist, um ihn dem hier zu behandelnden Bilanzzweck (die polare Bilanz als Vermögensbilanz) anzupassen[46]. Allerdings war das nur möglich, weil darauf verzichtet wurde, die polare Bilanz als Reproduktionswertbilanz im zuvor zitierten Sinne F. *Schmidts* zu verstehen. Wenn aber gefordert würde, die polare Bilanz als Reproduktionswertbilanz des ganzen Unternehmens zu erstellen, dann hätte das Einfluß auf den bisher definierten Gewinnbegriff, mit der Folge, daß eine volle Übereinstimmung sämtlicher mit der polaren Bilanz verfolgten Zwecke nicht mehr möglich ist. So würde z. B. das in der polaren Bilanz zu beachtende Prinzip der Vorsicht Einschränkungen hinnehmen müssen.

Wenn die polare Bilanz nur eine verkürzte Vermögensbilanz darstellt, so liegt hier der erste Kompromiß, der zur Wahrung der Geschlossenheit der polaren Bilanztheorie notwendig ist. Die polare Bilanz ist außerdem, wie bereits bemerkt, keine Liquidationsbilanz. Insofern ist es ebenfalls nicht möglich, eine umfassende Bilanztheorie aufzustellen.

---

[46] Der mit der polaren Bilanz u. a. verfolgte Zweck einer Vermögensbilanz würde den Gewinnbegriff auf jeden Fall nicht beeinflussen, wenn die Substanzrechnung gemäß den Vorstellungen von F. *Schmidt* in der Gewinn- und Verlustrechnung und nicht direkt in der Bilanz stattfände. Eine Substanzerhaltungsrücklage in Höhe der Differenz zwischen den Anschaffungs- und Wiederbeschaffungswerten der am Bilanzstichtag vorhandenen Wirtschaftsgüter beeinflußt nämlich das Bilanzergebnis nicht, weil es sich hierbei um erfolgsneutrale Vorgänge handelt, wie in den Darlegungen zur organischen Tageswertbilanz von F. *Schmidt* nachgewiesen. (Auch nach der Auffassung von F. *Schmidt* sind Wertänderungen am ruhenden Vermögen erfolgsneutral.) In der polaren Bilanz wird aber die Substanzrechnung direkt in der Bilanz vorgenommen. Der sich aus dieser Form der Substanzrechnung ableitende Gewinnbegriff erfährt dennoch keine Korrektur dadurch, daß die polare Bilanz als Vermögensbilanz ausgerichtet werden soll (Bilanzierung zu Wiederbeschaffungswerten am Stichtag der Schlußbilanz).

5. Schlußbemerkung zum Gewinnbegriff

Im Rahmen dieser Ausführungen über den Gewinnbegriff der polaren Bilanz wurde davon abgesehen, Besonderheiten zur Diskussion zu stellen, da diese in zu engem Zusammenhang mit den Ausführungen der nachfolgenden Abschnitte stehen. Es ging hier allein darum, durch die grundsätzliche Definition des Gewinnbegriffes der polaren Bilanz die Richtung anzuzeigen, in der sich die folgenden Überlegungen halten sollen. Das gilt auch in steuerlicher Hinsicht. Die damit zusammenhängenden Fragen werden ebenfalls weiter unten in einem besonderen Abschnitt erörtert.

III. Die Substanzrechnung

Die Methode der Substanzrechnung nimmt im Rahmen der polaren Bilanztheorie eine zentrale Stellung ein. — So wie es sich als zweckmäßig erwies, zum besseren Verständnis der polaren Bilanztheorie die Unzulänglichkeiten des Bilanzrechts sowie der maßgeblichen Bilanztheorien darzustellen, empfiehlt es sich auch hier, die in der polaren Bilanztheorie angewandte Methode der Substanzrechnung mit anderen Methoden zu vergleichen, um aus dieser Gegenüberstellung die Besonderheiten klar erkennen zu können.

1. Zeitpunkt des Wiederbeschaffungswertes

Der Wiederbeschaffungswert eines Wirtschaftsgutes kann grundsätzlich zu drei verschiedenen Terminen fixiert werden. Einmal kann es der Wiederbeschaffungswert der Vergangenheit sein, nämlich dann, wenn das betreffende Wirtschaftsgut bereits veräußert worden ist. Außerdem kann es ein in der Gegenwart oder in der Zukunft liegender Wiederbeschaffungswert sein.

Auf den ersten Blick erscheint ein Wiederbeschaffungswert der Vergangenheit unlogisch. Das trifft insbesondere dann zu, wenn man der Auffassung ist, daß die Substanzerhaltungsrücklage für ein nicht mehr vorhandenes Wirtschaftsgut aufzulösen ist. In diesem Sinne äußert sich *Hax*[1]: „Bei einem strukturellen Beschäftigungsrückgang, wenn also die Produktion eines Artikels eingeschränkt oder ganz aufgehoben wird, ist der Bestandsrückgang dauerhafter Art. Aus dem Wesen der Substanzrechnung ergibt sich, daß in diesem Falle die Rücklage aufzulösen ist, da sie zur Substanzerhaltung nicht mehr erforderlich ist." Diese Auffassung vertritt *Hax* auch dann, wenn zwischen dem ursprünglichen und dem wiederbeschafften Wirtschaftsgut eine Identität nicht festzustellen ist[2]. *Hax* kennt also nur Wieder-

[1] *Hax:* Die Substanzerhaltung der Betriebe, S. 152.
[2] *Hax:* a.a.O., S. 51.

beschaffungswerte der Gegenwart. Das gleiche gilt für die organische Vermögensrechnung nach F. *Schmidt*.

In der organischen Erfolgsrechnung errechnet F. *Schmidt* die Zuführung (oder auch Minderung) zum Substanzerhaltungskonto — wie bereits dargelegt — anhand der Differenzbeträge zwischen den Anschaffungs- und Wiederbeschaffungswerten an den jeweiligen Umsatztagen der innerhalb einer Rechnungsperiode umgesetzten Wirtschaftsgüter[3]. Somit bezieht sich das Substanzerhaltungskonto der organischen Erfolgsrechnung auf umgesetzte, d. h. nicht mehr vorhandene Wirtschaftsgüter (das gilt auch dann, wenn das Substanzerhaltungskonto bei sinkenden Wiederbeschaffungswerten negative Beträge ausweisen sollte). Die der Berechnung des Substanzerhaltungskontos zugrunde gelegten Wiederbeschaffungswerte sind deshalb im Rahmen der organischen Erfolgsrechnung auf jeden Fall Wiederbeschaffungswerte der Vergangenheit.

Die der Substanzerhaltungsrücklage der polaren Bilanz zugrunde liegenden Wiederbeschaffungswerte können sowohl ausschließlich Wiederbeschaffungswerte der Vergangenheit als auch ausschließlich Wiederbeschaffungswerte der Gegenwart, grundsätzlich sogar ausschließlich Wiederbeschaffungswerte der Zukunft sein. Ebensogut können Kombinationen dieser drei Wiederbeschaffungswertarten vorliegen, was der Normalfall sein wird. Dabei ist die Substanzerhaltungsrücklage der polaren Bilanz nicht (wie F. *Schmidt* es in der organischen Erfolgsrechnung fordert) anhand des Umsatzes, sondern anhand des Bilanzvermögens zu errechnen. Es ist deswegen die Frage berechtigt, inwiefern dann noch die Substanzerhaltungsrücklage der polaren Bilanz auf Wiederbeschaffungswerten der Vergangenheit beruhen kann. Die Erklärung hierfür ergibt sich aus dem Umstand, daß in der polaren Bilanz eine Auflösung der in vorangehenden Bilanzen gebildeten Substanzerhaltungsrücklage nicht in Betracht kommt, und zwar deswegen, weil (wie bereits bei der Definition des Gewinnbegriffes der polaren Bilanz herausgestellt) eine Interdependenz zwischen nomineller und substantieller Kapitalerhaltung gefordert wird. Das in der Anfangsbilanz der Rechnungsperiode zu Wiederbeschaffungswerten bilanzierte Vermögen des Unternehmens ist nämlich Ausgangspunkt für die in der betreffenden Rechnungsperiode vorzunehmende Nominalwertrechnung, wie wenn das Unternehmen zum Stichtag der Anfangsbilanz einer Rechnungsperiode neu gegründet worden wäre.

In der polaren Bilanztheorie kommt dem Wiederbeschaffungswert der Vergangenheit im Vergleich zum Wiederbeschaffungswert der Gegenwart (d. h. dem Wiederbeschaffungswert am Stichtag der

[3] *Schmidt*, F.: Die organische Tageswertbilanz, u. a. S. 72.

Schlußbilanz) besondere Bedeutung zu. Denn der Wiederbeschaffungswert der Gegenwart bezieht sich auf noch nicht umgesetzte Wirtschaftsgüter, also noch nicht realisierte Scheingewinne, während der Wiederbeschaffungswert der Vergangenheit der Neutralisierung bereits angefallener Scheingewinne dient, wie es die Ausführungen in einem späteren Abschnitt noch zeigen werden.

F. *Schmidt* hat die Möglichkeit eines Wiederbeschaffungswertes der Zukunft durchaus in Erwägung gezogen: „Als Stichtag für (die Feststellung des Wiederbeschaffungswertes des umgesetzten Wirtschaftsgutes) wird man den Tag des Umsatzes oder den Tag der Wiederbeschaffung in Betracht ziehen müssen[4]. ... Zu untersuchen ist noch, ob (nicht etwa auch) der Tagesbeschaffungspreis des Wiederbeschaffungstages eine sichere Rechnungsgröße liefern kann. Das ist nicht der Fall, denn in dem Augenblick des Verkaufes, in dem der Unternehmer sich über Kostenwert und erzielbaren Gewinn klarzuwerden hat, liegt der Tag, an dem die im Produkt steckenden Kosten tatsächlich wiederbeschafft werden, noch in der Zukunft, deren Werte nur schätzbar, nicht exakt faßbar sind. ... Aber auch wenn der Wiederbeschaffungswert des Tages, an dem man wirklich neu einkauft, heute am Tage des Verkaufes richtig zu ermitteln wäre, dürfte man ihn nicht zur Grundlage der Rechnung machen. ... Allerhöchstens darf eine Entwertungsprämie für die kurze Zeit zur Anwendung kommen, die unbedingt notwendig wäre, um den Geldbetrag wieder in Ware, sei es auch anderer Art, umzuwandeln[5]." F. *Schmidt* lehnt es somit grundsätzlich ab, einen Wiederbeschaffungswert der Zukunft zu berücksichtigen[6]. — Im Rahmen der polaren Bilanztheorie wird eine andere Auffassung vertreten. Zwar ist F. *Schmidt* zuzustimmen, daß die Wiederbeschaffungswerte der Zukunft sehr unsicher sind. Nur insofern besteht Anlaß, auf sie zu verzichten. Ist es jedoch hinreichend sicher, daß die Wiederbeschaffungspreise steigen und lassen sie sich annähernd für den Zeitpunkt ermitteln, zu dem eine Wiederbeschaffung der in der Bilanz vorhandenen Wirtschaftsgüter erforderlich wird, so ist nicht einzusehen, warum in einem solchen Fall der Wiederbeschaffungspreis der Zukunft nicht angesetzt werden soll. Wenn man sich nämlich vorzustellen versucht, daß der Zeitraum der Rechnungsperiode nicht ein Jahr, sondern mehrere Jahre umfaßt, so würden Scheingewinne zu *innerhalb* dieses Zeitraumes angeschafften

---

[4] *Schmidt*, F.: a.a.O., S. 72.

[5] *Schmidt*, F.: a.a.O., S. 73.

[6] Der gleichen Auffassung sind *Hax*, *Knorr* und *Meier:* Ein Verfahren zur Erfassung und Neutralisierung von Geldwertveränderungen, in: Die Wirtschaftsprüfung 1952, S. 296: „Erstens ist ... der Tagespreis ein besserer Maßstab für den Geldwert am Umsatztag als der effektive Wiederbeschaffungspreis, der möglicherweise noch in weiter Zukunft liegt."

und wieder veräußerten Wirtschaftsgütern durch die Substanzrechnung nicht eliminiert. Wird z. B. innerhalb dieses Zeitraumes ein Wirtschaftsgut mit DM 500,— angeschafft und für DM 600,— veräußert, so erscheint der Gewinn von DM 100,— als „echter" Gewinn, obwohl es sein kann, daß der Wiederbeschaffungswert zum Zeitpunkt der Veräußerung auf DM 560,— angestiegen ist. Der Scheingewinn von DM 60,— wird dann nicht als solcher bilanziert. Es ist daher festzustellen, daß die Wirksamkeit der Substanzrechnung, bezieht man sie auf die Wiederbeschaffungswerte des Bilanzvermögens, entscheidend von der Länge der Rechnungsperiode abhängig ist. In diesem Sinne ist ein Zeitraum von einem Jahr bereits als recht lang zu bezeichnen. Deshalb sollte der Ansatz zukünftiger Wiederbeschaffungswerte nicht ausgeschlossen werden. Eine hundertprozentige Sicherheit, Scheingewinne aus der Veräußerung innerhalb der Rechnungsperiode angeschaffter Wirtschaftsgüter zu absorbieren, besteht damit jedoch nicht. Deswegen stört es auch nicht, wenn der geschätzte zukünftige Wiederbeschaffungswert sich nachträglich als zu hoch erweist. Diese Fehlschätzung ist als Ausgleich zu den nicht erfaßten Scheingewinnen zu werten.

Bedenklich würde es jedoch sein, willkürlich höhere Wiederbeschaffungswerte anzusetzen, weil dadurch die Forderung nach Ausweis des vollen Erfolges tangiert würde. Das ergibt sich aus der Interdependenz von nomineller und substantieller Kapitalerhaltung: Eine einmal passivierte Substanzerhaltungsrücklage darf nicht mehr zugunsten des Gewinnes aufgelöst werden, weil sonst substantielle Scheingewinne früherer Rechnungsperioden nachträglich wie echte Gewinne realisiert, versteuert und ausgeschüttet werden. Stellt sich aber heraus, daß zu hoch angesetzte zukünftige Wiederbeschaffungswerte auf einer Fehlschätzung beruhten, ohne daß zum Ausgleich dafür in der gleichen Rechnungsperiode angeschaffte und wieder veräußerte Wirtschaftsgüter zu Scheingewinnen führten, so ist es auch im Rahmen der polaren Bilanz vertretbar, eine früher gebildete Substanzerhaltungsrücklage wieder zu reduzieren, und zwar bis zur Höhe des Differenzbetrages zwischen dem Wiederbeschaffungswert am Stichtag der Schlußbilanz und dem an seiner Stelle angesetzten zu hoch geschätzten zukünftigen Wiederbeschaffungswert, wenn der tatsächliche Wiederbeschaffungswert am Umsatztag dem Wiederbeschaffungswert am Stichtag der Schlußbilanz entsprach oder darunter lag. Bewegte er sich jedoch zwischen dem Wiederbeschaffungswert am Stichtag der Schlußbilanz und dem angesetzten höheren zukünftigen Wiederbeschaffungswert, so kann die Substanzerhaltungsrücklage nur in Höhe des Differenzbetrages zwischen effektivem Wiederbeschaffungswert am Umsatztag und dem zu hoch geschätzten zukünftigen Wiederbeschaffungswert gekürzt werden. — In diesem Zusammenhang sei noch kurz die Frage gestreift, warum die Substanzerhaltungsrücklage nicht entsprechend zu kürzen ist, wenn der tatsächliche Wiederbeschaffungswert am Tage des Umsatzes unter dem Wiederbeschaffungswert am Stichtag der Schlußbilanz liegt. Die Antwort darauf gibt die gerade zuvor erwähnte Interdependenz zwischen nomineller und substantieller Kapitalerhaltung. Von diesem Grundsatz wird nur in Ausnahmefällen abgewichen, wie in den Ausführungen zur „bilanztechnischen Präzisierung des Gewinnbegriffes" dargelegt.

An einem Beispiel dargestellt, würden sich folgende Zahlen ergeben, unter der Annahme, daß der Wiederbeschaffungswert am Stichtag der Schlußbilanz 100, der bilanzierte höhere zukünftige Wiederbeschaffungswert jedoch 130 ist:

Wiederbeschaffungswert am Umsatztag	Auflösung der Substanzerhaltungsrücklage
90	30
100	30
110	20
130	—
140	—

2. Identität des Wiederbeschaffungsgutes

Gewiß hat F. *Schmidt* nicht übersehen, daß bei der Ermittlung des Wiederbeschaffungswertes Schwierigkeiten durch die Änderung der Identität eintreten können. So erwähnt er in seinen Untersuchungen über die „Erfolgsrechnung und relative Werterhaltung der Unternehmung"[7] die Möglichkeit spezieller Produktionsverschiebungen, „wenn in einem Betriebe infolge technischer oder organisatorischer Verbesserungen eine größere Ausnützung der Kostenfaktoren eintritt, die ihm erlaubt, in Zukunft billiger zu produzieren"[8]. Ferner erwähnt er im Rahmen der Betrachtungen zur organischen Erfolgsrechnung und der dabei zu berücksichtigenden Abschreibungsquoten die Möglichkeit des qualitativen Verbrauches eines Abnutzungsgutes. Die Erfahrung lehre, „daß oft Maschinen schon ausrangiert werden müssen, auch wenn sie technisch noch voll arbeitsfähig sind, also die gleiche Leistung vollbringen, die sie bei ihrer Einstellung aufwiesen. Die Ursache liegt hier in der Überholung der Maschine durch neuere Konstruktionen..."[9]. Dennoch hat F. *Schmidt* der Frage der Identität des Wiederbeschaffungsgutes nicht allzuviel Raum gewidmet. Das dürfte wohl auch der Grund sein, weshalb sich *Hax* damit sehr eingehend

[7] *Schmidt*, F.: Die organische Tageswertbilanz, S. 144 ff.
[8] *Schmidt*, F.: a.a.O., S. 151.
[9] *Schmidt*, F.: a.a.O., S. 177.

auseinandersetzt[10]. Er kommt zu dem Ergebnis, daß die mangelnde Identität der Wiederbeschaffungsgüter „die Substanzrechnung praktisch undurchführbar" macht[11]. Angesichts dieser kaum zu überbrückenden Schwierigkeiten bekennt er sich dennoch zur Substanzrechnung: „Eine exakte Substanzrechnung ist ... wegen des ständigen Wandels auf der Beschaffungsseite der Unternehmung unmöglich; man muß sich vielmehr mit Annäherungslösungen begnügen, mit denen man das Ziel der Substanzerhaltung zwar anstreben, aber nie mit Sicherheit erreichen kann[12]."

Hax ist hier zuzustimmen, sowohl hinsichtlich der Schwierigkeiten der Substanzrechnung als auch der Notwendigkeit, dennoch irgendwie eine befriedigende Lösung zu finden. Vor allem darf man das Problem der Indentität und des Wiederbeschaffungswertes nicht mit buchhalterischer Genauigkeit zu lösen versuchen. Darauf kommt es ganz gewiß nicht an. Denn die Notwendigkeit der Substanzrechnung leitet sich aus der Gefahr der Substanzauszehrung eines Unternehmens und der damit verbundenen Existenzbedrohung ab. Wenn es sich hierbei nur um relativ geringfügige Beträge handeln würde (die mit entsprechender Genauigkeit zu erfassen wären), könnte von einer Gefahr nicht die Rede sein und es wäre dann außerdem die Frage zu stellen, ob die Bemühungen um die gewiß nicht einfache Substanzrechnung den Aufwand überhaupt lohnen. Tatsächlich aber geht es um — auf das Unternehmen bezogen — beachtliche Beträge. In diesem Zusammenhang sei nochmals auf die von *Hax* zitierten Zahlen des statistischen Bundesamtes hinsichtlich der Preisentwicklung industrieller Kostengütergruppen[13] hingewiesen, wonach allein zwischen 1950 und 1956 z. B. bei den Grundstoffen (ohne Lebensmittel und Genußmittel) eine Preissteigerung von 35 % zu verzeichnen war. Es kann durchaus da-

---

10 Zunächst weist *Hax* darauf hin, daß „die Gründe für ... Wandlungen bei der Wiederbeschaffung verbrauchter Produktivgüter ... unterschiedlicher Art (sind). ... Dabei spielen sowohl wechselnde Liefermöglichkeiten als auch Änderungen in den Preisrelationen eine Rolle. ... Verschiebungen im Rohstoffeinsatz können sich auch aus Bedarfswandlungen und den daraus resultierenden Nachfrageverhältnissen im Absatzmarkt ergeben (*Hax:* Die Substanzerhaltung der Betriebe, S. 44)... Neben den Bedarfswandlungen ist vor allem der technische Fortschritt von entscheidendem Einfluß auf die Art und Qualität der eingesetzten Produktivgüter. Beide Vorgänge sind allerdings eng miteinander verknüpft (*Hax:* a.a.O., S. 45). ... Stärker noch als bei den Werkstoffen wirkt sich der technische Fortschritt bei der Neubeschaffung von Betriebsmitteln aus. Das liegt in der unterschiedlichen Umschlagsgeschwindigkeit begründet. ... (Außerdem sei es praktisch sehr schwierig), zwischen Ersatzinvestitionen und Erweiterungsinvestitionen zu unterscheiden; denn die Ersatzinvestition ist gewöhnlich mit Änderungen verbunden, die ihr in gewissem Grade den Charakter einer Erweiterungsinvestition verleihen" (*Hax:* a.a.O., S. 46).

11 *Hax:* a.a.O., S. 51.

12 *Hax:* a.a.O., S. 51.

13 *Hax:* a.a.O., S. 29.

von ausgegangen werden, daß angesichts der chronischen Geldentwertung die Preissteigerung im Laufe von etwa 20 Jahren bei zirka 60 bis 100 % liegt. Unter Berücksichtigung dessen wäre es wirklich verfehlt, buchhalterische Genauigkeit für die Ermittlung der Wiederbeschaffungswerte zu verlangen. Analog dazu kann auch die Frage der Identität der Wiederbeschaffungsgüter vernachlässigt werden, und es ist *Hasenack* zuzustimmen, daß es besonders hinsichtlich des Anlagevermögens abwegig wäre, eine Identität der Wiederbeschaffungsgüter zu fordern. *Hax* führt dazu aus: „Eine bloße Reproduktion, d. h. eine Wiederbeschaffung der gleichen Rohstoffe und Betriebsmittel genügt ... nicht, weil der Betrieb sonst den Anforderungen des Marktes leistungsmäßig nicht mehr genügen würde. *Hasenack* hat für diesen Fall den Begriff der ‚leistungsmäßigen Kapitalerhaltung' geprägt (vgl. *Schieb*[14]). Nach unserer Begriffsbildung müßten wir von ‚leistungsmäßiger Substanzerhaltung' sprechen[15]" [16].

3. Substanzrechnung als Indexrechnung

Es wurde in den Ausführungen über die dynamische Bilanz bemerkt, daß *Schmalenbach* (von der Grundkonzeption seiner Bilanzauffassung her beurteilt) dem Phänomen der generellen und speziellen Geldwertänderung bei einzelnen Wirtschaftsgütern fremd gegenüberstand. Nur so ist zu erklären, warum er glaubte, diesen Erscheinungen durch eine Indexrechnung gerecht werden zu können. F. *Schmidt* bemerkt in diesem Zusammenhang: „Diese durch Index korrigierte Bilanz, deren Vertreter in Deutschland während der Inflationszeit hauptsächlich *Schmalenbach* und *Mahlberg* wurden, hat verschiedene Nachteile ... (Das Vermögen eines Unternehmens) besteht aus einer Vielheit von Gütern, von denen jedes seinen Wert nicht nur nach dem allgemeinen Preisniveau, sondern auch nach der Sonderlage seines Marktes orientiert. Demnach kann auch ein berichtigter Anschaffungswert nur die Verschiebung des allgemeinen Preisniveaus, nicht aber die des Sondermarktes der Güter berücksichtigen, die neben allgemeinen Verschiebungen auch recht bedeutend zu sein pflegen[17]" [18].

---

[14] *Schieb*, Brigitta: Grundsätzliche Probleme der Kapitalerhaltung. Fragen der Kapitalerhaltung und Finanzierung; Veröffentlichungen zur Betriebswirtschaft, Heft 3, Wolfenbüttel 1949, S. 18 ff.

[15] *Hax:* Die Substanzerhaltung der Betriebe, S. 18.

[16] Vgl. auch *Schnettler*, Albert: Substanz- und Werterhaltung in den Betrieben, in: Zeitschrift für Betriebswirtschaft 1956, S. 263.

[17] *Schmidt*, F.: Die organische Tageswertbilanz, S. 80.

[18] Vgl. *Hax:* Bilanzgewinn und Geldwertschwankungen, in: ZfhF 1951, S. 445/6: „Aus den Erfahrungen des zweiten Weltkrieges ergab sich, daß viele Preisänderungen durch den Preisindex gar nicht erfaßt werden ... (und) daß wesentliche Preisverschiebungen nicht im Index zum Ausdruck kommen. ... Die Indexrechnung (ist daher) nicht etwa wertlos. ... Sie (trägt) aber immer nur den Charakter einer Hilfsrechnung."

Aus diesen Gründen interessiert die Indexrechnung im Rahmen der Überlegungen zur polaren Bilanz nur insofern, als sie das Finanzvermögen betrifft, da sich bei diesen Wirtschaftsgütern ausschließlich die allgemeine Änderung des Preisniveaus auswirkt.

4. Substanzrechnung durch Bildung stiller Reserven

Die Erwähnung der Möglichkeit, die Substanz eines Unternehmens durch die Bildung stiller Reserven zu erhalten, geschieht allein aus dem Grunde, einen vollzähligen Überblick über die verschiedenen Methoden der Substanzrechnung zu geben. Im übrigen wird auf die Überlegungen zur Substanzerhaltung im Rahmen der Handelsbilanz sowie auf die Untersuchungsergebnisse von *Hax* verwiesen. *Hax* nennt die „Politik der Selbstfinanzierung und der stillen Rücklagen eine der wirksamsten Methoden ..., mit deren Hilfe die Unternehmensleitungen versuchen, die Mängel der traditionellen Bilanzierungstechnik zu korrigieren“[19], weist aber im übrigen mit Recht darauf hin, daß die Substanzrechnung in Gestalt stiller Reserven eine doch sehr unvollkommene Methode ist. Der Substanzrechnung, die sich der Substanzerhaltungsrücklage bedient, sei der Vorzug zu geben[20].

5. Auf den Umsatz bezogene Substanzrechnung

Die von F. *Schmidt* angewandte Methode der Substanzrechnung, nämlich die erfolgswirksame Substanzerhaltungsrücklage anhand der Wiederbeschaffungswerte der umgesetzten Güter zu errechnen, findet ihre Begründung letztlich darin, daß F. *Schmidt* den Zweck der organischen Bilanz darin sieht, den Unternehmungen eine tägliche Neuorientierung ihres Verhaltens im wirtschaftlichen Geschehen zu erlauben. Diese Frage wurde bereits in den Ausführungen über die Praktikabilität der organischen Tageswertbilanz berührt.

Der Vorschlag von F. *Schmidt*, die Substanzerhaltungsrücklage auf die umgesetzten Wirtschaftsgüter zu beziehen, hat einen beachtlichen Vorteil, der im Zusammenhang mit den hier anzustellenden Überlegungen von besonderem Interesse ist. F. *Schmidt* bemerkt nämlich zutreffend, dieses Verfahren erlaube es, dem Unternehmen, die „relative Stellung in der Produktion der Gesamtwirtschaft zu behaupten“[21]. Das ist allerdings nicht in dem Sinne zu verstehen, daß die Erhaltung der relativen Stellung einer Unternehmung im marktwirtschaftlichen Geschehen nur mit Hilfe des von F. *Schmidt* empfohlenen Verfahrens zur Errechnung der Substanzerhaltungsrücklage möglich ist. Vielmehr ist dieses Verfahren dazu besser geeignet als andere Verfahren.

---

[19] *Hax:* Die Substanzerhaltung der Betriebe, S. 11.
[20] *Hax:* a.a.O., S. 176.
[21] *Schmidt*, F.: Die organische Tageswertbilanz, S. 139.

F. *Schmidt* versteht unter der relativen Werterhaltung eines Unternehmens die sofortige Anpassung an irgendwelche Änderungen des Beschaffungs- oder Absatzmarktes, dadurch, daß sich der Erfolg aus dem Umsatz eines jeden Wirtschaftsgutes anhand der Differenz zwischen dem Wiederbeschaffungs- und Veräußerungswert am Umsatztage errechnet. Mittels des so errechneten Erfolges kann sich das Unternehmen täglich neu auf die unter Umständen veränderten Wirtschaftsverhältnisse orientieren. „Das Problem der relativen Werterhaltung der Unternehmung ist also im Grunde nichts anderes als das der Anpassung der Kostenrechnung an die Ausflüsse der Produktionsverschiebungen. Relative Werterhaltung der Unternehmung heißt, ... den Kostenmaßstab so wählen, daß ein dauernder Gleichlauf von Produktion und Konsumtion voll gewährleistet ist[22]. ... Diese Art der Kostenrechnung zeigt also automatisch und augenblicklich durch Produktionsverschiebungen bedingte falsche Verteilungen des produktiven Kapitals auf Umsatz- und Produktivgüter und ermöglicht dem Unternehmer die sofortige Korrektur[23]."

Es wurde bemerkt, daß die Substanzrechnung aufgrund der Wiederbeschaffungspreise der umgesetzten Wirtschaftsgüter am besten dazu geeignet ist, die von F. *Schmidt* geforderte „relative Werterhaltung" eines Unternehmens sicherzustellen, daß aber dieses Ziel auch durch andere Verfahren — wenn auch nicht ganz so gut — erreicht werden kann. Wird z. B. die Substanzerhaltungsrücklage anhand der Wiederbeschaffungswerte der Vermögensgegenstände in der Schlußbilanz einer Rechnungsperiode ermittelt, so ist, wie bereits bei den Überlegungen zum Zeitpunkt des Wiederbeschaffungswertes herausgestellt, die Substanzerhaltung jener Wirtschaftsgüter nicht sichergestellt, die im Laufe der Rechnungsperiode angeschafft und mit Scheingewinn wieder veräußert wurden. Das von F. *Schmidt* empfohlene Substanzrechnungsverfahren anhand der umgesetzten Wirtschaftsgüter hat somit nicht nur den Vorzug, das gegenüber anderen Verfahren besser geeignete Orientierungsmittel des Unternehmens zu sein, sondern sichert darüber hinaus die restlose Erfassung von Scheingewinnen aus der Umsatztätigkeit.

Wenn im Rahmen der polaren Bilanztheorie davon abgesehen wird, die von F. *Schmidt* vertretene Substanzrechnung anzuwenden (die auf den Umsatz bezogen ist), so hat das trotz der zuvor erwähnten Vorzüge eine Reihe von Gründen. Zunächst ist es die fehlende Praktikabilität dieses Verfahrens, wozu auf die Ausführungen des betreffenden Unterabschnittes zur organischen Tageswertbilanz verwiesen wird. Ein weiterer Grund, das Umsatzverfahren von F. *Schmidt* nicht anzu-

---

[22] *Schmidt*, F.: a.a.O., S. 146.

[23] *Schmidt*, F.: a.a.O., S. 156.

wenden, liegt darin, daß es die Verluste aus sinkenden Wiederbeschaffungswerten zu noch vorhandenen Wirtschaftsgütern oder solche Verluste, die mit der Umsatztätigkeit nichts zu tun haben, z. B. Schwund, zeitliche Abnutzung etc. nicht erfaßt. Andererseits lassen sich die oben erwähnten Vorzüge des Umsatzverfahrens insofern auch beim Bilanzverfahren wahrnehmen, als die nicht erfaßten Scheingewinne solcher Wirtschaftsgüter, die in der Bilanzperiode angeschafft und wieder veräußert wurden, durch den Ansatz zukünftiger Wiederbeschaffungspreise noch nicht umgesetzter Wirtschaftsgüter wenigstens einen teilweisen Ausgleich finden[24].

6. Auf die Bilanz bezogene Substanzrechnung

Es wurde an früherer Stelle bemerkt, daß die auf den Umsatz bezogene Substanzrechnung „vergangenheitsorientiert" ist. Das gilt allerdings nur aus der Perspektive der Bilanz. F. *Schmidt* entwickelt jedoch seine organische Erfolgsrechnung vom Umsatz her. Daher sind für ihn die Wiederbeschaffungswerte nicht solche der Vergangenheit, sondern der Gegenwart. Man könnte in diesem Sinne sogar von einer permanenten Gegenwart sprechen, da Umsätze täglich stattfinden und täglich zu diesen Umsätzen die Wiederbeschaffungswerte zu ermitteln sind. — Durch die auf den Umsatz bezogene Substanzrechnung werden ausschließlich bereits realisierte Scheingewinne eliminiert. Die Substanzerhaltungsrücklage der organischen Erfolgsrechnung nimmt somit keinen Bezug auf das in der Bilanz vorhandene Vermögen. Es kann daher im Rahmen der organischen Erfolgsrechnung zumindest theoretisch der Fall unterstellt werden, daß ein Substanzerhaltungskonto ausgewiesen wird, obwohl das betreffende Unternehmen bereits alle Wirtschaftsgüter umgesetzt hat. Das andere theoretische Extrem würde darin liegen, daß ein Unternehmen trotz in erheblichem Umfange vorhandener Wirtschaftsgüter und gestiegener Wiederbeschaffungswerte in der organischen Erfolgsrechnung kein Substanzerhaltungskonto ausweist, nämlich dann, wenn noch kein Umsatz stattgefunden hat.

Während also das aufgrund der Umsatztätigkeit errechnete Substanzerhaltungskonto dazu dient, bereits realisierte Scheingewinne zu neutralisieren, ist die anhand des Vermögens der Schlußbilanz errechnete Substanzerhaltungsrücklage der organischen Vermögensrechnung ausschließlich auf zukünftige Scheingewinne bezogen (und deswegen auch, wie bereits an früherer Stelle dargelegt, erfolgsneutral). Sie soll den Scheingewinn absorbieren, der sich aus den noch zu tätigenden Umsätzen jener Wirtschaftsgüter ergibt, die noch vorhanden

---

24 Vgl. die Ausführungen über den Zeitpunkt des Wiederbeschaffungswertes.

sind. Das geschieht dann allerdings innerhalb der organischen Erfolgsrechnung. — Sinken die Wiederbeschaffungswerte, so ist die Substanzerhaltungsrücklage der organischen Vermögensbilanz entsprechend zu reduzieren. Das gleiche gilt, wenn die Menge der Wirtschaftsgüter kleiner wurde und kein entsprechender Ausgleich durch gestiegene Wiederbeschaffungswerte eintrat. Somit ist die Substanzerhaltungsrücklage in der organischen Vermögensrechnung immer genau der Höhe zukünftiger Scheingewinne angepaßt, wie sie sich zum jeweiligen Bilanzstichtag (anhand der Salden zwischen den Wiederbeschaffungs- und Anschaffungswerten der vorhandenen Wirtschaftsgüter) errechnen.

Angesichts dessen stellt sich erneut die Frage, wie dann die Substanzrechnung innerhalb der Bilanz wirksam werden kann. Wird sie wie in der organischen Vermögensbilanz ausgeübt, so ist sie wirkungslos. Es muß also anders gerechnet werden, wenn die Substanzrechnung der Bilanz einen Sinn haben soll. — Prüft man daraufhin die Zahlenbeispiele von *Hax*[25], so sind zunächst die Bedingungen von Interesse, unter denen *Hax* operiert. Er unterstellt, daß in einer Anfangsbilanz 1000 Mengeneinheiten zu DM 1,— = DM 1000,— vorhanden waren, denen ein gleich hohes Eigenkapital gegenübersteht. In der folgenden Rechnungsperiode werden die zuvor erwähnten Vorräte zum Preis von DM 2,— = DM 2000,— veräußert und wiederbeschafft. Bei der Nominalwertrechnung ergibt sich daraus ein Gewinn von DM 1000,—. In der organischen Erfolgsbilanz würde dieser Gewinn durch eine entsprechende Zuführung zum Substanzerhaltungskonto absorbiert und dieses Konto daraufhin in der Bilanz dem Kapital zugerechnet. Die Erlöse von DM 2000,— reichen dann aus, um die gleiche Vorratsmenge wiederzubeschaffen. Bei der kombinierten Kapitalrechnung nach *Hax* liegt ebenfalls kein Gewinn vor, obwohl die wiederbeschafften Güter zu DM 2000,— dem am Bilanzstichtag geltenden Wiederbeschaffungswert entsprechen. Zu einer Substanzerhaltungsrücklage besteht insofern keine Veranlassung (die Anschaffungs- und Wiederbeschaffungswerte der am Bilanzstichtag vorhandenen Vorräte sind gleich hoch). Dennoch weist *Hax* eine Substanzerhaltungsrücklage von DM 1000,— aus, wodurch er mit einem Gewinn von DM 0,— abschließt. Die Substanzerhaltungsrücklage begründet er damit, daß „ein Gewinn nur ausgewiesen werden soll, wenn und insoweit die ursprünglichen Gütermengen wiederbeschafft werden können"[26]. *Hax* hat somit nicht die Anschaffungs- und Wiederbeschaffungswerte der am Stichtag der Schlußbilanz vorhandenen Wirtschaftsgüter verglichen, sondern die Wiederbeschaffungswerte der in der Schlußbilanz ausgewiesenen Wirtschaftsgüter mit den Wiederbeschaffungswerten der in der Anfangs-

[25] *Hax:* Die Substanzerhaltung der Betriebe, S. 32 ff.

[26] *Hax:* a.a.O., S. 35.

bilanz ausgewiesenen Wirtschaftsgüter, ohne Rücksicht darauf, daß die Vorräte der Anfangsbilanz unterdessen veräußert worden sind und zu Anschaffungswerten wiederbeschafft wurden, die den Wiederbeschaffungswerten am Stichtag der Schlußbilanz entsprechen. Insofern hat *Hax* die von F. *Schmidt* geübte Substanzrechnung der organischen Erfolgsrechnung in die Bilanz eingebaut. *Hax* geht von den Wirtschaftsgütern der Schluß- *und* der Anfangsbilanz aus, um daraufhin die Substanzerhaltungsrücklage zu ermitteln, während F. *Schmidt* sich (in der organischen Vermögensrechnung) allein auf die Wirtschaftsgüter der Schlußbilanz bezieht[27]. Die von *Hax* errechnete Substanzerhaltungsrücklage dient somit nicht allein der Eliminierung zukünftiger Scheingewinne, sondern auch der Neutralisierung bereits realisierter Scheingewinne. Erst dadurch wird sie erfolgswirksam.

Die Substanzerhaltungsrücklage der polaren Bilanz errechnet sich zunächst genauso, wie es von F. *Schmidt* in der organischen Vermögensrechnung gefordert wird (wobei jedoch nicht nur von den Wiederbeschaffungswerten am Stichtag der Schlußbilanz auszugehen ist, sondern u. U. auch Wiederbeschaffungswerte der Zukunft angesetzt werden können). Insoweit ist die Substanzerhaltungsrücklage der polaren Bilanz ebenso wie die Substanzerhaltungsrücklage der organischen Vermögensrechnung auf zukünftige, d. h. erst noch zu realisierende Scheingewinne ausgerichtet. So gesehen ist sie allerdings erfolgsunwirksam. Da aber wegen der in der polaren Bilanz geforderten Interdependenz der nominellen und substantiellen Kapitalerhaltung grundsätzlich nicht daran gedacht ist, eine in vorhergehenden Bilanzen gebildete Substanzerhaltungsrücklage zu reduzieren, bezieht sie sich auf bereits realisierte Scheingewinne, wenn ein mengenmäßiger Rückgang der in früheren Bilanzen vorhandenen Wirtschaftsgüter eintrat, die der Substanzrechnung unterlagen. Außerdem enthält sie Beträge für gesunkene Wiederbeschaffungswerte noch vorhandener Wirtschaftsgüter. Die Substanzerhaltungsrücklage der polaren Bilanz wird also erst dann erfolgswirksam, wenn sie die Differenz zwischen den Anschaffungs- und Wiederbeschaffungswerten der gerade vorhandenen Wirtschaftsgüter überschreitet. Sie eliminiert daher sowohl Scheingewinne der Vergangenheit als auch der Zukunft. Abgesehen von der andersartigen Methode der Substanzrechnung ist sie außerdem eine Erweiterung der von *Hax* geforderten kombinierten nominellen und substantiellen Kapitalrechnung[28].

---

27 Deswegen mußte sich auch *Hax* so eingehend mit der Frage der Identität der Wirtschaftsgüter zum Stichtag der Anfangs- und Schlußbilanz auseinandersetzen, wozu auf die vorherigen Ausführungen verwiesen wird.

28 *Hax* bezieht seine Substanzrechnung, wie zuvor dargelegt, im Grunde genommen auf den Umsatz, kann dabei aber die Scheingewinne aus Umsätzen zu innerhalb der Rechnungsperiode angeschafften und wieder ver-

a) Bilanztechnische Präzisierung des Gewinnbegriffes der polaren Bilanz

Wie bereits dargetan, ist der polaren Bilanz unter anderem der Zweck gesetzt, das nominelle und substantielle Kapital der Unternehmung zu erhalten, in dem Sinne, daß von Gewinn nur dann zu sprechen ist, wenn das Rohvermögen der Bilanz am Schluß einer Rechnungsperiode das Rohvermögen der Bilanz am Anfang einer Rechnungsperiode sowohl substantiell als auch nominell übertrifft (vorausgesetzt, daß keine erfolgswirksamen Änderungen der Passivseite eintraten).

Dieser Gewinnbegriff wirkt sich bilanztechnisch dahin aus, daß die Substanzerhaltungsrücklage auf zwei verschiedenen Wegen errechnet werden kann. So können die Wiederbeschaffungswerte der Vermögensgegenstände in der Anfangsbilanz Ausgangspunkt sein. Sind (auf der Basis einer Einzelbewertung) die Wiederbeschaffungswerte der Vermögensgegenstände in der Schlußbilanz höher, erfolgt eine Zuführung zur Substanzerhaltungsrücklage in Höhe der Summe der Differenzbeträge bei den einzelnen Wirtschaftsgütern (zu innerhalb der Rechnungsperiode angeschafften Wirtschaftsgütern werden selbstverständlich die Wiederbeschaffungswerte mit den Anschaffungswerten saldiert). Negative Differenzbeträge werden gegen positive Differenzbeträge nicht aufgerechnet. Somit findet auch keine Reduzierung der Substanzerhaltungsrücklage statt, wenn ausschließlich niedrigere Wiederbeschaffungswerte vorliegen. Das ergibt sich aus der Interdependenz der nominellen und substantiellen Kapitalerhaltung. — Der zweite Weg nimmt seinen Ausgangspunkt bei den Anschaffungswerten der Wirtschaftsgüter in der Schlußbilanz. Aus der Differenz zu den Wiederbeschaffungswerten errechnet sich die Substanzerhaltungsrücklage, wobei jedoch zu prüfen ist, ob nicht in der vorhergehenden Bilanz höhere Wiederbeschaffungswerte für solche Wirtschaftsgüter vorlagen, die noch vorhanden sind oder solche, die nicht mehr vorhanden sind. Da diese Prüfung zu jedem einzelnen Wirtschaftsgut, das der Substanzrechnung unterliegt, vorzunehmen ist, ist dieser zweite Weg praktisch (rechentechnisch) gesehen mit dem zuerst beschriebenen Weg identisch.

Die von der polaren Bilanz geforderte Interdependenz der nominellen und substantiellen Kapitalerhaltung führt zwangsläufig dahin, die Substanzerhaltungsrücklage nicht als eine besondere Art von Gewinnrücklage zu verstehen. Daraus darf aber nicht der Schluß gezogen werden, daß die Substanzerhaltungsrücklage dem Fremdkapital gleich-

---

äußerten Wirtschaftsgütern nicht erfassen, wie es frühere Überlegungen zeigten. Seine Substanzrechnung steht somit zwischen dem Umsatz- und dem Bilanzverfahren, dabei aber näher zum Umsatzverfahren.

zusetzen ist. Sie nimmt vielmehr, wie bereits im Zusammenhang der Überlegungen zur steuerlichen Vermögensaufstellung erkannt, eine Zwischenstellung zwischen dem Eigen- und Fremdkapital ein. Sie ist insofern als Eigenkapital zu beurteilen, als sie keine Ansprüche Fremder widerspiegelt. Sie soll es dem Unternehmen ermöglichen, die eigene und zwar ausschließlich die eigene Substanz zu erhalten. Dagegen ist die Substanzerhaltungsrücklage aus der Gewinnperspektive durchaus als Fremdkapital zu werten. Da sie in der polaren Bilanz nicht reduziert werden soll, wird sie niemals Gewinn und kann deswegen auch nicht versteuert werden. Bei der Liquidation des Unternehmens ist sie als Kapitalrückzahlung anzusehen und hat daher den Charakter von Eigenkapital. Dieses zusätzliche Eigenkapital entstand allerdings nicht durch Gewinn, sondern spiegelt im wesentlichen die unterdessen eingetretene Kaufkraftentwertung wider. Im Falle einer Liquidation nimmt somit die Substanzerhaltungsrücklage keineswegs allein auf das ursprünglich investierte Kapital Bezug. Vielmehr erhöhte sie sich in jedem Jahr, wenn die Wiederbeschaffungswerte der dann gerade vorhandenen Wirtschaftsgüter anstiegen. Hierbei kann es durchaus der Fall sein, daß die Wiederbeschaffungspreise der einzelnen Wirtschaftsgüter zwar nicht gestiegen sind, aber die Menge so zunahm, daß das Produkt aus der Menge und der Differenz zwischen Wiederbeschaffungs- und Anschaffungswert zu einer höheren Substanzerhaltungsrücklage als in der Anfangsbilanz führt. Deshalb bezieht sich die im Falle der Liquidation eines Unternehmens als Eigenkapital auszuschüttende Substanzerhaltungsrücklage auf den im Lebensablauf des Unternehmens eingesetzten Höchststand des zu Wiederbeschaffungswerten ausgewiesenen Vermögens und nicht auf das ursprünglich eingesetzte Vermögen[29]. Die sich daraus ableitenden steuerlichen Probleme werden weiter unten behandelt. Hier interessiert lediglich, daß die Substanzerhaltungsrücklage von der Gewinnperspektive her beurteilt auf keinen Fall Eigenkapital darstellt.

Im Rahmen der polaren Bilanztheorie kann deswegen der Gewinnbegriff rein bilanztechnisch so definiert werden, daß er dem Saldo gleich ist, der sich aus dem zu Wiederbeschaffungswerten am Stichtag der Schlußbilanz ermittelten Rohvermögen abzüglich Fremdkapital und abzüglich Substanzerhaltungsrücklage und dem zu Wiederbeschaffungswerten ermittelten Rohvermögen am Stichtag der Anfangsbilanz

---

[29] Demgegenüber bezieht *Hax* die Substanzrechnung stets auf das ursprünglich eingesetzte Kapital: „Die Unternehmungsrechnung bleibt dabei grundsätzlich Geldkapitalrechnung, d. h. Gewinn ist das, was über das ursprünglich investierte Geldkapital an Geld hereinkommt (*Hax:* Die Substanzerhaltung der Betriebe, S. 279). ... Sobald das Unternehmen liquidiert wird, entfällt der Zwang zur Substanzerhaltung, und es verbleibt als einzige Basis für die Ermittlung des erzielten und zu versteuernden Gewinns nur noch das ursprünglich eingesetzte Geldkapital" (*Hax:* a.a.O., S. 280).

abzüglich Fremdkapital und abzüglich Substanzerhaltungsrücklage ergibt. Im Gegensatz zu *Hax*[30] entspricht jedoch die Substanzerhaltungsrücklage der polaren Bilanz nicht dem Differenzbetrag zwischen den Anschaffungs- und Wiederbeschaffungswerten der gerade vorhandenen Wirtschaftsgüter. Vielmehr umschließt sie, wie frühere Überlegungen zeigten, auch Beträge, die sich aus der Substanzrechnung für Wirtschaftsgüter ergaben, die nicht mehr vorhanden sind, sowie Beträge, die aus dem Rückgang der Wiederbeschaffungswerte herrühren, gleichviel, ob sie sich auf noch vorhandene oder nicht mehr vorhandene Wirtschaftsgüter beziehen. Die Substanzerhaltungsrücklage der polaren Bilanz kann sogar mehrfach für gestiegene Wiederbeschaffungswerte aufgestockt werden, wenn nämlich im Laufe mehrerer Bilanzperioden der Wiederbeschaffungswert eines Wirtschaftsgutes anstieg, wieder zurückging, um danach erneut zu steigen. Nicht nur aus Gründen der Praktikabilität, sondern in erster Linie aus den dargelegten volkswirtschaftlichen Gründen wird das als gerechtfertigt angesehen.

Es wurde bereits in den Ausführungen zum Gewinnbegriff der polaren Bilanz, soweit es die nominelle und substantielle Kapitalerhaltung betrifft, angekündigt, daß noch gewisse Einschränkungen erforderlich sind. Sie resultieren sowohl aus theoretischen als auch aus praktischen Erwägungen.

Die in der Anfangsbilanz einer Rechnungsperiode, d. h., die in der Bilanz zum 31. 12. / 1. 1. ausgewiesenen Wiederbeschaffungswerte sind Ausgangspunkt für die innerhalb der Rechnungsperiode anzuwendende Nominalwertrechnung der polaren Bilanz. Ein Sinken der Wiederbeschaffungswerte führt somit zu entsprechenden Verlusten. Diese Gewinnkonzeption wird dadurch realisierbar, daß die in der Anfangsbilanz einer Rechnungsperiode passivierte Substanzerhaltungsrücklage bei sinkenden Wiederbeschaffungswerten nicht aufgelöst werden darf. Die Substanzerhaltungsrücklage hat somit für die Nominalwertrechnung die Funktion einer „Sperrklinke nach unten". Die Nominalwertrechnung setzt immer auf dem höchsten Stand der Wiederbeschaffungswerte ein.

Es kann nun allerdings vorkommen, daß die Wiederbeschaffungswerte zum Stichtag der vorhergehenden Bilanz rein zufällig kurzfristig anstiegen, um danach wieder abzusinken. Hier ist es fraglich, ob die zuvor beschriebene Gewinnkonzeption der polaren Bilanz noch uneingeschränkt Anwendung finden kann. Vor allem darf nicht übersehen werden, daß Manipulationen mit den Wiederbeschaffungswerten zum Bilanzstichtag vorgenommen werden können, um dann durch

---

[30] Vgl. dazu aber die Ausführungen über den besonderen Charakter der Substanzrechnung von *Hax*.

eine entsprechende Erhöhung der Substanzerhaltungsrücklage für immer den Handels- und Steuerbilanzgewinn zu kürzen. Solches würde Willkür sein, die mit dem Postulat des vollen Erfolgsausweises in der polaren Bilanz nicht in Einklang zu bringen ist. — Diesem einen Extrem ist ein anderes Extrem gegenüberzustellen, wenn nämlich z. B. ein Grundstück vor etwa 40 Jahren für 100.000 Geldeinheiten erworben wurde und es ein bis zwei Jahrzehnte lang den zehnfachen Wert hatte, um dann plötzlich aus irgendwelchen Gründen wieder auf den Anschaffungswert abzusinken. Hier liegt unter Anwendung des Gewinnbegriffes der polaren Bilanz zweifellos ein Verlust von 900.000 Geldeinheiten vor. — Wo ist aber nun die Grenze zu ziehen, von der ab der Gewinnbegriff der polaren Bilanz Einschränkungen unterliegt? Theoretisch exakt läßt sie sich generell nicht finden. Es kommt vielmehr auf die besonderen Verhältnisse des betreffenden Unternehmens an. — Abgesehen von Manipulationen etc. hängt die Grenzziehung auch von der Dauer des Produktionsprozesses ab. Aus dieser Perspektive ergibt sich aber nun doch eine theoretisch wenigstens ungefähr befriedigende Begründung zu Abstrichen am Gewinnbegriff der polaren Bilanz. Das Postulat, der innerhalb einer Rechnungsperiode anzuwendenden Nominalwertrechnung die Wiederbeschaffungswerte zu Beginn der Rechnungsperiode zugrunde zu legen, basiert nämlich auf der Annahme, daß diese Wiederbeschaffungswerte durch Veräußerung der betreffenden Wirtschaftsgüter zum Stichtag der Anfangsbilanz hätten realisiert, d. h. in Geld umgewandelt werden können. Je kürzer aber der Produktionsprozeß ist, um so eher kann diese Fiktion als realistisch angesehen werden. Bei sehr raschem Güterumschlag sind somit zum Bilanzstichtag eingetretene vorübergehende Erhöhungen der Wiederbeschaffungswerte zu berücksichtigen; zumindest dann, wenn der Zeitraum der Wertsteigerungen — und das ist das entscheidende Kriterium — länger ist als die Produktionsdauer.

Als Ergebnis ist somit festzuhalten, daß manipulierte und in besonderen Fällen auch zufällige kurzfristige Erhöhungen der Wiederbeschaffungswerte zum Bilanzstichtag unberücksichtigt bleiben müssen, daß aber im übrigen der Gewinnbegriff der polaren Bilanz keinen Einschränkungen unterliegt. Dadurch wird auch in gewissem Umfange den durch *Christoph* geäußerten Bedenken Rechnung getragen. Nach seinen Ausführungen stiegen in einem Unternehmen der NE-Metallindustrie während der Korea-Krise die Wiederbeschaffungswerte der Vorräte so stark an, daß sich bei unveränderter Menge etwa der 3 1/2fache Wert ergab. „Die Wertsteigerungsdifferenz macht etwa den doppelten Wert des gesamten Anlagevermögens und den 1 1/2fachen Wert des Eigenkapitals aus. ... In den folgenden beiden Jahren aber fielen die NE-Metallpreise wieder so erheblich, daß Millionen Scheinverluste entstanden. ... Diese Verluste waren so hoch, daß sie durch Fabrikationsgewinne Jahre hindurch nicht hätten kompensiert werden können. Hier muß der Auffassung eines Unternehmers zugestimmt werden, der erklärte: Wenn (diese Verluste auszuweisen sind), dann werden wir unsere Vorräte beim Höchststande verkaufen müssen und die Betriebe so lange schließen, bis der Kupferpreis wieder gesunken ist, denn an der Fertigung können wir diese Steuern (Steuern auf Scheingewinne) nicht verdienen[31]." Dieser Sachverhalt ist allerdings nicht ganz zweifelsfrei. Wenn lediglich die Wiederbeschaffungswerte stiegen, ohne daß es zu Zukäufen kam, bleibt die Handelsbilanz als Nominalwertrechnung davon unberührt. Es können dann auch keine sogenannten Scheinverluste entstehen, wenn die Wiederbeschaffungswerte sinken. Ist der zuvor zitierte Sachverhalt jedoch so zu interpretieren, daß zu den höheren Wiederbeschaffungswerten auch tatsächlich angeschafft wurde, so liegen bei Anwendung der Nominalwertrechnung effektive und nicht nur Scheinverluste vor. — In einer derartigen Situation würden in der polaren Bilanz die Scheingewinne aus gestiegenen Wiederbeschaffungswerten nicht der Besteuerung unterliegen und auch nicht ausgeschüttet werden können. Die Verluste aus den sinkenden Wiederbeschaffungswerten würden nur dann nicht als solche ausgewiesen, wenn zum Bilanzstichtag kurzfristig höhere Wiederbeschaffungswerte vorkamen *und* die Produktionsdauer den Zeitraum der höheren Wiederbeschaffungswerte übersteigt. Die betreffenden Verluste können unter solchen Umständen ausnahmsweise durch eine entsprechende Auflösung der Substanzerhaltungsrücklage absorbiert werden. Hielten sich jedoch die höheren Wiederbeschaffungspreise länger als es der Produktionsdauer entspricht, so ist anzunehmen, daß die betreffenden Vorräte auch zu diesen höheren Wiederbeschaffungspreisen erneuert werden mußten. Es besteht kein Zweifel, daß sinkende Wiederbeschaffungswerte dann als echte Verluste zu behandeln sind.

Der Gewinnbegriff der polaren Bilanz ist nunmehr so abgegrenzt, daß an dieser Stelle die bilanztechnischen Unterschiede zur Substanzrechnung nach F. *Schmidt* und *Hax* sowie im Vergleich zur reinen Nominalwertrechnung an grundsätzlichen Beispielen aufgezeigt werden können:

1. Die Wiederbeschaffungswerte steigen bei gleichbleibender mengenmäßiger Substanz, ohne daß Umsätze getätigt werden. In der Nominalwertrechnung bleiben diese Wertsteigerungen außer Ansatz und nehmen daher keinen Einfluß auf den Gewinn. Das letztere gilt aber auch unter Anwendung der verschiedenen Arten der Substanzrechnung. Den auf der Aktivseite der Bilanz ausgewiesenen höheren

---

[31] *Christoph,* B.: Eiserner Bestand und Preisdifferenzrücklage in der betriebswirtschaftlichen Praxis, in: Der Betrieb 1956, S. 26.

Wiederbeschaffungswerten (im Vergleich zu den Anschaffungswerten) steht auf der Passivseite in Höhe des Differenzbetrages (zu den Anschaffungswerten) eine Substanzerhaltungsrücklage gegenüber.

2. Sind die Wiederbeschaffungswerte nach dem Stichtag der Anfangsbilanz gestiegen, Umsatzerlöse auf der Basis der höheren Wiederbeschaffungswerte zu verzeichnen und die Vorräte mengenmäßig zurückgegangen (weil kein Zukauf stattfand), so weist die Nominalwertrechnung einen Scheingewinn in Höhe des Differenzbetrages zwischen den höheren Wiederbeschaffungs- und den Anschaffungswerten aus. — In der organischen Erfolgsrechnung wird dieser Scheingewinn durch entsprechende Belastung des Substanzerhaltungskontos (Differenzbetrag zwischen den höheren Wiederbeschaffungs- und Anschaffungswerten der umgesetzten Güter) neutralisiert. Waren z. B. in der vorhergehenden Bilanz 500 Mengeneinheiten à DM 1,— = DM 500,— vorhanden, denen ein Kapital von ebenfalls DM 500,— gegenübersteht, so wird bei einem Verkauf von 100 Mengeneinheiten zum Wiederbeschaffungswert von DM 2,— (= DM 200,—) der daraus resultierende Scheingewinn von DM 100,— in der Weise eliminiert, daß von den Wiederbeschaffungswerten der verkauften Mengeneinheiten (100 × DM 2,— = DM 200,—) die Anschaffungswerte (100 × DM 1,— = DM 100,—) abgesetzt werden. Der Differenzbetrag von DM 100,— wird dem Substanzerhaltungskonto belastet und dieses Konto dann in die Bilanz übernommen (als Substanzerhaltungsrücklage ausgewiesen oder dem Kapital zugerechnet). — Nach der Substanzrechnung von *Hax* kann der Scheingewinn nicht eliminiert werden. Auf der Aktivseite werden die Barmittel aus dem Verkauf von 100 Mengeneinheiten zu DM 2,— = DM 200,— und die Wiederbeschaffungswerte zu noch vorhandenen 400 Mengeneinheiten à DM 2,— = DM 800,— ausgewiesen = insgesamt DM 1.000,—. Auf der Passivseite wird das Kapital in Höhe des Anschaffungswertes der ursprünglich vorhandenen 500 Mengeneinheiten à DM 1,— = DM 500,—, ferner eine Substanzerhaltungsrücklage wegen der gestiegenen Wiederbeschaffungswerte der noch vorhandenen 400 Mengeneinheiten von DM 400,— und ein Gewinn von DM 100,— bilanziert. — Das gleiche Bilanzbild zeigt die „Polare Bilanz". Auch hier kann der Scheingewinn von DM 100,— nicht eliminiert werden. — An diesem Beispiel zeigt sich der Vorzug der organischen Erfolgsrechnung, da dort die Substanzrechnung nicht anhand der vorhandenen Bilanzbestände, sondern anhand der getätigten Umsätze vorgenommen wird. Allerdings könnte auch in der polaren Bilanz der Scheingewinn von DM 100,— dadurch eliminiert werden, daß bereits in der vorhergehenden Schlußbilanz die Vorräte von 500 Mengeneinheiten mit dem erwarteten zukünftigen Wiederbeschaffungswert von DM 2,— je Einheit = DM 1.000,— akti-

viert werden, während auf der Passivseite neben dem Kapital von DM 500,— eine Substanzerhaltungsrücklage von DM 500,— erscheint. In der folgenden Bilanz sind dann auf der Aktivseite 400 Mengeneinheiten à DM 2,— = DM 800,— und Barmittel von DM 200,— zu finden = DM 1.000,—, auf der Passivseite das Kapital von DM 500,— und die Substanzerhaltungsrücklage von ebenfalls DM 500,—; der Gewinn ist dann Null.

3. Werden in Abwandlung der zuvor genannten Bedingungen die 500 Mengeneinheiten der vorhergehenden Schlußbilanz von DM 1,— = DM 500,— in der folgenden Rechnungsperiode restlos zu Wiederbeschaffungswerten à DM 2,— veräußert = DM 1.000,— und dafür 500 Mengeneinheiten à DM 2,— wiederbeschafft, so ergibt sich bei Anwendung der Nominalwertrechnung ein Scheingewinn von DM 500,—. — Nach F. *Schmidt* wird dieser Scheingewinn in gleicher Weise wie beim vorherigen Beispiel durch entsprechende Belastung des Substanzerhaltungskontos, das in die Bilanz übernommen wird, eliminiert. — Bei *Hax* wird eine Substanzerhaltungsrücklage in Höhe des Differenzbetrages passiviert, wie er sich aus der Saldierung der in der Schlußbilanz vorhandenen 500 Mengeneinheiten à DM 2,— = DM 1.000,— und den in der vorhergehenden Schlußbilanz vorhandenen 500 Mengeneinheiten à DM 1,— = DM 500,— ergibt.

Somit ist es auch nach der Substanzrechnung von *Hax* möglich, den Scheingewinn restlos aufzufangen, obwohl die Anschaffungswerte der in der Schlußbilanz vorhandenen Vorräte mit deren Wiederbeschaffungswert identisch sind. Hier kommt die von *Hax* angewandte Methode der Substanzrechnung derjenigen von F. *Schmidt* (auf der Basis der Gewinn- und Verlustrechnung) gleich, während das im vorhergehenden Beispiel nicht der Fall war. — In der polaren Bilanz kann der Scheingewinn nicht absorbiert werden, weil sich die Substanzerhaltungsrücklage aus der Differenz zwischen den höheren Wiederbeschaffungswerten und den Anschaffungswerten, die in diesem Beispiel mit den Wiederbeschaffungswerten gleich sind, errechnet (und somit Null ist). Nur ausnahmsweise könnte hier der Scheingewinn aufgefangen werden, wenn nämlich, wie im vorhergehenden Beispiel dargestellt, zum Zeitpunkt der Schlußbilanz mit einem Steigen der Wiederbeschaffungswerte von DM 1,— auf DM 2,— zu rechnen war und somit der zukünftige Wiederbeschaffungswert zum Ansatz gelangen durfte.

4. Sinken die Wiederbeschaffungswerte wieder auf die ursprünglichen Anschaffungswerte, ohne daß sich die Substanz mindert, hat das auf die Nominalwertrechnung keinen Einfluß. Das gleiche gilt für die Substanzrechnung nach F. *Schmidt* und auch für die Substanzrechnung von *Hax*. In der polaren Bilanz werden jedoch in Höhe der gesunkenen

Wiederbeschaffungswerte Verluste ausgewiesen, weil die Substanzerhaltungsrücklage nicht aufgelöst werden darf, die Wertansätze der Aktivseite aber den gesunkenen Wiederbeschaffungswerten entsprechen.

5. Sinken die Wiederbeschaffungswerte bei gleichbleibender Substanz unter die ursprünglichen Anschaffungswerte, so ist bei Anwendung der Nominalwertrechnung ebenso wie nach der Substanzrechnung von *Hax* ein Verlust in Höhe des Differenzbetrages zwischen den Anschaffungswerten und den niedrigeren Wiederbeschaffungswerten auszuweisen. Die organische Erfolgsrechnung nach F. *Schmidt* schließt dagegen ohne Gewinn oder Verlust ab. Die polare Bilanz weist demgegenüber einen noch höheren Verlust als die Nominalwertrechnung aus, weil als zusätzlicher Verlust der Differenzbetrag zwischen den höheren Wiederbeschaffungswerten der (oder einer) vorhergehenden Bilanz und den ursprünglichen Anschaffungswerten zu berücksichtigen ist.

Die zuvor dargestellten Beispiele lassen bereits die Unterschiede der Substanzrechnungsmethoden nach F. *Schmidt,* nach *Hax* und der polaren Bilanz in ausreichendem Umfange deutlich werden, obwohl noch zahlreiche weitere Variationen denkbar sind. Sie sind aber aus den vorherigen Überlegungen ohne Schwierigkeiten ableitbar. Es sollen lediglich noch die insgesamt bestehenden grundsätzlichen Variationsmöglichkeiten aufgezählt werden: steigende oder sinkende Wiederbeschaffungswerte bei gleicher, zunehmender oder abnehmender Substanz, wobei auch ein Sinken der Wiederbeschaffungswerte unter die ursprünglichen Anschaffungswerte zu berücksichtigen ist; keine Wiederbeschaffung der umgesetzten Wirtschaftsgüter im Laufe der Rechnungsperiode; Wiederbeschaffung der umgesetzten Wirtschaftsgüter im Laufe der Rechnungsperiode zu niedrigeren, gleichen oder höheren Wiederbeschaffungswerten als zum Stichtag der Anfangsbilanz; weitere Variationen dadurch, daß die zuvor genannten Bedingungen nur partiell gelten (z. B. sind bei einem Teil der Wirtschaftsgüter steigende, beim anderen Teil sinkende Wiederbeschaffungswerte zu verzeichnen usw.). — Die zuvor getroffenen Überlegungen gelten analog auch für das Anlagevermögen, wobei allerdings die entsprechenden Abschreibungen vom Wiederbeschaffungswert zu berücksichtigen sind. Es wird hierzu auf die Ausführungen zur Substanzerhaltung beim Anlagevermögen innerhalb der Handelsbilanz verwiesen.

b) Substanzrechnung und Rentabilität

Soweit *Hax* der Ansicht ist, die Substanzerhaltungsrücklage sei bei sinkenden Wiederbeschaffungswerten entsprechend aufzulösen und sie sei nichts anderes als eine besondere Art von Gewinnrücklage, so sind seine nachstehend zitierten Ausführungen konsequent: „Wenn überhaupt kein Gewinn erzielt wird, dann kann auch keine Substanzerhaltungsrücklage gebildet werden; die Rücklagenbildung als rein rechnungsmäßiges Verfahren hat nur dann einen Sinn, wenn zuvor die materiellen Voraussetzungen in Gestalt eines Gewinnes gegeben sind[32].“ — Dennoch ist seine Auffassung abzulehnen. So ist auch F. *Schmidt* nicht der Ansicht, eine Substanzerhaltungsrücklage könne nur gebildet werden, wenn der Veräußerungswert des umgesetzten Wirtschaftsgutes über seinem Wiederbeschaffungswert liegt. Es gibt kein überzeugendes Argument, daß nur solche Unternehmen eine Substanzrechnung führen dürfen, die rentabel arbeiten. Wie sieht es außerdem bei jenen Unternehmen aus, die aus mehreren Betrieben bestehen, aber nicht alle Betriebe rentabel oder nicht alle unrentabel arbeiten? Eine ähnliche Frage stellt sich, wenn ein Unternehmen nur aus einem Betrieb besteht und nicht alle Umsätze mit Gewinn oder nicht alle Umsätze mit Verlust abschlossen. — Aber auch ohne diese Überlegung, sondern allein von der Sache her, ist es nicht recht verständlich, warum die Substanzrechnung nur dann Anwendung finden soll, wenn Gewinn vorliegt. Arbeitet ein Unternehmen mit Verlust und steigen die Wiederbeschaffungswerte, so ist eben der Verlust um so höher. Wird z. B. ein Wirtschaftsgut zu einem Preis von DM 100,— eingekauft, mit DM 80,— verkauft, liegt aber der Wiederbeschaffungswert am Umsatztage bei DM 130,—, so beläuft sich der Verlust nicht auf DM 20,—, sondern auf DM 50,—. Das gleiche gilt, wenn die Substanzrechnung nicht vom Umsatz, sondern vom Bilanzvermögen ausgeht. Wenn in einer vorhergehenden Wirtschaftsperiode ein Wirtschaftsgut mit DM 100,— beschafft wurde, der Wiederbeschaffungswert am Bilanzstichtag DM 130,— und der Verkaufswert zu einem späteren Zeitpunkt nur DM 80,— betrug, so weist die polare Bilanz dadurch, daß eine einmal gebildete Substanzerhaltungsrücklage nicht aufgelöst wird, ebenfalls einen Verlust von DM 50,— aus. Das ergibt sich aus der Interdependenz der nominellen und substantiellen Kapitalerhaltung. — Wollte man der Auffassung von *Hax* folgen, so hieße es, die unrentablen Betriebe bzw. Teilbetriebe oder die einzelnen Verlustgeschäfte zusätzlich zu belasten, wenn ihnen auch noch die Substanzrechnung verwehrt würde. Die Verluste werden zwar durch die Substanzrechnung höher, damit aber auch der Verlustvortrag, der gegen zukünftige Gewinne aufgerechnet werden kann, wodurch sich die Ertragsteuern und Gewinnausschüttungen entsprechend mindern. — Weil die polare Bilanz zugleich Handels- und Steuerbilanz sein soll, würde es auch gegen den Gleichheitsgrundsatz der Besteuerung verstoßen, die Substanzrechnung allein rentab-

---

[32] *Hax:* Die Substanzerhaltung der Betriebe, S. 267.

len Unternehmungen zu erlauben. Außerdem soll der in der polaren Bilanz ausgewiesene Erfolg eine Orientierung über die Lage des Unternehmens erlauben, wenn auch nicht ganz in dem Sinne, wie es F. *Schmidt* fordert[33]. Der Fortfall der Substanzrechnung bei Unrentabilität würde dagegen eine solche Orientierung beeinträchtigen. Das Unternehmen würde einen geringeren Verlust ausweisen, als er substantiell tatsächlich vorliegt.

Es sprechen somit eine Reihe von Gründen gegen die Auffassung von *Hax*, die Bildung einer Substanzerhaltungsrücklage setze Rentabilität voraus. Im Rahmen der polaren Bilanz erfolgt die Substanzrechnung völlig unabhängig davon, ob das Unternehmen mit Gewinn oder Verlust arbeitet.

c) Substanzrechnung und nicht abnutzbare Wirtschaftsgüter

Hax vertritt die Ansicht, „die Frage der Substanzerhaltung (habe) nur für diejenigen Güter des Anlagevermögens Bedeutung, deren Substanz durch die Nutzung allmählich verbraucht wird und dann aus dem hereinfließenden Erlös wieder ersetzt werden muß. Wenn dagegen die Substanz wie im Falle der Grundstücke durch die Nutzung unberührt bleibt, kann das Problem der Substanzerhaltung überhaupt nicht entstehen“[34]. — Das Argument, die Substanzrechnung finde ihre Grenze, wenn es sich um nicht abnutzbare Wirtschaftsgüter handelt, die somit nicht ersetzt zu werden brauchen, scheint auf den ersten Blick durchschlagend zu sein.

Hax kommen aber Bedenken, seine Argumentation auch auf das sogenannte „immaterielle Realanlagevermögen“ anzuwenden. Hierzu ergebe sich „eine Fragestellung, die mit dem Problem der Substanzerhaltung weitgehend verwandt ... ist. ... Sie zeigt sich bei der Behandlung des Aufwandes für Forschung und Entwicklung. ... Eine Einschränkung der Entwicklungsarbeit ist ... nichts anderes als eine besondere Form des Substanzverzehrs, nur daß es sich hier um eine immaterielle Substanz handelt, die quantitativ nicht faßbar ist. ... Das Problem der Substanzerhaltung besteht auch hier; man kann ihm aber nicht mit den Mitteln der Substanzrechnung begegnen, weil diese grundsätzlich auf Mengengrößen abgestellt ist ...“[35]. — Wenn allerdings § 133 Ziff. 2 des Aktiengesetzes die Aktivierung von Herstellungskosten für Konzessionen, Patente, Lizenzen, Marken oder ähnliche Rechte nicht zuläßt, sondern allenfalls die Aktivierung von Anschaffungskosten erlaubt, so ist es sehr zweifelhaft, ob eigene Forschungskosten, die nicht einmal zum Patent führten, aktiviert werden

[33] Vgl. die Ausführungen zur organischen Tageswertbilanz.
[34] *Hax*: Die Substanzerhaltung der Betriebe, S. 180/181.
[35] *Hax*: a.a.O., S. 181/182.

dürfen. Gewiß ist eine Aktivierung erforderlich, wenn man diese Frage allein aus der Perspektive der Gewinn- und Verlustrechnung, d. h. einer zutreffenden Periodenabgrenzung der Aufwendungen und Erträge beurteilt. Das Handelsrecht schränkt jedoch den Grundsatz zutreffender Periodenabgrenzung zumindest insoweit ein, als es sich um bilanzierungsfähige Wirtschaftsgüter handeln muß. Es ist zwar zuzugeben, daß der Forschungsaufwand für die Herstellung eines neuen Produktes zu einem Wirtschaftsgut führen kann. Aufgrund der Bestimmungen des Aktienrechtes zu Patenten, Lizenzen etc. muß aber davon ausgegangen werden, daß es sich bei solchem Forschungsaufwand um ein nicht bilanzierungsfähiges Wirtschaftsgut handelt. Hierzu wird auf die bereits zitierte Untersuchung von *Flume* „Die Forschungs- und Entwicklungskosten in Handels- und Steuerbilanz"[36] verwiesen[37]. — Es besteht kein Anlaß, in der polaren Bilanz von diesen Grundsätzen abzuweichen. Durch die sofortige Verbuchung von Forschungsaufwendungen als Aufwand wird aber das Problem der Substanzerhaltung zu solchen Wirtschaftsgütern weitgehend gelöst. Die Untersuchungen zur Substanzrechnung innerhalb der Handelsbilanz zeigten nämlich, daß es im Grunde genommen gleich ist, ob die Substanzauszehrung durch die Bildung stiller Reserven oder einer Substanzerhaltungsrücklage verwehrt wird. — Schwierigkeiten sind nur dann denkbar, wenn aufgrund derartigen Forschungsaufwandes ein Patent erteilt und dieses veräußert wird. Eine Substanzauszehrung würde dann insofern vorliegen, als die „Wiederbeschaffungskosten" gestiegen sind. Da aber Forschungsaufwendungen zum überwiegenden Teil die Kosten schöpferischen Schaffens sind und diese wiederum schlecht quantifiziert werden können, weil es oft vom glücklichen Zufall abhängt, ob und wie schnell die entscheidende Idee gefunden wird[38], ist *Hax* beizupflichten, wenn er die Auffassung vertritt, daß hier die Substanzrechnung versagt. Sie ist tatsächlich „auf Mengengrößen abgestellt".

[36] Der Betrieb 1958, S. 1045/46.

[37] *Flume* weist außerdem nach, wie ebenfalls bereits an früherer Stelle zitiert, daß die abweichenden Auffassungen der Kommentare, insbesonders von *Adler, Düring, Schmaltz* (Rechnungslegung und Prüfung der Aktiengesellschaft, Tz 118 zu § 133 AktG) unzutreffend sind.

[38] „Mag die Forschungs- und Entwicklungsarbeit noch so sehr geplant werden, so gilt doch immer noch, was Goethe im Gespräch mit Eckermann am 11. 3. 1828 gesagt hat, daß jede Erfindung wie jede Produktivität höchster Art ‚dem Dämonischen verwandt' ist. Das Ergebnis der Tätigkeit und damit der Kosten läßt sich nicht im voraus planen und berechnen. Man weiß nicht, ob man zu einem Ergebnis und zu welchem Ergebnis man gelangt, und auch wenn man zu einem Ergebnis gelangt ist, so ist es nicht fungibel, es ist nicht meßbar, sondern der Bereich des Meßbaren wird erst erreicht, wenn die Ergebnisse der Forschungs- und Entwicklungsarbeit in der Erzeugung angewandt oder sonst verwertet werden" (Vgl. *Flume:* Die Forschungs- und Entwicklungskosten in Handels- und Steuerbilanz, in: Der Betrieb 1958, S. 1045).

Diesem Ergebnis kommt aber durchaus nicht in solchem Ausmaß Aussagekraft zu, daß die Substanzrechnung bei den Wirtschaftsgütern des immateriellen Anlagevermögens generell abgelehnt werden muß. Handelt es sich hierbei um erworbene Wirtschaftsgüter, so besteht kein Grund, die Substanzrechnung zu verneinen, vorausgesetzt, daß sich die Wiederbeschaffungswerte feststellen lassen. Das gilt um so mehr, als die immateriellen Anlagegüter überwiegend abnutzbare Wirtschaftsgüter sind, sei es dadurch, daß z. B. Patente im Laufe der Zeit technisch veralten oder rechtlich gesehen auslaufen.

Es gibt aber auch kein überzeugendes Argument, weswegen die Substanzrechnung bei Beteiligungen oder Grundstücken keine Anwendung finden soll, zumal gerade hier die Wertsteigerungen besonders hoch liegen. Grundstücke sind zwar nicht abnutzbar und brauchen insofern in ihrer Substanz nicht ersetzt zu werden. Dennoch sind die Unternehmungen nicht für immer an die gleichen Grundstücke gebunden. In zahlreichen Fällen findet nämlich die Expansion der Unternehmungen in den vorhandenen Grundstücken ihre Grenzen. Da aber unter den heutigen Verhältnissen die Expansion der Unternehmungen oft der einzige Ausweg ist, um so den steigenden Löhnen, Gehältern und sonstigen Kosten zu begegnen, weil vornehmlich die Expansion die Möglichkeit bietet, neue, moderne, mehr mechanisierte und aus all diesen Gründen kostensparende Produktionsverfahren anzuwenden, muß es bei beschränkter Grundstücksfläche zwangsläufig dahin kommen, daß zu irgendeinem Zeitpunkt die Frage einer Verlagerung des Unternehmens zur Diskussion steht. Dann entsteht auch bei den Grundstücken, obwohl sie nicht abnutzbar sind, das Problem des Substanzverzehrs. Die daraus erwachsenden Schwierigkeiten sind heute derart aktuell geworden, daß sie den Gesetzgeber zur Einfügung des § 6b in das Einkommensteuergesetz veranlaßten. Die bisher angewandte Nominalwertrechnung verhinderte geradezu die in vielen Fällen dringend notwendige Verlagerung von Unternehmungen; es wird hierzu auf die Ausführungen des Abschnittes „Die Steuerbilanz", insbesondere auf den Unterabschnitt „Neue Wege des Steuergesetzgebers" verwiesen. — § 6b EStG ist somit als das beste Argument dafür zu werten, daß auch die nicht abnutzbaren Wirtschaftsgüter in die Substanzrechnung einzubeziehen sind. Angesichts der Dynamik der heutigen Wirtschaftsverhältnisse besteht grundsätzlich für alle Wirtschaftsgüter die Möglichkeit, einmal veräußert zu werden und damit die Gefahr der Substanzauszehrung. Aber selbst wenn es Wirtschaftsgüter geben sollte, die von einer Veräußerung gänzlich ausgeschlossen sein sollten (was jedoch schon allein deswegen theoretisch nicht denkbar ist, da eine Veräußerung zumindest bei der Liquidation des Unternehmens in Betracht zu ziehen ist), müßte die Substanzrechnung angewandt werden. Das fordert die Gewinnkonzeption der polaren Bilanz. Die Geschlossenheit der polaren Bilanztheorie würde durchbrochen, wenn anders verfahren werden sollte.

d) *Praktikabilität der auf die Bilanz bezogenen Substanzrechnung*

Hax betont mit Recht, „daß die Grundrechnung der Unternehmung immer nur die Geldkapitalrechnung sein kann. Die Substanzrechnung wird stets den Charakter einer Hilfsrechnung haben“[39]. Es ist zwar denkbar, sich gänzlich von den Anschaffungswerten zu lösen und an den Bilanzstichtagen die jeweils in Betracht kommenden Wiederbeschaffungswerte zu buchen. Die Buchhaltung ist in einem solchen Fall nur noch ein Mengengerüst, das zu den Bilanzstichtagen mit den Wiederbeschaffungswerten zu bewerten ist. Ein derartiges Verfahren ist aber in ähnlicher Weise schlecht praktikabel wie die von F. *Schmidt* geforderte Substanzrechnung der umgesetzten Wirtschaftsgüter. Es wird hierzu auf die Ausführungen über die Praktikabilität der organischen Erfolgsrechnung verwiesen.

Diese Überlegungen führen zu dem Ergebnis, daß die Anschaffungs- oder Herstellungskosten auch in der polaren Bilanz nicht ihre Bedeutung verlieren. Es bleibt deshalb zunächst alles so, wie es bisher war. Zum Stichtag der Schlußbilanz sind jedoch (nach Aufstellung der „normalen“ Bilanz) für jene Wirtschaftsgüter, die der Substanzrechnung unterliegen, die Wiederbeschaffungswerte zu ermitteln und anstatt der Anschaffungs- oder Herstellungskosten (gegebenenfalls gemindert um Abschreibungen) in der Bilanz auszuweisen. Diese Wiederbeschaffungswerte sind dann jeweils mit den Wiederbeschaffungswerten der Anfangsbilanz der Rechnungsperiode zu vergleichen. Bei höheren Wiederbeschaffungswerten der Schlußbilanz ist die Summe der Differenzbeträge der Substanzerhaltungsrücklage zuzuweisen, während negative Differenzbeträge aufgrund gesunkener Wiederbeschaffungspreise oder nicht mehr vorhandener Wirtschaftsgüter außer Betracht bleiben. Wegen des bei jedem einzelnen Wirtschaftsgut (des Anlage- und Vorratsvermögens) erforderlichen Vergleichs der Wiederbeschaffungswerte zum Stichtag der Anfangs- und Schlußbilanz ist zu empfehlen, daß die einzelnen Konten der Anlage-Buchhaltung und des Vorratsvermögens neben den Anschaffungs- oder Herstellungskosten (gegebenenfalls vermindert um Abschreibungen) auch noch die Wiederbeschaffungswerte ausweisen. Eine rein statistische Nebenrechnung außerhalb der Buchhaltung würde mit zu großem Aufwand verbunden sein. — Es wurde bereits an früherer Stelle auf die Problematik der Identität der Wirtschaftsgüter, die miteinander verglichen werden sollen, hingewiesen und daß es einen Weg zu finden gilt, über diese

[39] *Hax:* Die Substanzerhaltung der Betriebe, S. 51.

Schwierigkeiten hinwegzukommen. Auf die praktische Durchführung der Substanzrechnung bezogen, könnte in dieser Hinsicht so vorgegangen werden, daß allein für die Zwecke der Substanzrechnung ein Zahlenschlüssel benutzt wird, der die einzelnen Wirtschaftsgüter entsprechend kennzeichnet. Dieser Zahlenschlüssel würde auch dann Anwendung finden, wenn eine Identität zwischen dem verbrauchten und dem Ersatzwirtschaftsgut nicht besteht. So kann es vorkommen, daß bisher benutzte Rohstoffe wegen unterdessen verbesserter Qualität etc. nicht mehr verwendet werden. Für die Betriebsabrechnung ist es erforderlich, in einem solchen Fall unterschiedliche Materialschlüssel zu benutzen, während für die Substanzrechnung der gleiche Zahlenschlüssel zur Anwendung gelangen kann. Das gleiche gilt für Gegenstände des Anlagevermögens. — Trotz dieser Vereinfachung ist nicht zu übersehen, daß die Substanzrechnung auf der Basis eines Einzelvergleiches der Wiederbeschaffungswerte aller Wirtschaftsgüter, die der Substanzrechnung unterliegen, mit erheblichem Arbeitsaufwand verbunden ist. Die Möglichkeiten der modernen maschinellen Datenverarbeitung, insbesonders der elektronischen Datenverarbeitung, bieten hier aber beachtliche Arbeitserleichterungen. Aufgrund des zuvor erwähnten Zahlenschlüssels kann nämlich die Substanzrechnung voll maschinell abgewickelt werden. Dabei ist der Arbeitsablauf so zu programmieren, daß die positiven oder negativen Differenzbeträge zu den Wiederbeschaffungswerten der Anfangsbilanz[40] getrennt ausgedruckt und summiert werden, um dann schließlich die Summe der positiven Differenzbeträge der Substanzerhaltungsrücklage zuführen zu können. Außerdem ist im Programm vorzusehen, daß eine Summation der einzelnen Gruppen des Anlage- und Vorratsvermögens in Übereinstimmung mit den auszuweisenden Bilanzpositionen erfolgt. — Soweit Schwierigkeiten bestehen, den für die Substanzrechnung anzuwendenden Zahlenschlüssel auf den Lochkarten des Anlage- und Vorratsvermögens unterzubringen (bei der Benutzung von Magnetbändern oder Plattenspeichern ist mit derartigen Platzschwierigkeiten nicht zu rechnen), kann so vorgegangen werden, daß die betreffenden Lochkarten mit den Mengen- und Wertsalden zum Bilanzabschluß für die Zwecke der Substanzrechnung gedoppelt werden, wobei alle nicht benötigten Daten entfallen. Aus einem Matrizenkartensatz, der einerseits die Schlüssel der einzelnen Konten des Anlage- und Vorratsvermögens und andererseits den Zahlenschlüssel der Substanzrechnung enthält, ist der zuletzt genannte Schlüssel in die gedoppelten Saldenkarten zum Bilanzstichtag zu übertragen. Schließlich ist es denkbar, daß auch die Errechnung der Abschreibungen

---

[40] oder zu den Anschaffungskosten der in der Rechnungsperiode angeschafften Wirtschaftsgüter (andernfalls würde das gleiche Verfahren der Substanzrechnung wie das von *Hax* angewandt).

zum Anlagevermögen auf der Basis der Wiederbeschaffungswerte der Anfangs- und Schlußbilanz vollständig aus Programm erfolgt. Unter Umständen kann das gleiche Programm benutzt werden, wie es für die Errechnung der Abschreibungen im Rahmen der geltenden Nominalwertrechnung vorliegt. — Es kann nicht die Aufgabe der hier anzustellenden Überlegungen sein, weitere Details zu erörtern. Worauf es hier allein ankommt, ist Wege zu zeigen, die eine Vereinfachung des Vergleiches der Wiederbeschaffungswerte der Anfangs- und Schlußbilanz erlauben.

Damit ist jedoch die Frage der Praktikabilität der polaren Bilanz nur teilweise beantwortet. Ein weiteres Problem liegt in der Ermittlung der Wiederbeschaffungswerte zum Stichtag der Schlußbilanz. — Hierzu ist es durchaus denkbar, daß die Wirtschafts- oder Steuerbehörden, die Handelskammern oder die Wirtschaftsverbände jeweils zum Jahresende (oder bei anders bilanzierenden Branchen zu dem jeweils in Betracht kommenden Stichtag) Kataloge mit den Wiederbeschaffungswerten der jeweiligen Wirtschaftsgüter veröffentlichen[41]. Soweit es zum Vorratsvermögen zählende Wirtschaftsgüter betrifft, ist anzunehmen, daß sich keine großen Schwierigkeiten ergeben. Das gilt zumindest hinsichtlich der Roh-, Hilfs- und Betriebsstoffe, evtl. auch noch für die Fertigfabrikate, da für diese ohnehin auch nach den geltenden Bestimmungen die Wiederbeschaffungswerte zu ermitteln sind, um das Niederstwertprinzip anwenden zu können. Hier kann also von Mehrarbeit gegenüber den jetzigen Verhältnissen keine Rede sein. Bei den Gegenständen des Anlagevermögens sollten jene Unternehmen, die diese Investitionsgüter herstellen, es als Teil ihres Kundendienstes ansehen, zu den erwähnten Veröffentlichungen beizutragen. Technische Verbesserungen, die die Frage der Identität der betreffenden Wirtschaftsgüter auslösen, dürfen hierbei nicht stören, da es bei der Substanzrechnung zum Anlagevermögen, wie bereits an früherer Stelle vermerkt, auf die „leistungsmäßige Kapitalerhaltung" ankommt (*Hasenack*, zitiert nach *Hax*[42]). — Gewiß bereitet es einigen Arbeitsaufwand, die Wiederbeschaffungswerte (vorausgesetzt, daß sie ermittelt werden konnten) für die Bilanzaufstellung zu erfassen. Aber auch hier sind in zunehmendem Maße aufgrund der elektronischen Datenverarbeitung Erleichterungen zu erwarten. So ist es z. B. vorstellbar,

---

[41] Vgl. auch *Bankmann* (Abschreibungen auf das Anlagevermögen und die Besteuerung von Scheingewinnen, in: Der Betrieb 1962, S. 74), der mit Recht darauf hinweist, daß die Substanzrechnung an diesen technischen Schwierigkeiten der Veröffentlichung von Wiederbeschaffungswerten nicht scheitern darf, zumal bereits von den Steuerbehörden für die Zwecke der Vermögenssteuer schon mehr als zweitausend verschiedene Kurswerte veröffentlicht werden, obwohl es sich bei der Vermögenssteuer um eine nicht allzu bedeutungsvolle Steuerart handelt.

[42] *Hax:* Die Substanzerhaltung der Betriebe, S. 18.

die zuvor erwähnten Veröffentlichungen in solcher Form zu drucken, daß sie mit Klarschriftlesern oder auch mit einem sogenannten Markierungsleser maschinell erfaßt werden können. Voraussetzung dazu wäre allerdings die einheitliche Einführung des weiter oben erwähnten Zahlenschlüssels zur Substanzrechnung, was durchaus nicht abwegig ist, wenn er allein für die Zwecke der Erfassung der Wiederbeschaffungswerte zur Bilanzaufstellung Anwendung finden soll, innerbetriebliche Schlüssel also nicht berührt. Aber auch in dieser Hinsicht kann es nicht Gegenstand der hier zu treffenden Überlegungen sein, weitere Details darzulegen. Gelingt es, die zuvor angedeuteten Erleichterungen zur Substanzrechnung teilweise oder gänzlich zu realisieren, so dürfte die polare Bilanz keinen sehr ins Gewicht fallenden zusätzlichen Arbeitsaufwand verursachen. Aber auch ohne dem ist der mit der polaren Bilanz verbundene Arbeitsaufwand gerechtfertigt, wenn man die sonst eintretenden Folgen der Substanzauszehrung bedenkt.

Zu Beginn der Ausführungen dieses Abschnittes wurde in Übereinstimmung mit *Hax* darauf hingewiesen, daß die Substanzrechnung nur den Charakter einer Hilfsrechnung haben kann. Das Fundament der polaren Bilanz sind somit die Bilanz und die Gewinn- und Verlustrechnung in herkömmlicher Form. Wenn aber die Substanzrechnung als „Hilfsrechnung" in der Bilanz durchgeführt wird, so ist zu prüfen, welche praktische Auswirkung das auf die Gewinn- und Verlustrechnung hat. Hierbei ist zunächst das Ergebnis der Untersuchungen zur organischen Tageswertbilanz von Fritz *Schmidt* in Erinnerung zu rufen: daß die Substanzrechnung der Bilanz nicht mit der Substanzrechnung der Gewinn- und Verlustrechnung identisch sein kann. Letztere eliminiert die bereits realisierten Scheingewinne umgesetzter Wirtschaftsgüter, während die Substanzrechnung in der polaren Bilanz zum Teil der Neutralisierung von Scheingewinnen noch nicht umgesetzter Wirtschaftsgüter dient. — Auf jeden Fall findet in der Gewinn- und Verlustrechnung zur polaren Bilanz keine Substanzrechnung statt. Es sind dort lediglich die Auswirkungen der Substanzrechnung in der polaren Bilanz durch einen entsprechenden Aufwandposten zu berücksichtigen. Dieser Aufwandposten ergibt sich durch die Gewinnkorrektur, wie sie sich aus der Substanzrechnung in der polaren Bilanz ableitet. Zwar ist es so, daß die Erhöhung der Substanzerhaltungsrücklage bei gestiegenen Wiederbeschaffungswerten erfolgsneutral stattfindet, weil dem Zuführungsbetrag eine entsprechende Erhöhung der Aktiva gegenübersteht. Soweit sich aber die Wiederbeschaffungswerte bei einzelnen Wirtschaftsgütern minderten oder ein mengenmäßiger Rückgang bei den der Substanzrechnung unterliegenden Wirtschaftsgütern stattfand, bleibt die Substanzerhaltungsrücklage davon unberührt. Somit kann die Substanzerhaltungsrücklage die

Differenz übersteigen, die sich auf der Aktivseite zwischen den Wiederbeschaffungs- und Anschaffungswerten ergibt. Unter der vereinfachenden Bedingung, daß die Aktivseite nur solche Wirtschaftsgüter enthält, die der Substanzrechnung unterliegen, würde eine Änderung des überschießenden Betrages der Substanzerhaltungsrücklage den Gewinn beeinflussen. Dieser Mehrbetrag der Substanzerhaltungsrücklage kann sich aber nur erhöhen (nicht ermäßigen), weil die Substanzerhaltungsrücklage der polaren Bilanz nicht aufgelöst werden darf. Daraus ist zu schließen, daß die Gewinnkorrektur als Folge der Substanzrechnung in der polaren Bilanz immer eine Gewinnminderung ist. Diese Gewinnminderung, wie sie sich aus der Anwendung der Substanzrechnung innerhalb der polaren Bilanz ergibt, ist der Aufwandposten, der auch in der Gewinn- und Verlustrechnung berücksichtigt werden muß. Er ist der Summe der negativen Differenzbeträge gleich, wie sie sich bei der oben dargestellten Substanzrechnung aus dem Vergleich der Wiederbeschaffungswerte der Schlußbilanz zu denen der Anfangsbilanz errechnet.

Wenn somit in der Gewinn- und Verlustrechnung zur polaren Bilanz keine Substanzrechnung stattfindet, sondern lediglich die Auswirkungen der bilanziellen Substanzrechnung durch entsprechende Aufwandsposten Berücksichtigung finden, so heißt das nicht, daß dadurch die Anwendung der Substanzrechnung in der Gewinn- und Verlustrechnung ausgeschlossen ist. Nur handelt es sich dann dabei um eine statistische Nebenrechnung. Diese kann auf der Basis der Wiederbeschaffungswerte zum Stichtag der vorhergehenden Schlußbilanz stattfinden, was deswegen zweckmäßig ist, weil derartige Wiederbeschaffungswerte für die Durchführung der Substanzrechnung in der Bilanz bereits vorliegen. Außerdem empfiehlt sich, diese Gewinn- und Verlustrechnung nicht in der Form einer Gesamtkosten-, sondern einer Umsatzkostenrechnung aufzuziehen[43]. Sie nähert sich damit der Kostenträger-Erfolgsrechnung. Statt der Anschaffungswerte werden für das Fertigungsmaterial die Wiederbeschaffungswerte zum Stichtag der vorhergehenden Schlußbilanz erfaßt. Die Fertigungsgemeinkosten sind insbesonders hinsichtlich der darin enthaltenen Abschreibungen zu korrigieren, während der Rest der Fertigungsgemeinkosten weitgehend mit den Zahlen der sogenannten Ist-Kostenrechnung übereinstimmen kann. Damit ließe sich nahezu die von Fritz *Schmidt* zum Tageswert geforderte Umsatzerfolgsrechnung als Nebenprodukt der Substanzrechnung in der polaren Bilanz durchführen, soweit nicht nach dem Stichtag der Schlußbilanz erhebliche Wertänderungen, insbesonders Wertsteigerungen eintreten. Allerdings dürfte

[43] Vgl. auch *Kosiol:* Pagatorische Bilanz (Erfolgsrechnung), in: Lexikon des kaufmännischen Rechnungswesens, Sp. 2100/2101.

diese Nebenrechnung nur auf der Grundlage einer entsprechend ausgerichteten elektronischen Datenverarbeitung zu erwägen sein, weil sie sonst mit zu großem Arbeitsaufwand verbunden ist. — Zu beachten ist aber, daß das Ergebnis einer derartigen Substanzrechnung aus den an früherer Stelle dargelegten Gründen nicht mit dem Ergebnis der bilanziellen Substanzrechnung übereinstimmen kann. Hier ging es allein darum, den Nachweis zu führen, daß die Substanzrechnung der polaren Bilanz als Nebenprodukt eine Substanzrechnung in der Gewinn- und Verlustrechnung unter der Voraussetzung erleichtert, daß nach dem Stichtag der vorhergehenden Schlußbilanz keine wesentlichen Änderungen der Wiederbeschaffungswerte zu verzeichnen sind.

7. Substanzrechnung beim Finanzvermögen

Zum Finanzvermögen zählen alle Wirtschaftsgüter der Aktivseite, die nicht Gegenstände des Anlage- oder Vorratsvermögens oder Rechnungsabgrenzungsposten sind. Somit gehören zum Finanzvermögen die Wertpapiere des Umlaufvermögens, Forderungen sowie die flüssigen Mittel. — Zweifellos wirken sich auch hier die Geldwertänderungen aus. „Nun stammen ... die Geldmittel auf der Aktivseite aus den Erlösen, die durch Verkauf der Produkte oder von Handelswaren erzielt worden sind. Mit ihrer Hilfe soll der Betrieb in erster Linie die verzehrten Aufwandgüter wiederbeschaffen, neue Werkstoffe und neue Betriebsmittel als Ersatz für die verbrauchten Sachgüter und gleichzeitig die Arbeitsleistungen bezahlen, die laufend in die Produktion einfließen. ... Damit stellt sich das Problem der Substanzerhaltung auch für das Finanzvermögen ...[44]."

F. *Schmidt* hat, soweit es die organische Vermögensrechnung betrifft, der Frage der Substanzerhaltung beim Finanzvermögen besondere Aufmerksamkeit gewidmet. Zur Lösung des Problems der Substanzerhaltung beim Finanzvermögen fordert er die sogenannte „Wertgleichheit in der Bilanz"[45], wonach „alle Realgüter der Aktivseite aus Eigenkapital, alle Geldforderungen und Geldbestände der Aktivseite aber durch Aufnahme von Geldschulden zu beschaffen" sind[46]. Diese Fragen wurden bereits im Abschnitt „Praktikabilität der organischen Tageswertbilanz" erörtert, worauf verwiesen wird. *Hax* ist auf jeden Fall zuzustimmen, wenn er diesen Vorschlag F. *Schmidts* für schlecht realisierbar hält[47]. — *Hax* sieht aber auch keine andere Möglichkeit, wie der Gefahr der Substanzauszehrung beim Finanzvermögen zu begegnen ist. Anhand von Zahlenbeispielen kommt er zu dem Ergeb-

---

[44] *Hax:* Die Substanzerhaltung der Betriebe, S. 263.
[45] *Schmidt,* F.: Die organische Tageswertbilanz, S. 132.
[46] *Schmidt,* F.: a.a.O., S. 133.
[47] *Hax:* Die Substanzerhaltung der Betriebe, S. 265.

nis, „daß praktisch beim Finanzvermögen eine Substanzrechnung nach dem Vorbild des Verfahrens beim Vorrats- oder beim Sachanlage-Vermögen nicht möglich ist. Es ist auch bisher nicht der Versuch gemacht worden, derartige Verfahren zu entwickeln“[48].

Die Ursache für diese Schwierigkeiten, die Substanzerhaltung des Finanzvermögens sicherzustellen, liegt sowohl bei F. *Schmidt* als auch bei *Hax* darin, daß sie die Substanzerhaltungsrücklage bei sinkenden Wiederbeschaffungswerten oder mengenmäßigem Rückgang des Anlage- oder Vorratsvermögens entsprechend reduzieren. — Es ist zwar so, daß unter den heutigen Bedingungen der modernen Industriewirtschaft kontinuierlich produziert wird und somit die verbrauchten Wirtschaftsgüter normalerweise sofort wieder ersetzt werden. Dennoch treten Schwankungen sowohl beim Sachanlage- als auch beim Vorratsvermögen ein. Diese Änderungen ergeben sich einerseits aus den Änderungen der Auftragslage, andererseits aus den Änderungen der Beschaffungsseite. Nimmt der Auftragseingang zu, so führt das normalerweise zu erhöhten Vorratsbeständen und wirkt sich dann auch auf das Sachanlagevermögen aus, wenn nämlich damit gerechnet wird, daß die Erhöhung des Auftragseinganges nicht nur vorübergehenden Charakter hat. Von der Beschaffungsseite her treten Änderungen in der Vorratshaltung und auch beim Sachanlagevermögen ein, wenn in politischen Krisenzeiten Beschaffungsschwierigkeiten zu befürchten sind, oder unabhängig davon sich die Lieferfristen ändern, oder wenn in Zeiten steigender Konjunktur die Beschaffungspreise sich erhöhen. Schließlich kann es, ohne daß hiermit eine vollständige Aufzählung aller in Betracht kommenden Möglichkeiten erstrebt wird, dahin kommen, daß die Forderungen seitens der Kunden wider Erwarten nur schleppend bezahlt werden, andererseits keine Lieferanten- oder Bankkredite zur Verfügung stehen und somit Schwierigkeiten bestehen, die Wiederbeschaffung beim Sachanlage- oder Vorratsvermögen im sonst vorgesehenen Rahmen vorzunehmen. Bereits diese wenigen Hinweise zeigen, in welchem Umfang auch heute noch entgegen allen Bemühungen, kontinuierlich zu produzieren, Schwankungen beim Sachanlage- und Vorratsvermögen in Relation zum Finanzvermögen eintreten. Der Vergleich verschiedener Jahresbilanzen eines Unternehmens wird diese Feststellung weitgehend bestätigen. In dieser Feststellung liegt eingeschlossen, daß es heute trotz der überwiegend zu verzeichnenden Expansion der Unternehmungen zu einem mengenmäßigen Rückgang des Sachanlage- oder Vorratsvermögens kommen kann, obwohl wegen der Expansion eine mengenmäßige Zunahme häufiger zu beobachten ist. Nicht zuletzt — und unabhängig von den weiter oben genannten Faktoren — tragen auch die Rationalisierungs-

---

[48] *Hax:* a.a.O., S. 265.

bemühungen der Unternehmungen dazu bei, selbst bei Expansion mit einem geringeren oder nicht in gleicher Weise expandierenden Vorratsvermögen auszukommen. — Nimmt aber das Finanzvermögen auf Kosten des Anlage- oder Vorratsvermögens zu, wird die Frage der Substanzerhaltung beim Finanzvermögen aktuell.

Wenn in der polaren Bilanz die Substanzerhaltungsrücklage bei einem mengenmäßigen Rückgang des Sachanlage- und Vorratsvermögens oder bei einem Sinken der Wiederbeschaffungswerte nicht reduziert werden darf, so ist es ohne Belang, ob in der Bilanz ein Aktivtausch zwischen Sachanlage- und Vorratsvermögen einerseits und dem Finanzvermögen andererseits stattfindet. Die Substanzerhaltung des Unternehmens bleibt auch bei einem solchen Aktivtausch gesichert. Die polare Bilanz kennt daher das Problem der Substanzrechnung beim Finanzvermögen nur insofern, als es sich um sogenannte „eiserne" Bestände des Finanzvermögens handelt, die durch die zuvor erwähnten Änderungen beim Sachanlage- und Vorratsvermögen nicht berührt werden. Hierbei dürfte es sich um einen durchaus nennenswerten Teil des Finanzvermögens handeln. Die damit zusammenhängenden Fragen werden im folgenden Abschnitt über etwaige konjunkturelle Auswirkungen der Substanzrechnung behandelt.

IV. Konjunkturelle Auswirkung der Substanzrechnung

F. *Schmidt* hat mit seiner Veröffentlichung „Die Industriekonjunktur — ein Rechenfehler"[1] einen wesentlichen Beitrag zur Konjunkturtheorie geleistet, auch wenn er die von ihm erkannten Ursachen der Konjunktur überbetont. *Haberler* bemerkt dazu in seiner Untersuchung über „Prosperität und Depression"[2]: „Die Buchhaltung basiert mehr oder weniger auf der Annahme eines konstanten Geldwerts. ... Das hat zur Folge, daß dauerhafte Produktionsgüter — wie Maschinen und Fabrikgebäude — in den Kostenrechnungen zum tatsächlichen Erwerbungspreis eingesetzt und auf dieser Basis abgeschrieben werden. Wenn die Preise steigen, ist dieses Vorgehen unrichtig. ... Die Folge davon ist eine zu kleine Abschreibung, es entstehen Papiergewinne ..." — An dieser Stelle verweist dann *Haberler* auf F. *Schmidt*, „der versuchte, auf diesem Faktor eine vollständige Theorie des Konjunkturzyklus aufzubauen"[3]. Angesichts der zahlreichen anderen Faktoren, die *Haberler* in der Darstellung der Ursachen zur Prosperität und Depression behandelt, ist zu schließen, daß auch er F. *Schmidt* nicht zu folgen vermag, wenn allein aus der Nominalwertrechnung eine vollständige Theorie

[1] *Schmidt*, F.: Die Industriekonjunktur — ein Rechenfehler, Berlin 1927.
[2] *Haberler:* Prosperität und Depression, Bern 1948, S. 55/56.
[3] *Haberler:* a.a.O., S. 56.

des Konjunkturzyklus abgeleitet wird. — Aber auch dann, wenn F. *Schmidt* zuzustimmen ist, daß die Nominalwertrechnung bei steigenden Wiederbeschaffungswerten inflationäre Wirkungen hat (dadurch, daß Scheingewinne nach Versteuerung zu neuen Investitionen Anlaß geben können), ist es dennoch fraglich, ob die Substanzrechnung in umgekehrter Richtung wirkt, also keine inflationäre oder sogar deflationäre Auswirkungen zur Folge hat.

Zunächst ist festzustellen, daß der aus steigenden Wiederbeschaffungspreisen resultierende Scheingewinn nicht unmittelbar inflationäre Tendenzen auslösen muß. Es ist außerdem nicht einmal so, daß Scheingewinne unbedingt aus einer inflationären Entwicklung resultieren. Scheingewinne können auch dann entstehen, wenn sich lediglich die Preisrelationen der Wirtschaftsgüter ändern, einzelne Wiederbeschaffungswerte somit steigen, andere dafür sinken, insgesamt aber der Geldwert stabil bleibt. — Im ersten Schritt der Betrachtung ist deshalb das Vorkommen von Scheingewinnen ausschließlich als Kaufkraftverschiebung zu werten. Wird der Scheingewinn dann versteuert, aber nicht ausgeschüttet, so findet eine Kaufkraftverschiebung vom Unternehmen auf den Fiskus statt. Die Kaufkraft des Unternehmens wird geschwächt, die des Fiskus gestärkt. Wird der versteuerte Scheingewinn auch noch ausgeschüttet, so gilt trotz der zusätzlichen Kaufkraftverschiebung das gleiche. Von inflationären Auswirkungen kann insoweit keine Rede sein, zumal zu berücksichtigen ist, daß bei anderen Unternehmen durch sinkende Wiederbeschaffungswerte Verluste entstehen und dadurch das Steueraufkommen des Fiskus sowie die Gewinnausschüttungen gekürzt werden. Insgesamt gesehen findet somit ein ungefährer Ausgleich statt. — Wird nun im zweiten Schritt der Betrachtung eine allgemeine Minderung des Geldwertes und nicht nur eine bloße Kaufkraftverschiebung unterstellt, so ist ein Ausgleich zwischen Scheingewinnen und Verlusten sowie ein gleichbleibendes Steueraufkommen und ein konstantes Volumen der Gewinnausschüttungen nicht mehr anzunehmen. Vielmehr ist damit zu rechnen, daß das höhere Steueraufkommen sowie die höheren (Schein-) Gewinne die öffentliche Hand und die Unternehmer zu zusätzlichen Investitionen veranlassen. Selbst wenn diese öffentlichen und privaten Investitionen vollständig aus den Scheingewinnsteuern bzw. aus den Scheingewinnen finanziert werden können, sind inflationäre Auswirkungen zu erwarten, weil bei gleichbleibendem Geldvolumen eine Steigerung der Investitionsgüterproduktion nur zu Lasten der Konsumgüterproduktion stattfinden kann. Nimmt man nämlich an, daß die in die Investitionsgüterindustrie geflossenen höheren Steueraufkommen und Scheingewinne letztlich durch Auszahlung von Löhnen und Gehältern wieder Konsumkaufkraft schaffen, so steht der gleichgebliebenen Konsumkaufkraft ein niedrigeres Angebot an Konsumgütern gegenüber, was einer inflationären Entwicklung gleichzusetzen ist. Das gilt aber um so mehr, wenn aufgrund des höheren Steueraufkommens oder der höheren Scheingewinne Investitionen angeregt werden, die zusätzlichen Finanzbedarf auslösen, wie es normalerweise der Fall ist. Hinzu kommt, daß die Investitionstätigkeit einzelner Unternehmen andere Unternehmen veranlaßt, ebenfalls zu investieren, gleichviel, ob es deswegen geschieht, um den Marktanteil zu halten, oder ob es sich um die Übertragung einer optimistischen Konjunkturpsychose handelt. Das ist der Kern der von F. *Schmidt* erkannten Auswirkung der Nominalwertrechnung auf die Konjunktur, auch wenn er diesen Zusammenhang anders formuliert: „Damit haben wir den Rechenfehler eindeutig klargestellt, der die Ursache der Industriekonjunktur ist: In Zeiten steigender Werte verrechnen die Unternehmer die Wertsteigerung auf die Kostenteile zwischen Anschaffungs- und Umsatztag als Gewinn und damit als Einkommen, wandeln also Volksvermögen in Einkommen um und erhöhen damit die verfügbare Kaufkraft derart, daß aus ihr übermäßige Nachfrage nach Gütern herauswächst, die neue Wertsteigerung bedingt[4].“ — Wie die zuvor angestellten Überlegungen zeigen, kann hier statt von einer „Umwandlung von Vermögen in Einkommen“ auch von einer Verlagerung der Kaufkraft in Richtung Investitionsgüterindustrie, d. h. von einer Schmälerung des Konsumgüterangebotes bei gleichbleibender Konsumkaufkraft gesprochen werden. — Einschränkend ist noch zu bemerken, daß von einer solchen Kaufkraftverlagerung dann keine Rede sein kann, wenn Scheingewinne beim Anlagevermögen zu Investitionen veranlassen, die auch bei Substanzrechnung stattfinden würden. Das gilt aber nicht ohne Abstriche, da die Versteuerung solcher Scheingewinne und die aus Scheingewinnen resultierenden psychologischen Effekte nicht außer Betracht bleiben dürfen. Es kann aber nicht die Aufgabe der hier anzustellenden Untersuchungen sein, in diese Zusammenhänge weiter einzudringen.

Die Substanzrechnung hat (im Vergleich zur Nominalwertrechnung und den damit verknüpften Scheingewinnen, wie sie zuvor analysiert wurden) ebenfalls zunächst nichts anderes als eine Kaufkraftverschiebung zur Folge. Es bleibt dem Unternehmen das an Kaufkraft erhalten, was es zur Erneuerung des Anlage- und des Vorratsvermögens benötigt. Nur insofern könnte von inflationären Auswirkungen gesprochen werden, als mit Hilfe der Substanzrechnung mehr investiert wird als ohne Substanzrechnung. Eine derartige Situation ist dann zu unterstellen, wenn ohne Substanzrechnung das steuerliche Mehraufkommen sowie die Scheingewinnausschüttungen überwiegend zu Konsumzwecken verwendet würden, bei Substanzrechnung aber eine

[4] *Schmidt,* F.: Die organische Tageswertbilanz, S. 336.

verstärkte Investitionstätigkeit der Unternehmungen ausgelöst würde. Die dem Unternehmen aus der Substanzrechnung verbleibende größere Kaufkraft wird aber nicht ausschließlich zu Investitionszwecken, sondern ebensogut zur Erhaltung des Vorratsvermögens genutzt, während es andererseits ohne Substanzrechnung so ist, daß das höhere Steueraufkommen und die Scheingewinnausschüttungen nicht ausschließlich konsumtiven Zwecken zufließen. — Auf jeden Fall entfällt bei der Substanzrechnung die Gefahr einer zu optimistischen Beurteilung der Unternehmenslage, die damit verbundene Gefahr einer zu optimistischen Konjunktureinschätzung und die daraus wieder resultierende Investitionswelle. Vor allem ist es bei Anwendung der Substanzrechnung nicht erforderlich, so hohe Verkaufspreise zu kalkulieren, daß trotz Versteuerung und Ausschüttung von Scheingewinnen kein Substanzverlust eintritt. Solche Maßnahmen, die mit sehr starken inflationären Folgen verbunden sind, entfallen[5, 6].

Es ist somit festzuhalten, daß die Substanzrechnung sich zwar nicht deflationär auswirkt, auf keinen Fall aber mit den inflationären Folgen der Nominalwertrechnung bei steigenden Wiederbeschaffungswerten verbunden ist. — Dieses Ergebnis trifft auch dann zu, wenn die Substanzerhaltungsrücklage der polaren Bilanz bei sinkenden Wiederbeschaffungswerten nicht entsprechend aufgelöst wird. Ferner läßt sich kein Argument finden, daß inflationäre Tendenzen zu befürchten sind, wenn Anlage- oder Vorratsvermögen in Finanzver-

---

[5] In diesem Sinne bemerkt *Görres* (Zur Scheingewinnbesteuerung, in: Betriebs-Berater 1955, S. 124): „Die Preise sind seit der Währungsreform von Jahr zu Jahr gestiegen — was nicht zuletzt auf die ‚Scheingewinnbesteuerung' zurückzuführen sein dürfte." In einem weiteren Beitrag (Substanzbesteuerung, in: Betriebs-Berater 1955, S. 894) bringt *Görres* Zahlen aus der Praxis, die sehr drastisch zeigen, wie ohne Substanzrechnung mit bedenklichen Preissteigerungen zu rechnen ist, um so die Wiederbeschaffung trotz Steuern auf Scheingewinne etc. sicherzustellen. — Wenig überzeugend ist hierzu die von *Gnam* vertretene gegenteilige Auffassung *(Gnam:* Scheingewinne, Scheinverluste — eine Interessenkollision zwischen Volkswirtschaft und Betriebswirtschaft? In: Neue Betriebswirtschaft 1952, S. 40): „Ist es aber mengenmäßig nicht möglich, die betroffenen Unternehmen ausreichend mit Gütern zu versorgen, so nützen auch Rücklagen zum Ausgleich der Währungsschwankungen (Währungsrücklagen) in den Bilanzen nichts. Sie wirken höchstens preissteigernd, weil dadurch die Betriebe in der Lage sind, trotz höherer Preise dieselben Mengen wie bisher zu bestellen, die aber nicht geliefert werden können." Nach der Auffassung von *Gnam* müßte somit die Produktion gedrosselt werden, um eine Preissteigerung zu verhindern. Das aber ist irreal. Realistisch ist dagegen der zuvor zitierte Hinweis von *Görres*, wonach die Versteuerung von Scheingewinnen dazu führt, diese Steuern in den Preis einzukalkulieren. Völlig verfehlt ist deswegen die bereits zitierte Behauptung *Gnams*, „daß die Nominalgewinnbesteuerung volkswirtschaftlich die günstigste Besteuerungsart ist" *(Gnam:* a.a.O., S. 42).

[6] Vgl. ferner: *Binder*, Odilo: Scheingewinnbesteuerung — Eiserner Bestand — „Substanzerhaltungsrücklage", Institut „Finanzen und Steuern", Heft 11, Bonn 1950, S. 8.

mögen umschlägt und die Substanzerhaltungsrücklage insofern auch für das Finanzvermögen wirksam ist. Andererseits hat der Grundsatz der polaren Bilanz, daß die Substanzerhaltungsrücklage bei sinkenden Wiederbeschaffungswerten nicht aufgelöst werden darf, zur Folge, daß die Summe der in den einzelnen Jahren ausgewiesenen Gewinne geringer ist, als es im Rahmen der organischen Tageswertbilanz oder der *Hax* vorschwebenden kombinierten Gewinnkonzeption der Fall ist. So verwendet *Hax* (im Ergebnis ebenso F. *Schmidt*) die Substanzerhaltungsrücklage bei sinkenden Wiederbeschaffungswerten dazu, sonst eintretende Nominalverluste zu absorbieren. Wenn aber die polare Bilanz nicht nur den Ausweis von Substanzscheingewinnen verhindert, sondern darüber hinaus zusätzlich nominelle Verluste berücksichtigt, so ist sie im Hinblick auf ihre konjunkturelle Auswirkung günstiger zu beurteilen als die organische Tageswertbilanz.

Wie sieht es aber mit der bereits im vorhergehenden Abschnitt angeschnittenen Frage des sogenannten eisernen Bestandes beim Finanzvermögen aus? Dabei wird unter „eisernem Bestand" des Finanzvermögens jener Anteil verstanden, der auf die Dauer von den Änderungen des Finanzvermögens unberührt bleibt, die durch die mengenmäßige Zu- oder Abnahme des Anlage- oder Vorratsvermögens ausgelöst werden. Hierzu wurde die Frage noch offen gelassen, ob im Rahmen der polaren Bilanz eine Substanzrechnung stattfinden soll oder nicht.

Zunächst ist zu beachten, daß es Schwierigkeiten bereitet, den hier interessierenden Teil des Finanzvermögens abzugrenzen. Denn schließlich entsteht der überwiegende Teil aller Forderungen und flüssigen Mittel aus der Veräußerung von Leistungen, die teilweise oder gänzlich der Substanzrechnung unterlagen (immer dann, wenn sie zu einem Bilanzstichtag noch nicht abgerechnet waren). Somit finden vornehmlich alte Forderungsbestände bei der Substanzrechnung des Finanzvermögens Interesse. — Die nächste Frage bezieht sich auf das Verfahren der Substanzrechnung beim Finanzvermögen. Dazu ist wohl nur die Indexrechnung in Betracht zu ziehen. Da die flüssigen Mittel mit der jeweils in Betracht kommenden Wirtschaftsbranche nichts zu tun haben und außerdem der Kundenkreis, auf den sich die Forderungen beziehen, ganz anderen Wirtschaftsbranchen angehören kann als das betreffende Unternehmen, ist die Anwendung eines generellen Kaufkraftindexes statt eines speziellen Branchenindexes besser geeignet.

Obwohl nun unter rein betriebswirtschaftlichen Aspekten die Substanzrechnung für das Finanzvermögen zu bejahen ist, zumal eine Verneinung insofern inkonsequent wäre, als die grundsätzlich nicht auflösbare Substanzerhaltungsrücklage der polaren Bilanz die Substanzerhaltung eines beachtlichen Anteils des Finanzvermögens bereits sicherstellt, wird die Substanzrechnung für den Rest des Finanzvermögens dennoch abgelehnt. So berechtigt die Substanzrechnung für den hier in Betracht kommenden Teil des Finanzvermögens auch sein mag, ist sie aus übergeordneten volkswirtschaftlichen Gründen nicht zu verantworten.

Roeper nimmt zu dieser Frage in einem völlig anderen Zusammenhang Stellung[7]. Wie auch aus einem Beitrag von *Jüsgen* in der Finanzrundschau[8] hervorgeht, liegen z. Z. beim Bundesfinanzhof Rechtsbeschwerden gegen die Besteuerung des Nominalzinses aus Kapitaleinkünften vor, weil nach Abzug der jährlichen Kaufkraftentwertung von ca. 2,5 % kaum noch eine Rendite verbleibt, diese aber unter Umständen restlos oder auch noch darüber hinaus wegbesteuert wird. „Betrachtet man die Zinseinnahmen unter diesen Gesichtspunkten, dann ist deren Besteuerung, so wie sie jetzt gehandhabt wird, zweifellos unbefriedigend." Nach Ansicht von *Roeper* scheint „der Bundesfinanzhof ..., wie aus einem Vortrag seines Vizepräsidenten *Grieger* hervorgeht, für diese Überlegungen recht aufgeschlossen zu sein". Dennoch warnt *Roeper* vor einer Änderung der bisherigen Handhabung, denn „eine steuerrechtliche Sanktionierung der schleichenden Inflation bei den Kapitaleinkünften wäre ein schwerwiegender Präzedenzfall, der weitreichende Konsequenzen hätte und mit Sicherheit dazu führen würde, daß sofort andere Gruppen von Steuerpflichtigen für ihre speziellen Bereiche das gleiche verlangten. So fordert z. B. schon seit langem die Industrie eine steuerfreie Rücklage für höhere Wiederbeschaffungskosten, die beim Ersatz von abgenutzten Anlagegütern infolge der allgemeinen Preissteigerung entstehen".

Der Sache nach ist es durchaus berechtigt, wenn *Roeper* die Änderung der Besteuerung von Kapitaleinkünften mit der Rücklage für höhere Wiederbeschaffungskosten gleichsetzt. Unter diesem Aspekt wurde auch weiter oben die Substanzrechnung für das Finanzvermögen bejaht. Die Substanzrechnung für das Anlage- und Vorratsvermögen hat jedoch, wie es die oben angestellten Überlegungen zeigten, keine inflationären Folgen. Für die Substanzrechnung beim hier interessierenden Anteil des Finanzvermögens sowie bei den Kapitaleinkünften läßt sich das jedoch nicht nachweisen. Vielmehr ist zu befürchten, daß die Substanzrechnung in Form einer Indexrechnung bei Geldforderungen zu einer sehr bedenklichen inflationären Kettenreaktion führen wird. So bemerkt *Roeper:* „In verschiedenen Ländern wurde ... versucht ..., die Härten der Geldentwertung durch die Bindung bestimmter Einkommenskategorien und Wertansätze an den

---

[7] *Roeper:* Steuerabschlag für Geldentwertung? Aufsatz in der FAZ vom 8. 5. 1965, S. 7.

[8] *Jüsgen:* Einkommensteuerfreiheit der Entwertungsrate bei Sparzinsen indiskutabel? In: Finanzrundschau 1965, S. 242.

Lebenshaltungskostenindex zu mildern. Diese Koppelung aber hat fast überall der Inflation nur neuen Auftrieb gegeben, weil im gleichen Augenblick selbstverständlich der psychologische Widerstand schwächer und auch der Spielraum für die Inflationsbekämpfung eingeschränkt wird[9]." — So berechtigt daher auch die Forderung sein mag, bei Geldforderungen die Substanzerhaltung durch eine Indexrechnung zu sichern, so würde den Inhabern von Geldtiteln aus den von *Roeper* genannten Gründen letztlich nicht geholfen werden können. Wenn aber die Substanzrechnung auf diesem Sektor nicht zum Ziele führen kann, sollte sie wegen der mit ihr verbundenen Gefahr unterbleiben, auch dann, wenn man *Roeper* nicht zustimmen kann, dem Übel der chronischen Geldentwertung sei beizukommen. Es wird in diesem Zusammenhang auf die bereits zitierten Ausführungen J. K. *Galbraiths*[10] im Abschnitt „Neue Wege des steuerlichen Gesetzgebers" sowie auf die Ausführungen von *Hax*[11] hingewiesen.

Wegen der weiterreichenden Auswirkungen einer Indexrechnung zu Geldforderungen, wegen der damit verbundenen inflationären Gefahr und wegen der letztlich doch nicht möglichen Substanzrechnung bei Geldforderungen wird in der polaren Bilanz davon abgesehen, bei dem hier zur Diskussion stehenden Teil des Finanzvermögens die Substanzerhaltung durch eine Indexrechnung sicherzustellen.

Die Verneinung der Substanzrechnung zu Geldforderungen zeigt zugleich den Wirkungsbereich der polaren Bilanz. Für Banken und Kreditinstitute, Versicherungsgesellschaften etc. hat sie nur insofern Bedeutung, als diese Unternehmungen Anlagevermögen investiert haben. Der größere Teil des Vermögens solcher Unternehmungen besteht aber in Geldforderungen.

Im Zusammenhang dieser Überlegungen soll noch darauf hingewiesen sein, daß die Substanzrechnung insgesamt (und nicht nur beim Finanzvermögen) dazu führt, die Liquidität der Unternehmungen besser zu stellen als es sonst bei der Besteuerung und Ausschüttung von Scheingewinnen der Fall ist. Hierzu wird auf die Untersuchungen von *Hauck* zu den Bilanztheorien verwiesen[12].

Es verbleibt noch die Frage der steuerlichen Gerechtigkeit, wenn bei gewerblichen Einkünften für das Anlage- und Vorratsvermögen die Substanzrechnung bejaht, im übrigen aber bei Kapitaleinkünften verneint wird. Die Antwort darauf wird in einem noch folgenden Abschnitt gesucht.

---

9 Ähnlich argumentiert die „Gemeinschaft zum Schutz der deutschen Sparer" in einem Schreiben an den BFH zu den o. g. Beschwerdeverfahren; vgl. „Die Welt" vom 12. 8. 65, Wirtschaftsteil: „Schutzgemeinschaft: Keine steuerlichen Mittel gegen Währungsverluste der Sparer."

10 *Galbraith*, John Kenneth: The Affluent Society, S. 196.

11 *Hax:* Die Substanzerhaltung der Betriebe, S. 28.

12 *Hauck:* Bilanztheorien, S. 33 ff. und S. 77 ff.

V. Aussagekraft der polaren Bilanz

Die Aussagekraft einer Bilanz ist danach zu bewerten, wie weit sie in der Lage ist, Rechenschaft zu geben. Hierzu prüft *Leffson* die Frage, ob das Postulat nach Bilanzwahrheit mit dem Postulat nach Wahrhaftigkeit gleichgesetzt werden kann. Unter anderem zitiert er *Walb*, der hierzu bemerkt: „Man muß sich ... davor hüten ..., aus dem Wort Bilanzwahrheit einen Popanz zu machen. Eine Bilanz ist wahr, wenn sie den Gepflogenheiten ordentlicher Kaufleute entspricht, wenn sie m. a. W. ‚fachgerecht' ist[1]." *Leffson* ist zuzustimmen, wenn er weiter ausführt: „Bei der logischen Diskrepanz zwischen Wahrheit und Wahrscheinlichkeit (der zutreffenden Bewertung) will es uns nicht geraten scheinen, die Posten des Jahresabschlusses, die wohl nach dem Inhalt eindeutig bezeichnet werden können, deren Werte aber nur wahrscheinlich sind, nach dem Kriterium der Wahrheit zu beurteilen[2]." *Leffson* empfiehlt deswegen, den Begriff Bilanzwahrheit durch die Begriffe Richtigkeit, Wahrhaftigkeit und Willkürfreiheit zu ersetzen[3]. Dabei dominiert die Wahrhaftigkeit der Rechenschaftslegung: „Für Buchführung und Jahresabschluß bedeutet der Grundsatz der Wahrhaftigkeit, daß der Rechenschaftspflichtige sich bemühen muß, ein nach seiner inneren Überzeugung — relativ zum Sinn der Gesetze und der Grundsätze ordnungmäßiger Buchführung — richtiges und damit willkürfreies Bild der Wirklichkeit zu geben[4]." — In der polaren Bilanz sind die von *Leffson* anstelle des Grundsatzes der Bilanzwahrheit gesetzten Grundsätze der Richtigkeit, Wahrhaftigkeit und willkürfreien Darstellung ebenfalls von Interesse. Nur insofern kann die Aussagekraft der polaren Bilanz von derjenigen anderer Bilanzen abweichen, während die Forderung nach Bilanzklarheit und Vollständigkeit für die polare Bilanz keine Besonderheiten aufwirft. Die Forderung nach Bilanzklarheit und Vollständigkeit ist weitgehend unabhängig von der Bilanzauffassung. — Es darf aber nicht übersehen werden, daß die von *Leffson* angewandten Kriterien, inwieweit eine Bilanz richtig, wahrhaftig und willkürfrei ist, auf die geltenden handelsrechtlichen Bestimmungen bezogen sind. Seine Kriterien lassen sich deswegen nicht ohne weiteres auf die polare Bilanz übertragen.

Die Aussagekraft der polaren Bilanz wird zunächst dadurch gefördert, daß in ihr der volle Erfolg auszuweisen ist, wie er sich im Rahmen der nominellen und substantiellen Kapitalerhaltung errechnet. Die polare Bilanz erlaubt deswegen einen besseren Einblick in den

---

1 *Walb:* Finanzwirtschaftliche Bilanz, S. 96 sowie *Leffson:* Die Grundsätze ordnungsmäßiger Buchführung, S. 74.

2 *Leffson:* a.a.O., S. 79.

3 *Leffson:* a.a.O., S. 71.

4 *Leffson:* a.a.O., S. 86.

tatsächlichen Geschäftsgang des Unternehmens als die Handelsbilanz, die es zuläßt, den vollen Erfolg verkürzt auszuweisen. Hier dürfte ein wesentlicher Fortschritt gegenüber dem zur Zeit noch geltenden Handelsrecht zu sehen sein. Dieses Ziel setzt sich zwar auch das Aktiengesetz 1965, allerdings lediglich im Rahmen einer Nominalwertrechnung, was bereits zu Bedenken Anlaß gab[5]. Der Ausweis des vollen Erfolges erlaubt aber nicht nur dem Unternehmen selbst eine bessere Orientierung im Wirtschaftsgeschehen, sondern dient zugleich auch der Wahrung der Gläubigerinteressen. Im Falle einer Verschlechterung des Geschäftsganges, der nicht mehr durch die Auflösung stiller Reserven verschleiert werden kann, werden die Gläubiger bei der Hergabe weiterer Kredite vorsichtiger disponieren. Außerdem können sie besser beurteilen, ob bereits gewährte Kredite durch die Geschäftslage des Unternehmens gefährdet sind oder nicht. Auch hierzu wird auf die Ausführungen in früheren Abschnitten verwiesen.

Die größere Aussagekraft der polaren Bilanz resultiert außerdem aus der Tatsache, daß in ihr nicht längst überholte Anschaffungswerte, sondern Wiederbeschaffungswerte zum Bilanzstichtag bilanziert werden. Eine solche Bilanz hat, wie bereits zitiert, „für die Erkenntnis der wirtschaftlichen Lage eines ... Betriebes die allergrößte Bedeutung, denn ihre Summe ist der Wert, an dem allein die Rentabilität des Betriebes gemessen werden kann. In dieser Beziehung versagt der Anschaffungswert vollkommen ...“[6, 7]. — In diesem Zusammenhang ist der Vergleich zwischen dem Nominalwert von Aktien und der Dividende aufschlußreich, insofern, als diese Relation kaum von Wert ist. Anders steht es dagegen mit der Relation Börsenkurs und Dividende. Nur so kommt, wenn überhaupt, die Rentabilität zum Ausdruck[7]. — Der Ausweis des vollen Erfolges und der Ausweis zutreffender Vermögenswerte der Bilanz sind allerdings keineswegs identisch, wie vielleicht auf den ersten Blick zu vermuten ist. Das würde nur für einen Zeitraum über mehrere Jahre gelten. Im einzelnen Geschäftsjahr aber kann der volle Erfolg ausgewiesen werden, ohne daß „zutreffende“ Vermögenswerte bilanziert werden. Die dort vorhandenen stillen Reserven können in vorhergehenden Bilanzen gelegt worden sein. Sie brauchen mit dem Ausweis des vollen Erfolges in einem einzelnen Wirtschaftsjahr nicht in Widerspruch zu stehen. Für die polare Bilanz gilt dagegen grundsätzlich, daß in jedem Jahr der volle Erfolg ausgewiesen wird und zugleich die Wertansätze der Bilanz zutreffend sind.

---

[5] Vgl. den Abschnitt „Umwandlung der Handelsbilanz in eine Erfolgsbilanz“.

[6] *Schmidt*, F.: Die organische Tageswertbilanz, S. 72.

[7] Es wird hierzu auch auf die bereits zitierten Ausführungen von *Hauck* (Bilanztheorien, S. 69 und 70) verwiesen.

Die größere Aussagekraft der polaren Bilanz gegenüber anderen Bilanzen kommt auch in dem Ausweis der Substanzerhaltungsrücklage zum Ausdruck. Das gilt besonders dann, wenn die Substanzerhaltungsrücklage nicht global sondern untergliedert nach den anteiligen Beträgen ausgewiesen wird, die auf die einzelnen Bilanzpositionen der Aktivseite entfallen. Dadurch wird ein besserer Einblick in die Struktur der Beschaffungsseite des Unternehmens gewährt, nämlich in welcher Relation die Preissteigerungen bei den einzelnen Positionen des Anlage- und Vorratsvermögens stehen. Allerdings gilt das nicht ganz uneingeschränkt, z. B. dann nicht, wenn die zu einem Bilanzstichtag zunächst errechnete Substanzerhaltungsrücklage niedriger ist und somit die Substanzerhaltungsrücklage der Anfangsbilanz unverändert zu bilanzieren ist. Sie enthält dann Beträge für nicht mehr vorhandene Wirtschaftsgüter des Anlage- oder Vorratsvermögens oder Beträge für gesunkene Wiederbeschaffungswerte oder auch mehrfache Zuführungsbeträge bei zwischenzeitlich gesunkenen Wiederbeschaffungswerten. Diese Schwierigkeit läßt sich aber überwinden, wenn der Mehrbetrag der Substanzerhaltungsrücklage gegenüber der Differenz zwischen Anschaffungs- und Wiederbeschaffungswerten der noch vorhandenen Wirtschaftsgüter, die der Substanzrechnung unterliegen, gesondert ausgewiesen wird. Ist dabei das Gesamtvermögen des Unternehmens gleich hoch geblieben oder gestiegen, so wird sich der Mehrbetrag vornehmlich auf das Finanzvermögen beziehen, das sich durch eine Minderung des Sachanlage- oder Vorratsvermögens entsprechend erhöhte. Ist das Gesamtvermögen dagegen zurückgegangen, so betrifft der Differenzbetrag überwiegend nicht mehr vorhandenes Vermögen oder gesunkene Wiederbeschaffungswerte. — Ungeachtet dessen ist aber der Mehrbetrag der Substanzerhaltungsrücklage in erster Linie auf bereits realisierte Scheingewinne zurückzuführen, während die Substanzerhaltungsrücklage im übrigen hauptsächlich dazu dient, zukünftige Scheingewinne zu neutralisieren. — Aus all dem wird deutlich, daß die Aussagekraft der polaren Bilanz die der organischen Tageswertbilanz noch übertrifft[8].

---

[8] In diesem Zusammenhang interessieren auch die Ausführungen *Schwantags* in einem Referat zu dem Thema „Eigenkapital als Risikoträger" (ZfhF 1963, S. 221), wobei er ebenso wie in der polaren Bilanz nicht von dem von F. *Schmidt* geforderten Reproduktionswert eines Unternehmens ausgeht (Wert des Unternehmens als Ganzes), sondern von den Wiederbeschaffungswerten der bilanzierbaren Wirtschaftsgüter: „Keinesfalls ist als Eigenkapital in diesem Zusammenhang der Gesamtwert des Unternehmens, soweit er auf die Eigner entfällt, zu verwenden, also der Betrag, der sich als Ergebnis einer Bewertung der Unternehmung als Ganzes zu ergeben pflegt. Der Heranziehung dieses Betrages widersprächen sowohl theoretische Gründe — man denke an das Thema: Eigenkapital als Risikoträger — als auch praktische."

Die Aussagekraft der polaren Bilanz könnte weiterhin dadurch verbessert werden, daß nicht mehr das Netto- sondern das Bruttoprinzip beim Ausweis der Vermögensgegenstände der Aktivseite angewandt wird (Ausweis der Abschreibungen zum Anlagevermögen sowie der Wertberichtigungen zum Umlaufvermögen auf der Passivseite)[9]. Weiterhin ist denkbar, daß wie in den USA Kundenaufträge voll und nicht nur insoweit bilanziert werden (oder wurden), als sie abgewickelt sind. So werden nach deutschem Handelsrecht nicht die Bestellungen, sondern erst die Eingangsrechnungen, nicht der Kundenauftragswert, sondern lediglich die Forderungen ausgewiesen. Die in den USA zulässige Bilanzierung der Kundenaufträge hat dann allerdings zur Folge, daß neben den verbuchten Eingangsrechnungen die noch ausstehenden Eingangsrechnungen zu bereits erteilten Bestellungen, die noch ausstehenden Bestellungen zu erteilten Kundenaufträgen, die im übrigen noch zu erwartenden Kosten (insbesonders Löhne und Gehälter) und als „deferred credit" der erwartete Gewinn aus dem Kundenauftrag passiviert sowie neben den bereits fakturierten Forderungen die noch ausstehenden Forderungen aktiviert werden. Dabei wird der erwartete Gewinn (deferred credit) selbstverständlich nicht dem realisierten Gewinn gleichgesetzt. Diese Bilanzierungsmethode erlaubt einen sehr aufschlußreichen Einblick in die Auftragslage des Unternehmens. Sie ist aber nur dann zu empfehlen, wenn ein Unternehmen überwiegend aufgrund vorliegender Kundenaufträge produziert[10]. — Aber all diese Möglichkeiten zu einer weiteren Besserung der Aussagekraft sind nicht speziell mit der polaren Bilanz verbunden und sollen deswegen nicht näher erörtert werden. Was hier allein interessiert, ist der Umstand, daß die polare Bilanz diesen Verbesserungen nicht entgegensteht.

---

[9] Vgl. *le Coutre:* Grundzüge der Bilanzkunde, 1. Teil: Eine totale Bilanzlehre, 4. Aufl., sowie Handwörterbuch der Betriebswirtschaftslehre, Sp. 1174.

[10] Diese amerikanische Bilanzierungspraxis entspricht wohl dem Bilanzschema M. R. *Lehmanns* (vgl. „Die Quintessenz der Bilanztheorie", in: Zeitschrift für Betriebswirtschaft 1955, S. 545 sowie S. 671): „Gegen die Forderung der Vollständigkeit des Buchhaltungsabschlusses wird aber vor allem regelmäßig verstoßen, wenn die Verpflichtungen und Ansprüche aus schwebenden Geschäften nicht in die Bilanz aufgenommen werden. ... Dabei ist es unerheblich, daß derartige Posten nur ‚vor dem Strich' zu vermerken sind, und daß es nicht erforderlich ist, sie innerhalb der Kontenrechnung zu verbuchen. Entscheidend ist lediglich, daß ihre Nicht-Einbeziehung in den Buchhaltungsabschluß die Risiken unzulänglich erkennbar macht, mit denen es ein Unternehmen tatsächlich zu tun hat. Welche Bedeutung derartigen Risiken aber tatsächlich zukommen kann, macht man sich am einfachsten dadurch klar, daß man z. B. annimmt, für einen bestimmten Rohstoff würde ein für 1 Monat reichendes Lager gehalten, man habe jedoch in bezug auf diesen Rohstoff bereits Lieferungsverträge im Umfang eines Bedarfs für 3 Monate fest abgeschlossen. Man denke eine solche Lage für den Fall durch, daß die Preise der gedachten Rohstoffe unerwarteterweise nach unten gehen."

Abschließend bleibt zu bemerken, daß die größere Aussagekraft der polaren Bilanz nicht hoch genug einzuschätzen ist. Das gilt sowohl aus der Sicht des Unternehmens, seiner Anteilseigner und Gläubiger als auch aus volkswirtschaftlicher Sicht. Ein wesentliches Moment der modernen Industriegesellschaft ist ihre Transparenz. Diese Transparenz ist um so mehr nötig, je mehr sich die Arbeitsteilung durchsetzt und je weniger es dem Einzelnen noch möglich ist, den immer größer werdenden Markt zu übersehen. In früheren Zeiten, als es sich noch vornehmlich um lokale oder provinzielle Märkte handelte, genügte noch der berühmte Blick auf den „rauchenden Schornstein", um sich zu vergewissern, ob ein Unternehmen gut geht oder nicht. In Wirklichkeit war es aber nicht der Blick auf den Schornstein, der die gewünschte Information gab, sondern das in die Details gehende „lokale" Wissen. Bilanzen hätten da nicht viel mehr an Aussagen bieten können. Die Märkte sind aber heute nicht mehr lokal oder provinziell, nicht einmal mehr national. Auch die kontinentalen Märkte wachsen zusammen. Dementsprechend nimmt die Bedeutung der Bilanz als Informationsmittel für den Außenstehenden zu.

Schließlich ist die größere Aussagekraft der polaren Bilanz für statistische Auswertungen von Bedeutung. Auf die Skala der sich hier anbietenden Auswertungsmöglichkeiten soll nicht näher eingegangen werden. Es genügt zu wissen, welche statistischen Auswertungsmöglichkeiten die jetzigen Bilanzen bieten und dazu die der polaren Bilanz in Vergleich zu stellen.

VI. Der steuerliche Gewinnbegriff

Nach F. *Schmidt* ist nur das Gewinn, „was über die Erhaltung des Unternehmungsvermögens hinaus erzielt wird[1], ... (wenn also) zwischen dem Anfang und Ende einer Rechnungsperiode eine Vermehrung des realen Vermögens stattgefunden hat"[2]. Dabei versteht er unter „realem Vermögen" den mengenmäßigen Bestand des Vermögens[3]. Diese Gewinnkonzeption läßt sich mit den geltenden steuerlichen Bestimmungen nicht in Einklang bringen, da der steuerliche Gewinnbegriff — wie bereits ebenfalls an früherer Stelle dargelegt[4] — auf der Anwendung der Nominalwertrechnung basiert[5]. — Die kombinierte Ge-

[1] *Schmidt*, F.: Die organische Tageswertbilanz, S. 55.

[2] *Schmidt*, F.: a.a.O., S. 56.

[3] Vgl. hierzu die früheren Ausführungen zum Gewinnbegriff der organischen Tageswertbilanz.

[4] Vgl. die Ausführungen zur Steuerbilanz.

[5] Vgl. *Boettcher*, C.: Zur Reform der Ermittlung des steuerlichen Gewinnes, in: Steuer und Wirtschaft 1949, Sp. 953: „Die ‚Tageswertbilanz' von *Schmidt* ist in der Rechtsprechung des Reichsfinanzhofs mit guten Gründen als für die steuerliche Gewinnermittlung nicht brauchbar abgelehnt worden."

winnkonzeption von *Hax*[6] entspricht insofern noch den steuerlichen Bestimmungen, als *Hax* in der Substanzrechnung letztlich nichts anderes sieht als eine Gewinnverlagerung, die lediglich eine Steuerstundung zur Folge hat[7, 8].

Dennoch stellt *Hax* die Frage, ob diese Form der von ihm geforderten und aus der Sicht der polaren Bilanz als „milde" zu bezeichnenden Substanzrechnung dem Postulat der steuerlichen Gerechtigkeit noch genügt, denn die gemäß seinen Vorschlägen zu bildenden Rücklagen zur Substanzerhaltung sind „ebenso dauerhaft wie die Preiserhöhungen, durch die sie entstanden sind. Sie lösen sich nicht etwa nach einigen Jahren wieder auf, sondern verbleiben dem Unternehmen, solange es in altem Umfange weiterarbeitet. Erst bei Verkleinerung oder Auflösung des Unternehmens treten sie als Gewinne in Erscheinung und sind dann zu versteuern. ... Man wird insofern nicht bestreiten können, daß die Substanzrechnung unter den angegebenen Voraussetzungen sich für diejenigen Kreise, die an dem Unternehmungsvermögen partizipieren, günstig auswirkt. ... Immerhin wäre zu prüfen[9], ob nicht das Gebot der gleichmäßigen Besteuerung es dem Staat zur Pflicht machen sollte, auch anderen Bevölkerungskreisen (als den Unternehmern) die Möglichkeit einer"[10] gleichgearteten Substanzrechnung zu gewähren[11]. *Hax* weist jedoch mit Recht darauf hin, daß solches bereits in weitem Umfange — wenn auch mit anderen Methoden — geschehe. So nennt er die „Begünstigung der Lebensversicherung in fast allen Kulturstaaten oder die Begünstigung des Kontensparens und bestimmter Formen des Wertpapiersparens. In all diesen Fällen können die Sparbeträge von dem Einkommen, das der Steuer-

---

[6] Vgl. die Ausführungen zur Substanzerhaltung in der Handelsbilanz.

[7] *Hax:* Die Substanzerhaltung der Betriebe, S. 65.

[8] Vgl. außerdem die Ausführungen im Abschnitt „Bilanztechnische Präzisierung des Gewinnbegriffes der polaren Bilanz".

[9] *Hax:* a.a.O., S. 281.

[10] *Hax:* a.a.O., S. 282.

[11] In diesem Sinne äußert sich *Gnam:* „Währungen gelten für eine Volkswirtschaft. Sie gelten nicht nur für die Betriebe und Unternehmer, sondern auch für die Arbeiter, für die Angestellten und Beamten. Währungen sind hinsichtlich ihrer Kaufkraft Schwankungen unterworfen, und diese Schwankungen treffen alle Angehörigen der betreffenden Volkswirtschaft. ... Es ist aber ein Unding, wenn die Betriebswirtschaftslehre die Kaufkraftschwankungen allein für den Sektor der Betriebe und Unternehmer ausschalten will. Sie würde damit z. B. die anderen Sektoren des Wirtschaftslebens aufs schwerste benachteiligen. Gelänge ihr die Ausschaltung, so würde für den Unternehmer, dessen Einkommenschancen u. a. gerade in seinem Wagnis liegen, das Wagnis der Kaufkraftschwankung ausgeschaltet werden, während gleichzeitig der Arbeiter, Angestellte und Beamte, dessen Einkommen dem Wagnis möglichst wenig ausgesetzt sein soll, die volle Wucht des Wagnisses der Kaufkraftschwankung zu tragen hätte. Ein offensichtlich unbefriedigendes Ergebnis!" (*Gnam:* Axiome der Bilanzierung auf der Grundlage der Währung, 1948, S. 17).

pflicht unterliegt, abgesetzt werden, so daß sie als solche steuerfrei bleiben. Unter dieser Voraussetzung kann man die Begünstigung, die sich bei dauerhaften Preiserhöhungen für die am Unternehmungsvermögen partizipierenden Bevölkerungskreise ergibt, nicht mehr als Verstoß gegen den Grundsatz der gleichmäßigen Besteuerung und der steuerlichen Gerechtigkeit ansehen"[12]. In ähnlicher Weise äußert sich *Roeper* in seinem bereits zitierten Aufsatz[13]: „Denn in der Praxis ist es doch so, daß die Masse der kleinen Sparer von ihren Kapitaleinkünften überhaupt keine Steuern zahlt. ... Immer rascher wächst die Zahl derer, die vom Prämien- und Bausparen Gebrauch machen, die erkannt haben, daß sie auf diese Weise, die Prämien eingerechnet, eine jährliche Rendite bis zu 10 % erzielen können. Ebenso kann man gerade auch von kleinen Sparern immer wieder hören, daß sie die vom Staat gezahlte Sparprämie als eine Art Entwertungsausgleich ansehen. ... Stark betroffen sind dagegen vor allem die Steuerpflichtigen, die als Altersvorsorge einen Teil ihrer Ersparnisse in Geldvermögen angelegt haben und jetzt von den Zinsen leben müssen. Ihnen wäre eine steuerliche Berücksichtigung der Geldentwertung gewiß zu gönnen." — Soweit es die zuletzt erwähnten Steuerpflichtigen betrifft, müßten vom Standpunkt der steuerlichen Gerechtigkeit auch noch gegen die von *Hax* geforderte kombinierte Gewinnkonzeption[14] Bedenken geltend gemacht werden. Diese Bedenken nehmen erheblich zu, wenn in der polaren Bilanz weit über das hinaus gegangen wird, was *Hax* fordert. Die Substanzerhaltungsrücklage der polaren Bilanz, die bei sinkenden Wiederbeschaffungswerten oder einem Rückgang der mengenmäßigen Substanz des Anlage- oder Vorratsvermögens nicht aufgelöst werden soll, hat nicht nur eine Gewinnverlagerung und somit nicht nur eine Steuerstundung zur Folge, sondern führt zu einer dauernden Minderung des Gewinnes und der Steuern, selbst dann, wenn das Unternehmen liquidiert wird[15].

Die praktische Anwendung der polaren Bilanz würde infrage gestellt, wenn sich herausstellen sollte, daß sie der Besteuerung deswegen nicht zugrunde gelegt werden kann, weil der Gewinnbegriff der polaren Bilanz in nicht mehr zu vertretender Weise gegen das Postulat der steuerlichen Gerechtigkeit verstößt. Der polaren Bilanz würde dann nämlich allenfalls noch als Handelsbilanz Bedeutung zukommen. Wenn man aber bedenkt, wie sehr die geltenden Grundsätze der Steuerbilanz die Handelsbilanz überlagern, weil der Kaufmann sich nicht der Mühe

---

[12] *Hax*: Die Substanzerhaltung der Betriebe, S. 282.

[13] *Roeper*: Steuerabschlag für Geldentwertung? S. 8.

[14] *Hax*: a.a.O., S. 26.

[15] Vgl. die Ausführungen zum Gewinnbegriff der polaren Bilanz, insbesondere zur nominellen und substantiellen Kapitalerhaltung, sowie zur bilanztechnischen Präzisierung des Gewinnbegriffes der polaren Bilanz.

unterziehen will, seine Bilanz zweifach nach steuerlichen und nach handelsrechtlichen Gesichtspunkten aufzustellen, oder weil die Wahrnehmung steuerlicher Vergünstigungen davon abhängig ist, wie in der Handelsbilanz bilanziert wird, so ist die Befürchtung nicht von der Hand zu weisen, daß die Grundsätze der polaren Bilanz bis zur Unkenntlichkeit abgewandelt würden, wenn sie nicht zugleich die Steuer- und Handelsbilanz verkörpert.

Zweifellos ist es so, daß die in der polaren Bilanz stattfindende Substanzrechnung nicht in gleicher oder ähnlicher Form bei sämtlichen anderen steuerlichen Einkunftsarten angewandt werden kann. Das gilt insbesondere zu Kapital- und Renteneinkünften, soweit nicht bei den Renten eine sog. dynamische Anpassung an die Lebenshaltungskosten vorgenommen wird. Ein Verstoß gegen das Postulat der steuerlichen Gerechtigkeit ist somit schlechterdings nicht zu verneinen. Es stellt sich deshalb die Frage, ob die Verletzung der steuerlichen Gerechtigkeit in einem solchen Ausmaß vorliegt, daß sie trotz der an sich notwendigen Substanzrechnung der Unternehmungen nicht mehr hingenommen werden kann. — *Hax* kommt hinsichtlich der von ihm geforderten kombinierten Gewinnkonzeption zu dem Ergebnis, daß aufgrund der zahlreichen Vergünstigungen für andere Einkunftsarten — worin ein Äquivalent für die dort nicht stattfindende Substanzrechnung zu sehen ist — nicht mehr von einem „Verstoß gegen den Grundsatz der gleichmäßigen Besteuerung und der steuerlichen Gerechtigkeit" gesprochen werden könne. „Vor allem darf dabei nicht übersehen werden, daß diese Begünstigung (d. h. die Substanzrechnung) in den objektiven Verhältnissen der Unternehmung und ihren gesamtwirtschaftlich gerechtfertigten Bedürfnissen begründet liegt, also nicht etwa eine willkürliche Bevorzugung einzelner Bevölkerungskreise ist[16]". *Hax* ist darin wohl zuzustimmen. Gilt das aber auch noch für die weiterreichende Substanzrechnung der polaren Bilanz?

Die Antwort auf diese Frage findet sich in den folgenden Untersuchungen über die Problematik der steuerlichen Gerechtigkeit. Außerdem wird das vertieft, was in den soeben zitierten Äußerungen von *Hax* anklang, nämlich ob nicht die „gesamtwirtschaftlich gerechtfertigten Bedürfnisse" höher zu werten sind als das Bedürfnis steuerlicher Gerechtigkeit. Das Ergebnis dieser Untersuchungen entscheidet dann darüber, ob der polaren Bilanz praktische Bedeutung zukommen kann.

1. Steuerliche Gerechtigkeit und Überflußgesellschaft

Herbert von *Borch*[17] nennt J. K. *Galbraith* (dessen Untersuchungen in „The Affluent Society" im Zusammenhang mit der Frage der chroni-

---

[16] *Hax*: Die Substanzerhaltung der Betriebe, S. 282.
[17] *v. Borch*, Herbert: Amerika — Die unfertige Gesellschaft, München 1964.

schen Geldentwertung interessierten) „den ersten Theoretiker, der Schlußfolgerungen aus der Tatsache zieht, daß in den Vereinigten Staaten nicht mehr die Not, die Knappheit die zentrale Tatsache alles Wirtschaftens ist, wie in der Zeit, als die pessimistischen Lehren der klassischen Nationalökonomie entstanden, sondern der Überfluß[18]. ... Er zerstört die Tabus der geltenden nationalökonomischen Theorie, indem er ihr nachweist, daß sie noch immer nicht in den Begriffen der Überflußgesellschaft zu denken verstehe, sondern noch der ‚herkömmlichen Weisheit' der von Ricardo vor 150 Jahren begründeten Überlieferung verhaftet sei, die von der Urtatsache ausgeht, daß die Ware knapp ist und materielles Elend das Schicksal des Menschen[19]."

Eine der wesentlichen Konsequenzen, die *Galbraith* aus dem Faktum der Überflußgesellschaft zieht, ist die Fragwürdigkeit des Prinzips der Gleichheit und des damit sich weitgehend deckenden Prinzips der Gerechtigkeit. In dem Kapitel über die „Ungleichheit" führt er u. a. aus: „However, few things are more evident in modern social history than the decline of interest in inequality as an economic issue. ... While it continues to have a large ritualistic role in the conventional wisdom of conservatives and liberals, inequality has ceased to preoccupy men's minds. And even the conventional wisdom has made some concessions to this new state of affairs[20]. ... Apart from the income tax almost no legislation has been enacted or even discussed in recent years which has as its main point the reduction of inequality. Fifty years ago, at the height of the debate over socialism and capitalism, it would have been hard to imagine there was any other issue. The decline in concern for inequality cannot be explained by the triumph of equality[21]. ... The decline has been for a variety of reasons, but in one way or another these are all related to the fact of increasing production. Production has eliminated the more acute tensions associated with inequality. ... The oldest and most agitated of social issues, if not resolved, is at least largely in abeyance. ... This is a change of far-reaching importance[22, 23]."

---

18 *v. Borch*, Herbert: a.a.O., S. 73.

19 *v. Borch*, Herbert: a.a.O., S. 88.

20 *Galbraith*, J. K.: The Affluent Society, S. 72.

21 *Galbraith*, J. K.: a.a.O., S. 73.

22 *Galbraith*, J. K.: a.a.O., S. 83.

23 Ohne am Wort zu haften, würden diese Gedanken *Galbraiths* wie folgt zu übersetzen sein: „Es gibt wohl wenige Dinge, die von solcher Bedeutung sind, wie die in jüngster Zeit an Interesse verlierende soziale Auseinandersetzung über die ungleichmäßige Vermögens- und Einkommensverteilung. ... Diese Frage steht zwar noch im Vordergrund der Diskussion, sie hat aber aufgehört, unser Denken zu beherrschen. Und selbst diejenigen, die noch in den alten Kategorien denken, sind aufgrund der neuen Situation zu Konzessionen bereit. ... In den letzten Jahren wurden, abgesehen von der Einkommensteuer, keine neuen Gesetze eingeführt oder diskutiert, deren

Auch wenn die Symptome der Überflußgesellschaft in der Bundesrepublik noch nicht in solchem Ausmaß zu verzeichnen sind wie in den USA, so heben sie sich dennoch bereits deutlich genug ab, um ebenfalls feststellen zu können, daß die sozialen Spannungen aus den Unterschieden zwischen Arm und Reich in einem solchen Ausmaß nachgelassen haben, wie es wohl kaum voraussehbar war. Es ist hier nicht der Ort, dieser Entwicklung weiter nachzugehen. Sie ist außerdem so evident, daß es keines besonderen Beweises mehr bedarf. Es sei in diesem Zusammenhang lediglich darauf hingewiesen, in welchem Ausmaß sich unsere Gesellschaft in positivem Sinne verbürgerlicht hat und daß die heutige steuerliche und soziale Gesetzgebung nicht mehr daraufhin ausgerichtet ist, Not zu lindern, sondern den Wohlstand aller zu fördern. So heißt es z. B. im § 1 Abs. 2 des 2. Wohnungsbaugesetzes[24]: „Die Förderung des Wohnungsbaues hat das Ziel, die Wohnungsnot namentlich auch der Wohnungssuchenden mit geringem Einkommen zu beseitigen und zugleich (!) weite Kreise des Volkes durch Bildung von Einzeleigentum besonders in der Form von Familienheimen mit dem Grund und Boden zu verbinden. Sparwille und Tatkraft aller Schichten des Volkes sollen hierzu angeregt werden. In ausreichendem Maße sind solche Wohnungen zu fördern, die die Entfaltung eines gesunden Familienlebens namentlich für kinderreiche Familien gewährleisten." Unterdessen dürfte der Zweck des Gesetzes, die Wohnungsnot zu lindern, längst überholt sein, so daß es nunmehr ausschließlich der Förderung der Eigentumsbildung sowie der Familien dient.

Es könnte die Frage gestellt werden, ob nicht die Wohlstandsförderung aller besonders den sozialschwachen Schichten zugute kommen soll. Daraus wäre zu schließen, daß die Vorstellung einer gerechteren Verteilung der Einkünfte und Vermögen doch noch dominiert. Diese Frage ist nicht ganz unberechtigt. Dennoch darf nicht übersehen werden, daß z. B. das zuvor zitierte 2. Wohnungsbaugesetz weniger den „Ärmsten" hilft, da diese trotz des gestiegenen Wohlstandes noch nicht in der Lage sein werden, Wohnungseigentum zu schaffen. Außerdem begünstigt es nicht diejenigen Steuerpflichtigen, die über entsprechende Einkünfte oder über entsprechendes Vermögen verfügen, sondern nur

---

Hauptzweck in der Beseitigung von Ungleichmäßigkeiten gelegen hätte. Als vor 50 Jahren die Debatte über Sozialismus und Kapitalismus ihren Höhepunkt erreichte, wäre das nur schwer vorstellbar gewesen. Das nachlassende Interesse an der Frage der wirtschaftlichen Ungleichheit kann jedoch nicht damit erklärt werden, daß die Gleichheit triumphiert hätte. ... Vielmehr sind eine Reihe von Gründen zu nennen. Sie wurzeln jedoch alle in der Tatsache erhöhter Produktion. Diese hat die sozialen Spannungen, wie sie mit Ungleichheit verbunden sind, beseitigt. ... Damit ist das älteste und heißumstrittene soziale Problem zwar nicht gelöst, aber es ist so gut wie gegenstandslos geworden. ... Diese Änderung ist von weitreichender Bedeutung."

[24] 2. Wohnungsbaugesetz; BGBl. 1961, I, S. 1121.

jene, die daraus Wohnungen schaffen wollen. — Das Streben nach steuerlicher Gerechtigkeit hat zwar immer noch einen beachtlichen Rang. Daneben sind aber andere Zielsetzungen getreten, die unter Umständen sogar überwiegen. Das gilt auch hinsichtlich wirtschaftspolitischer Maßnahmen, die mit Hilfe des Steuerrechts verfolgt werden. So läßt sich z. B. die verschiedentlich geforderte Abhängigkeit der Höhe der Einkommensteuer von der konjunkturellen Entwicklung nur noch bedingt mit steuerlicher Gerechtigkeit in Einklang bringen.

Das Streben nach wirtschaftlicher Gleichheit und das daraus abgeleitete Prinzip der steuerlichen Gerechtigkeit stellt entgegen früherer Vorstellungen keinen absoluten Wert mehr dar. In Zeiten sozialer Notstände ist es zweifellos gerechtfertigt und aus ethischen Gründen auch notwendig, der steuerlichen Gerechtigkeit Priorität einzuräumen. Angesichts des heute bereits erreichten Wohlstands — und alle Zeichen deuten darauf hin, daß diese Entwicklung noch längst nicht ihr Ende gefunden hat — wäre es verfehlt, weiterhin und unbedingt an der steuerlichen Gerechtigkeit festzuhalten. Statt dessen sind andere soziale Probleme entstanden, insbesondere die der Überflußgesellschaft, wie sie von J. K. *Galbraith* aufgezeigt wurden. Deshalb sieht der Staat seine vornehmlichste Aufgabe nicht mehr darin, Not zu lindern, sondern Vorsorge zu treffen, daß Not erst gar nicht entstehen kann. Diese Maßnahmen können sogar im Widerspruch zur steuerlichen Gerechtigkeit stehen und dennoch gut zu heißen sein. Über der steuerlichen Gerechtigkeit steht heute das Bestreben, die Gesellschaftsordnung funktionsfähig zu gestalten oder funktionsfähig zu erhalten.

Die Tatsache, daß der Gewinnbegriff der polaren Bilanz das Prinzip der steuerlichen Gerechtigkeit verletzt, auch wenn es sich nicht um eine sehr einschneidende Verletzung handelt, reicht somit noch nicht aus, die polare Bilanz abzulehnen. Eine Ablehnung wäre nur dann begründet, wenn die polare Bilanz ausschließlich steuerliche Ungerechtigkeit zur Folge hätte. In einem solchen Falle wäre sie allerdings auch dann abzulehnen, wenn die steuerliche Ungerechtigkeit kein allzu großes Ausmaß hätte. — Der nächste Schritt besteht also darin zu untersuchen, inwieweit sich die polare Bilanz vom allgemeinen Interesse her positiv auswirkt und inwieweit das ausreicht, die nicht zu bestreitende Tatsache der steuerlichen Ungerechtigkeit hinzunehmen.

2. Die Stellung des Unternehmens in der Wirtschafts- und Gesellschaftsordnung

Die Frage der Stellung der Unternehmung in der Wirtschafts- und Gesellschaftsordnung kann hier selbstverständlich nicht erschöpfend behandelt werden, sondern nur insoweit, als es zur Klärung der anstehenden Probleme dienlich ist.

Einer der wichtigsten Zwecke der polaren Bilanz liegt in der Sicherung nomineller und substantieller Kapitalerhaltung der Unternehmungen. Dieses Ziel läßt sich weder im Rahmen der geltenden handelsrechtlichen oder steuerrechtlichen Bestimmungen noch mit Hilfe der maßgeblichen Bilanztheorien erreichen. Da die gesetzlichen Bestimmungen auf der Anwendung der Nominalwertrechnung basieren, sind die Unternehmungen heute der nicht zu unterschätzenden Gefahr einer Substanzauszehrung ausgesetzt, solange das Problem der chronischen Geldentwertung als Faktum hingenommen werden muß. Dieser Gefahr darf schon allein aus wirtschaftspolitischen Gründen nicht untätig zugesehen werden. Der Gesetzgeber hat deswegen bereits zu verschiedenen Maßnahmen gegriffen, die jedoch als nicht ausreichend bezeichnet werden müssen[25].

Die in der polaren Bilanz liegende steuerliche Ungerechtigkeit resultiert ausschließlich aus der Forderung nach nomineller und substantieller Kapitalerhaltung lebensfähiger Unternehmungen. Diese Forderung ist aber bereits aus volkswirtschaftlicher Sicht als legitim zu bezeichnen. Andernfalls würde man die Grundlagen unserer materiellen Existenz in Frage stellen. Allein dieses Argument genügt, die mit der polaren Bilanz verbundene steuerliche Ungerechtigkeit hinnehmen zu können. Wie bereits zitiert, sieht *Hax* diese steuerliche Begünstigung „in den objektiven Verhältnissen der Unternehmung und ihren gesamtwirtschaftlich gerechtfertigten Bedürfnissen begründet“[26].

Außerdem darf nicht übersehen werden, daß die steuerliche Begünstigung der Unternehmungen bei Anwendung der polaren Bilanz den Unternehmenseigentümern nur mittelbar zugute kommt. Wie H. von *Borch* zutreffend bemerkt, „ist die Aufspaltung des Eigentums das Aufbauprinzip einer von den Wirtschaftsorganisationen beherrschten Nationalökonomie. Ihre wichtigste Folge ist die Trennung von Macht und Eigentum. Um Wirtschaftsmacht ausüben zu können, braucht man nicht mehr Produktionsmittel zu besitzen. Wer sie besitzt, hat meist keine oder nur nominelle Macht. Der amerikanische Kapitalismus hat aufgehört, auf Besitz (Eigentum) zu beruhen. Diese Wanderung der wirtschaftlichen Macht zu neuen Trägern hat sich in Stufen vollzogen, deren letzte eben erst beschritten wird. Es ist die Geschichte von der Entmachtung der Eigentümer“[27, 28]. In ähnlicher Weise äußert sich *Brockmöller*[29]: „Zunächst hört das Eigentum auf, ausschlaggebendes

[25] Vgl. die Ausführungen „Neue Wege des Steuergesetzgebers“.

[26] *Hax:* Die Substanzerhaltung der Betriebe, S. 282.

[27] *v. Borch,* Herbert: Amerika — Die unfertige Gesellschaft, S. 82/83.

[28] Vgl. auch *Galbraith,* J. K.: The Liberal Hour, Mentor-Books, The New American Library of World Literature, New York 1960, S. 34/ff.

[29] *Brockmöller:* Industriekultur und Religion, 3. Aufl., Frankfurt/M. 1964.

Strukturelement der industriellen Gesellschaft zu sein, wie es in der vorindustriellen Gesellschaft gewesen ist und wie es noch in früheren Vorstellungen einer gesellschaftlichen Eingliederung des Proletariates als Leitbild sozialer Gerechtigkeit erstrebt wurde[30]." — In dieser faktischen Entmachtung des Eigentums und der damit zusammenhängenden wirtschaftlichen Verselbständigung der Unternehmungen spiegeln sich zugleich die von *Hax* erwähnten „gesamtwirtschaftlich gerechtfertigten Bedürfnisse" der Unternehmungen wider. Die mit der polaren Bilanz verbundene steuerliche Ungerechtigkeit ist nur eine scheinbare. Sie kommt weniger den Eigentümern, sondern in erster Linie den von ihnen losgelöst zu sehenden und letztlich der Allgemeinheit dienenden Unternehmungen zugute. In diesem Sinne ist auch Artikel 14, II des Grundgesetzes zu verstehen: „Eigentum verpflichtet. Sein Gebrauch soll zugleich dem Wohle der Allgemeinheit dienen." Die Entwicklung ist nur insoweit bereits über das Grundgesetz hinweggeschritten, als es einer solchen Soll-Vorschrift nicht mehr so sehr bedarf.

Schließlich darf bei der Klärung der scheinbaren oder tatsächlichen steuerlichen Ungerechtigkeit, wie sie aus der Anwendung des Gewinnbegriffes der polaren Bilanz entsteht, nicht übersehen werden, welche Funktion heute die Unternehmung innerhalb der gesellschaftlichen Struktur ausübt. Diesen Fragen hat sich *Brockmöller* besonders eingehend zugewandt. „Obwohl so der moderne Betrieb nur eine relative Zusammengehörigkeit und Abhängigkeit einer eigenständigen Sozialgruppe aufweist, übt er doch im Ganzen der industriellen Gesellschaft sogar eine soziale Funktion aus, die sich viel tiefer auswirkt, als es nach der Festigkeit der äußeren Bindung in ihm zunächst scheinen könnte[31]. ... Eine rechte Gesellschaftsordnung kann zunächst nicht ohne Berücksichtigung dieses Nebeneinanders der drei Bereiche Familie, Betrieb und Freizeitgesellschaft, in denen sich das moderne Leben entfaltet, aufgebaut werden. Die industrielle Gesellschaft ist wesentlich eine pluralistische Gesellschaft[32]. ... Daß das Mäzenatentum für Bildung und Kunst von den Fürsten auf die großen Industriekonzerne[33] übergegangen ist und neuerdings auch auf die Arbeitnehmerorganisation übergeht, ist dabei aber nicht mehr als ein Hinweis darauf, daß ein Wandel der Gesellschaftsstruktur eingetreten ist und dem Betrieb selbst eigentliche Kulturaufgaben gestellt sind[34]." — Auch von dieser Warte her gesehen kommt der Existenzsicherung lebensfähiger Unter-

---

30 *Brockmöller:* a.a.O., S. 243.

31 *Brockmöller:* a.a.O., S. 206.

32 *Brockmöller:* a.a.O., S. 215.

33 *Brockmöller:* a.a.O., S. 216.

34 *Brockmöller:* a.a.O., S. 217.

nehmungen eine derartige Bedeutung zu, daß die Frage der tatsächlichen oder auch nur scheinbaren steuerlichen Ungerechtigkeit zurückzutreten hat[35].

3. Neufassung des steuerlichen Gewinnbegriffes

Soll die polare Bilanz zugleich Handels- und Steuerbilanz sein, so ändert der Gewinnbegriff der polaren Bilanz auch den steuerlichen Gewinnbegriff. Die damit zusammenhängende Frage der steuerlichen Gerechtigkeit wurde bereits beantwortet. Insofern ist nichts mehr nachzutragen.

Die Ausführungen des vorhergehenden Abschnittes über die Stellung des Unternehmens in der Wirtschafts- und Gesellschaftsordnung zeigten, daß das Phänomen Unternehmen ebenso wie die damit zusammenhängenden Fragen der Bilanz nicht isoliert betrachtet werden dürfen. Unter diesem Aspekt bietet sich sogar eine Änderung des steuerlichen Gewinnbegriffes an, die weit über die Forderung der polaren Bilanz hinausreicht. Diese Änderung steht somit in keinem unmittelbaren Zusammenhang zur Theorie der polaren Bilanz, so daß die Untersuchungen mit dem vorhergehenden Abschnitt hätten beendet werden können. Dennoch sind die folgenden Ausführungen nicht abwegig. Sie erlauben es, den Gewinnbegriff der polaren Bilanz kontrastreicher zu sehen.

Die Trennung von Eigentum und Macht, d. h. die Verselbständigung der Unternehmung gegenüber ihren Eigentümern, wirft die Frage auf, ob der Gewinn eines Unternehmens unabhängig davon zu sehen ist,

---

[35] An dieser Stelle kann nunmehr zusammenfassend zu den Bedenken *Gnams* gegen die Substanzrechnung der Unternehmungen Stellung genommen werden. *Gnam* ist zunächst der Ansicht, daß die Substanzrechnung aus Gründen der steuerlichen Ungerechtigkeit abzulehnen ist. Diese Frage wurde bereits eingehend erörtert. Darüber hinaus ist *Gnam* der Auffassung, daß die Substanzrechnung einfach wirkungslos sein würde. Das durch die Substanzrechnung verringerte Steueraufkommen zwinge den Staat, seinen Haushalt durch andere Einnahmen sicherzustellen (*Gnam:* Axiome der Bilanzierung auf der Grundlage der Währung, S. 17—19). Zweifellos hat *Gnam* Recht, daß die Substanzrechnung das Steueraufkommen mindert. Dadurch wird aber lediglich verhindert, daß der Fiskus Steuereinnahmen erzielt, die ihm in seinem eigenen wohlverstandenen Interesse nicht zustehen. Er muß dann seinen Haushalt kürzen; er kann dann auch nicht, wie *Gnam* es als zwangsläufig ansieht, den Weg „zusätzlicher Geldschöpfung" beschreiten. Der Staatshaushalt ist keine absolute Größe, die unbedingt durch entsprechendes Steueraufkommen zu finanzieren ist. Vielmehr ist der Haushalt in Abstimmung mit den volkswirtschaftlichen Gegebenheiten aufzustellen. In Kriegs- und Notzeiten ist es zwar denkbar, diesen Weg der Vernunft zu verlassen und u. U. sogar so weit zu gehen, den Unternehmungen nicht einmal die Abschreibungen zuzubilligen, wie es während des letzten Krieges gefordert wurde. Das mag zu solchen Zeiten seine guten Gründe haben, was jedoch nicht die Bilanztheorie als solche und somit auch nicht die Theorie der polaren Bilanz berührt. Die polare Bilanz ist aber auf die Verhältnisse einer expandierenden Wohlstandsgesellschaft ausgerichtet.

inwieweit er von den Anteilseignern des Unternehmens konsumiert oder investiert wird. — Herbert von *Borch* stellt in diesem Zusammenhang einen interessanten Vergleich zwischen den Wirtschaftssystemen der Sowjetunion und der USA an. „Unter der Decke ideologischer Gegensätzlichkeit haben sich auffallende Strukturähnlichkeiten herausgebildet. In beiden Systemen gibt es große Verwaltungspyramiden, die die Produktion leiten; ein Managertyp, der an Karriere, Ansehen und Pension denkt, hat in beiden Formen die wirtschaftliche Initiative, und nicht mehr der Typ des einzelnen Unternehmers. Die Kapitalbildung wird auf beiden Seiten von der Verwaltungspyramide bestimmt (drei Fünftel der industriellen Kapitalbildung in Amerika beruhen auf zurückgehaltenen Profiten). In der Sowjetunion arbeiten die Produktionseinheiten unter dem Zwang einer durch den totalitären Staat gelenkten Planung; in Amerika arbeiten sie im Rahmen eines Pluralismus von mehreren hundert Großfirmen[36].“ — Die strukturelle Annäherung der Wirtschaftslenkung in beiden Systemen wird auch von zahlreichen anderen Autoren hervorgehoben; in diesem Zusammenhang sei u. a. auf die aus der Tagespresse bekanntgewordenen Auffassungen Prof. *Libermans* hingewiesen. Die Ursachen dafür dürften in der Notwendigkeit einer wissenschaftlichen Versachlichung der modernen Industriegesellschaft zu sehen sein, wodurch die ideologischen Verkrustungen hüben wie drüben schwinden.

Es würde wohl niemand auf den Gedanken kommen, dem Manager eines Unternehmens innerhalb eines planwirtschaftlichen Systems den Gewinn des von ihm geleiteten Unternehmens als persönliches Einkommen zuzurechnen. Der zuvor zitierte Vergleich des amerikanischen und sowjetischen Wirtschaftssystems legt es deshalb nahe, die Frage zu stellen, mit welcher Berechtigung in einem marktwirtschaftlichen System die Unternehmensgewinne als persönliches Einkommen der Unternehmenseigentümer behandelt werden, soweit diese Gewinne ähnlich wie in den USA zu drei Fünfteln investiert und nicht konsumiert werden[37, 38].

---

36 *v. Borch*, Herbert: Amerika — Die unfertige Gesellschaft, S. 86/87.

37 *v. Borch*, Herbert: a.a.O., S. 87.

38 Vgl. das Vorwort von Edgar *Salin* zur Veröffentlichung von *Riese*, Hajo und *Trommler*, Klaus: „Rücklagenbildung in westlichen Industriestaaten.“ Dort wird ebenfalls darauf aufmerksam gemacht, daß in den USA „drei Fünftel des benötigten Investitionskapitals aus einbehaltenen Gewinnen“... stammen. Zur Begründung dessen weisen *Riese* und *Trommler* auch darauf hin, daß in den USA keine Steuerbegünstigungen für Gewinnausschüttungen vorgesehen sind (a.a.O., S. 40). Allerdings ist zu berücksichtigen, daß in der Bundesrepublik der Begünstigung ausgeschütteter Gewinne die Möglichkeit einer steuerfreien Umwandlung von Rücklagen in haftendes Kapital gegenübersteht: „Das hat die Tendenz zur Bildung offener Rücklagen verstärkt, und zwar in erster Linie zu Lasten der nur in die Handelsbilanz gelegten (versteuerten) stillen Reserven“ (*Riese* und *Trommler:* a.a.O., S. 41).

Die Trennung von Macht und Eigentum sowie die Verselbständigung der Unternehmungen von ihren Eigentümern, insbesondere aber die volkswirtschaftliche und gesellschaftliche Funktion der Unternehmungen lassen es daher sachlich gerechtfertigt erscheinen, eine Trennung zwischen der Investitions- und Konsumquote des Gewinnes vorzunehmen. Sie haben im Grunde genommen überhaupt nichts miteinander zu tun. Ihre Gemeinsamkeit liegt allenfalls in der Quelle, der sie entfließen. Jener Gewinnanteil, der im Unternehmen investiert wird, unterliegt der gleichen Trennung von Macht und Eigentum, der gleichen Verselbständigung gegenüber dem Unternehmer, wie es für das Unternehmen selbst zutrifft. Das allgemeine Interesse an den investierten Gewinnen ist daher größer als das der Unternehmer. Ähnliche Vorstellungen finden sich in einem Aufsatz von *Fischer*[39]: „Das Steuerrecht hat sich die wirtschaftlich unhaltbare Fiktion geschaffen, daß der Gewinn von Erwerbsunternehmen gleich Einkommen sei und deswegen in der gleichen Weise steuerbar wäre[40]“ [41, 42].

Die These, den Unternehmensgewinn in Investitions- und Konsumquote aufzuteilen, scheint auf den ersten Blick vermessen zu sein. Sie widerspricht den bisherigen Denkkategorien und Vorstellungen. Sie entspricht aber dem Wandel der modernen Industriegesellschaft, der es mit sich gebracht hat, weniger nach den Eigentümern und mehr nach den Funktionen zu fragen. — Keineswegs soll die Trennung von Investitions- und Konsumtionsquote dahin führen zu fordern, nur noch die Konsumquote zu versteuern, weil nur diese persönliches Einkom-

---

Die steuerfreie Umwandlung von Rücklagen in haftendes Kapital ist aber auch in den USA zulässig: „In den USA ... existiert keine Besteuerung von Zusatzaktien“ (*Riese* und *Trommler:* a.a.O., S. 41).

39 *Fischer,* Curt Eduard: Zur Problematik um die „wahre“ Bilanz, S. 322.

40 *Fischer,* Curt Eduard: a.a.O., S. 324.

41 *Flume* zitiert hierzu *Veiel* (StuW 1944, S. 107 ff.): „Die ESt in ihrer heutigen Gewinnberechnungsweise geht von dem nunmehr irrigen Gedanken aus, daß der Gewinn eines Unternehmers nach der Steuerbilanz restlos dem Verbrauch durch den oder die Unternehmer dienen soll und tatsächlich zur Verfügung stehe.“ *Flume* ist allerdings anderer Ansicht als *Veiel.*

42 Besonders bei Unternehmen, die nicht in der Form einer Kapitalgesellschaft geführt werden und deren Bilanzergebnisse somit nach dem progressiven Einkommensteuersatz in Abhängigkeit von dem persönlichen Einkommen der jeweiligen Gesellschafter versteuert werden, zeigt sich die theoretische und damit auch praktische Unhaltbarkeit des derzeitigen Besteuerungssystems. Soweit die Gewinne im Unternehmen verbleiben, ist es nicht zu rechtfertigen, daß sie einer völlig unterschiedlichen Besteuerung unterliegen, je nachdem, auf wieviele Anteilseigner des Unternehmens sie entfallen und wie sich deren persönliches Gesamteinkommen gestaltet. Unabhängig davon ist die Steuerlast auch von der Verteilung der Gewinne auf die verschiedenen Jahre abhängig. Bei ungleichmäßiger Verteilung ist das Steueraufkommen wegen der Progressionsspitzen höher. — Die Re-Investitionsquoten von Gewinnen sind somit bei Nicht-Kapitalgesellschaften sehr unterschiedlichen Steuerbelastungen unterworfen.

men darstellt, und als solche noch der Verfügungsmacht des Unternehmers unterliegt. Zu fordern ist aber eine unterschiedliche steuerliche Behandlung der Investitions- und Konsumquote des Gewinnes. Normalerweise wird eine niedrigere Versteuerung der Investitionsquote des Gewinnes zu empfehlen sein. In Abhängigkeit von der konjunkturellen Entwicklung kann sich aber auch das Gegenteil als zweckmäßig erweisen. Solange aber das Wachstum der Wirtschaft sowie der technische Fortschritt Priorität genießen und damit auch den Investitionen der Unternehmungen entsprechende Bedeutung zukommt, ist eine steuerliche Begünstigung der Investitionsquote des Gewinnes notwendig. Auf jeden Fall ist die heutige Besteuerung der nicht ausgeschütteten Gewinne von Kapitalgesellschaften mit 51 % als zu hoch zu bezeichnen. Das gleiche gilt für die Besteuerung der Gewinne von Einzelunternehmungen und Personengesellschaften, wenn die Höchstgrenze des progressiven Steuersatzes von z. Zt. 53 % erreicht wird. Auf die Dauer kann eine derart hohe Besteuerung der Investitionsquote des Gewinnes nicht ohne Folgen für das Wachstum der Wirtschaft und den technischen Fortschritt sein. — In diesem Zusammenhang ist es von Interesse, daß auch J. K. *Galbraith* fordert, die Einkommensteuer zu reduzieren und dafür die sales tax (Umsatzsteuer) zu erhöhen[43].

Es würde den Rahmen dieser Untersuchungen sprengen, auf alle Besonderheiten einzugehen, die bei einer unterschiedlichen Besteuerung der Investitions- und Konsumtionsquote des Gewinnes zu beachten sind. Es sei lediglich noch vermerkt, daß selbstverständlich sämtliche Gewinne, die investiert werden, in der zuvor beschriebenen Weise zu behandeln sind, d. h. auch Gewinne, die ausgeschüttet, aber in anderen Unternehmen investiert wurden, oder Aktiendividenden, die wieder zum Ankauf von Aktien verwendet werden oder der Ankauf von Obligationen usw. Andererseits sind Kapitalrückzahlungen[44], die dem Konsum zufließen, in Höhe des Differenzbetrages nachzuversteuern, der sich aus der unterschiedlichen Behandlung von Investitions- und Konsumquote des Gewinnes ergibt.

Es wurde oben vermerkt, daß diese Änderung des steuerlichen Gewinnbegriffes (Trennung von Investitions- und Konsumquote) nicht in unmittelbarem Zusammenhang mit der Änderung des steuerlichen Gewinnbegriffes durch die polare Bilanz steht. Die vorhergehenden Ausführungen zeigen aber die Notwendigkeit eines Umdenkens auf neue Vorstellungen, die den Erfordernissen der heutigen Industriegesellschaft entsprechen. Die Thesen der polaren Bilanz sind nur einer von vielen Schritten in dieser Richtung. So ungewohnt dieser erste

---

[43] *Galbraith*, J. K.: The Affluent Society, 206, S. 245—250.

[44] z. B.: Bei der Liquidation eines Unternehmens.

Schritt auch zunächst erscheinen mag, um so leichter ist er in dem Bewußtsein zu tun, wieviel weitere Schritte notwendig sind und folgen werden. Es wird dann auch nicht schwerfallen, sich mit der scheinbaren oder auch noch tatsächlich bestehenden steuerlichen Ungerechtigkeit abzufinden, die aus dem Gewinnbegriff der polaren Bilanz resultiert. Die steuerliche Gerechtigkeit ist nämlich kein verläßlicher Kompaß mehr für den Weg der modernen Industriegesellschaft.

Literaturverzeichnis

Adler, Düring, Schmaltz: Rechnungslegung und Prüfung der Aktiengesellschaft, 3. Aufl., Stuttgart 1957.

Anderson, Viktor: Grundsätze ordnungsgemäßer Bilanzierung in der Rechtsprechung der Finanzgerichte; Schriftenreihe Steuerrecht und Steuerpolitik, Heft 3, Heidelberg 1965.

Antweiler, Bruno: Die dynamische Bilanz — Eine Entgegnung auf das Rieger'sche Buch, in: ZfhF. 1938, S. 119—133.

Aufermann, Ewald: Rückstellungen für Reparaturen in der ESt-Bilanz, in: Die Aktuelle 1948, S. 464 ff.

Bankmann, Jörg: Abschreibungen auf das Anlagevermögen und die Besteuerung von Scheingewinnen, in: Der Betrieb 1962, S. 73—74.

Barske, K.: Gedanken zum Verhältnis der Handelsbilanz zur Steuerbilanz, in: Der Betrieb 1964, S. 1569—1570.

Beste, Theodor: Die Kurzfristige Erfolgsrechnung, 2. erweiterte Aufl., Köln—Opladen 1962.

— Eugen Schmalenbach, in: ZfhF 1955, S. 203—217.

Binder, Odilo: Scheingewinnbesteuerung — Eiserner Bestand — „Substanzerhaltungsrücklage"; Institut „Finanzen und Steuern", Heft 11, Bonn 1950.

Börnstein, Ulrich: Die Aktivierung von Versuchs- und Entwicklungskosten nach Handelsrecht und Steuerrecht, in: Betriebs-Berater 1957, Seite 553—557.

Boettcher, Carl: Zur Reform der Ermittlung des steuerpflichtigen Gewinns, in: Steuer und Wirtschaft 1949, Sp. 951—974.

von Borch, Herbert: Amerika — Die unfertige Gesellschaft, München, ergänzte und überarbeitete Neuausgabe 1964.

Brockmöller, Klemens: Industriekultur und Religion, 3. Aufl., Frankfurt/M. 1964.

Busse von Colbe, Walther: Artikel: Eliminierung von Preis- und Geldwertschwankungen, in: Handwörterbuch der Betriebswirtschaft, 3. Aufl., Stuttgart 1957, Sp. 4423 ff.

— Artikel: Stille Rücklagen, in: Handwörterbuch der Betriebswirtschaft, Sp. 4722 ff.

— Artikel: Substanzerhaltung, in: Handwörterbuch der Betriebswirtschaft, Sp. 5310 ff.

Christoph, B.: Eiserner Bestand und Preisdifferenzrücklage in der betriebswirtschaftlichen Praxis, in: Der Betrieb 1956, S. 25—27.

le Coutre, Walter: Grundzüge der Bilanzkunde, 1. Teil: Eine totale Bilanzlehre, 4. Aufl., Wolfenbüttel 1949.

— Artikel: Bilanztheorien, in: Handwörterbuch der Betriebswirtschaft, 3. Aufl., Stuttgart 1957, Sp. 1153—1177.

Döllerer, Georg: Grundsätze ordnungsmäßiger Bilanzierung, deren Entstehung und Ermittlung, in: Betriebs-Berater 1959, S. 1217—1221.
— Rechnungslegung nach dem neuen Aktiengesetz und ihre Auswirkungen auf das Steuerrecht, in: Betriebs-Berater 1965, S. 1405—1417.

Dornemann, Richard: Dynamische Bilanzauffassung und Steuerbilanz, in: ZfhF 1954, S. 375—383.

Feuerbaum, Ernst: Grenzen der dynamischen Bilanzauffassung. Neue Wege des Gesetzgebers zur Sicherung der Substanzerhaltung, in: Betriebs-Berater 1965, S. 135.
— Nominelle und substantielle Kapitalerhaltung im Handels- und Steuerrecht, in: Betriebs-Berater 1966, S. 133.

Fischer, Curt Eduard: Zur Problematik um die „wahre" Bilanz, in: Finanz-Rundschau 1954, S. 322—325.

Flume, Werner: Die Forschungs- und Entwicklungskosten in Handels- und Steuerbilanz, in: Der Betrieb 1958, S. 1045—1054.

Forster, Karl-Heinz: Die Begrenzung der Rücklagenbildung im Regierungsentwurf eines Aktiengesetzes und die Substanzerhaltungsrücklagen, in: Der Betrieb 1962, S. 309—310.

Gail, Winfried: Unternehmerische Werterhaltung und steuerliche Gewinnermittlung, in: Betriebs-Berater 1965, S. 877—882.

Galbraith, John Kenneth: The Affluent Society; Mentor-Books, The New American Library of World Literature, New York 1958.
— The Liberal Hour; Mentor-Books, The New American Library of World Literature, New York 1960.

Gessler, E.: Das neue Aktienrecht, in: Betriebs-Berater 1965, S. 677—683.

Gnam, Arnulf: Axiome der Bilanzierung auf der Grundlage der Währung, München 1948.
— Scheingewinne, Scheinverluste — eine Interessenkollision zwischen Volkswirtschaft und Betriebswirtschaft? In: Neue Betriebswirtschaft 1952, S. 39—42.
— Nochmals: Nominal- oder Realgewinnbesteuerung? In: Neue Betriebswirtschaft 1952, S. 92—93.
— Die Bilanzformel. Zugleich eine Lehre von der Parallelität der Bilanzerscheinungen, in: ZfhF 1954, S. 29—35.
— Bilanzrecht, Dynamische Bilanztheorie und steuerliche Praxis, in: Die steuerliche Betriebsprüfung 1961, S. 161.

Görres, Peter: Zur Scheingewinnbesteuerung, in: Betriebs-Berater 1955, S. 124—125.
— Substanzbesteuerung, in: Betriebs-Berater 1955, S. 894—896.
— Rezension zu Hax: Die Substanzerhaltung der Betriebe, in: Betriebs-Berater 1958, S. 884.

Haberler, Gottfried: Prosperität und Depression, Bern 1948.

Harrmann, Alfred: Zur Substanzerhaltung beim Anlagevermögen, in: Der Betrieb 1964, S. 1125—1127.

Hauck, Wilhelm Chr.: Bilanztheorien. Eine rechnerische Grundlegung. Bühl-Baden 1933.

Hax, Karl: Gegenstand, Entwicklung und gegenwärtiger Stand der Betriebswirtschaftslehre, in: Die Wirtschaftsprüfung Heft 6, 1948, S. 38 ff.

Hax, Karl: Bilanzgewinn und Geldwertschwankungen, in: ZfhF 1951, S. 433 bis 460.
— Die Substanzerhaltung der Betriebe, in: Der Betrieb 1956, S. 357—360.
— Die Substanzerhaltung der Betriebe, Köln—Opladen 1957.

Hax, Karl; *Knorr*, Ernst; *Meier*, Albert: Ein Verfahren zur Erfassung und Neutralisierung von Geldwertveränderungen, in: Die Wirtschaftsprüfung 1952, S. 293—296.

Hoffmann, F.: Die Dynamische Bilanz im Steuerrecht, in: Steuerberater-Jahrbuch 1954/55, S. 19 ff.

Hollatz, Günter: Auslandsbeziehungen in steuerlicher Sicht, in: Die Aktiengesellschaft 1965, S. 29—47.

Holzer, Hans: Die Axiomatik der Buchführungs- und Bilanztheorie, Stuttgart 1936.

Jüsgen, Werner: Einkommensteuerfreiheit der Entwertungsrate bei Sparzinsen indiskutabel? In: Finanz-Rundschau 1965, S. 242—243.

Körner, W.: Vereinheitlichung des Bilanzsteuerrechts mit Hilfe der dynamischen Bilanzauffassung, in: Betriebs-Berater 1964, S. 798—803.

v. Kortzfleisch, Gert: Zur funktionalen Kontorechnung, in: Die Wirtschaftsprüfung 1963, Heft 21.

Kosiol, Erich: Bilanzreform und Einheitsbilanz. Grundlegende Studien zu den Möglichkeiten einer Rationalisierung der periodischen Erfolgsrechnung, 2. Aufl., Berlin—Stuttgart 1949.
— Pagatorische Bilanz (Erfolgsrechnung), in: Lexikon des kaufmännischen Rechnungswesens, 2. Aufl., 3. Bd., Stuttgart 1956, Sp. 2085—2120.

Kühn, Ulrich: Substanzerhaltung, Aufgaben und Grenzen des Rechnungswesens, in: Die Wirtschaftsprüfung, 1953, S. 510—515.

Leffson, Ulrich: Die Grundsätze ordnungsmäßiger Buchführung, Düsseldorf 1964.

Lehmann, F.: Bilanz der Bilanztheorie, in: Magazin der Wirtschaft 1927, S. 861 ff.

Lehmann, Max Rudolf: Der formelle und der materielle Inhalt der Bilanz, in: Zeitschrift für Handelswissenschaft und Handelspraxis, 1928 S. 253 bis 264, 278—288.
— Die Quintessenz der Bilanztheorie, in: Zeitschrift für Betriebswirtschaft, 1955, S. 537—552, 669—688.
— Allgemeine Betriebswirtschaftslehre. Allgemeine Theorie der Betriebswirtschaft; 3. Aufl., Wiesbaden 1956.

Lehmann, Wolfgang: Die dynamische Bilanz Schmalenbachs, Wiesbaden 1963.

Leykum, Klaus-Dietrich: Wirtschaftsgut und dynamische Bilanzauffassung in der Steuerbilanz, in: ZfhF 1963, S. 397—413.

Linhardt, H.: Die Begriffe Statik und Dynamik, in: Zeitschrift für Betriebswirtschaft 1926, S. 338 ff.

Littmann, Eberhard: Grundsätze ordnungsmäßiger Buchführung und dynamische Bilanzauffassung in Handels- und Steuerbilanz, in: Betriebs-Berater 1964, S. 651—657.
— Das Recht der Steuerbilanz, in: Deutsche Steuer-Rundschau 1963, S. 651—657.

Mauve, Hans: Dynamische Bilanzauffassung und ihr Verhältnis zum Handelsbilanz- und Steuerbilanzrecht, in: Betriebs-Berater 1965, S. 415—416.

Meier, Albert: Vorschlag zur Erfassung der wirklichen Scheingewinne und Rücklagenbildung in der Handels- und Steuerbilanz, in: Die Wirtschaftsprüfung 1951, S. 389—392.

Mergelsberg, Wolfgang: Substanzerhaltung beim Vorratsvermögen in der Praxis, in: Der Betrieb 1964, S. 741—744.

Müller, Wolfgang: Anpassung der Besteuerung an den gesunkenen Geldwert — ein indiskutables Problem?, in: Finanzrundschau 1965, S. 379—382.

Münstermann, Hans: Einführung in die dynamische Bilanz, Leipzig 1941.
— Schmalenbachs Bilanzauffassung, in: Die Wirtschaftsprüfung 1948, S. 33—43.
— Schmalenbachs Dynamische Bilanz, in: ZfhF 1954, S. 265—272.

Muscheid, Werner: Schmalenbachs Dynamische Bilanz. Darstellung, Kritik und Antikritik, Köln—Opladen 1957.

Mutze, Otto: Grundsatzfragen der Bilanzierung und Aktienrechtsreform, in: Die Wirtschaftsprüfung 1965, S. 169 ff.

Neddermeyer, Walter: Auswirkungen von Geldwertänderungen bei den Wirtschaftsgütern des Anlagevermögens, in: Der Betrieb 1961, S. 1525—1528.

Neubert, Helmut: Anlagenfinanzierung aus Abschreibungen, in: ZfhF 1951, S. 367—383, 415—423.

Osbahr, Wilhelm: Die Bilanz vom Standpunkt der Unternehmung, 2. Aufl., Berlin 1919.

Pohmer, Dieter: Wesen und Grenzen der betriebswirtschaftlichen Berechtigung stiller Reserven in der Jahresbilanz in dynamischer und statischer Betrachtung; Dissertation FU Berlin 1953.

Puhl, Egon H.: Der französische Jahresabschluß, in: Der Betrieb 1965, S. 749—751.

Rieger, Wilhelm: Einführung in die Privatwirtschaftslehre, Nürnberg 1928.
— Über Geldwertschwankungen, Stuttgart 1938.
— Schmalenbachs Dynamische Bilanz, 2. Aufl., Stuttgart—Köln 1954.

Riese, Hajo; *Trommler*, Klaus: Rücklagenbildung in westlichen Industriestaaten, Basel 1962.

Roeper, Hans: Steuerabschlag für Geldentwertung? In: Frankfurter Allgemeine Zeitung vom 8. 5. 1965, S. 7.

Saage, Gustav: Die Erhaltung des betrieblichen Leistungsvermögens, in: Der Betrieb 1960, S. 65—66.

Scheuffele, Peter: Bilanzenzusammenhang bei der Gewinnermittlung, in: Betriebs-Berater 1963, S. 35—37.

Schieb, Brigitta: Grundsätzliche Probleme der Kapitalerhaltung. Fragen der Kapitalerhaltung und Finanzierung, Veröffentlichungen zur Betriebswirtschaft, Heft 3, Wolfenbüttel (1949), S. 18.

Schmalenbach, Eugen: Grundlagen dynamischer Bilanzlehre, 3. Aufl., Leipzig 1925.
— Dynamische Bilanz, 4. Aufl., Leipzig 1926.
— Dynamische Bilanz, 8. Aufl., Bremen-Horn, Hamburg, Hannover-Dören, 1947.

Schmalenbach, Eugen: Dynamische Bilanz, 13. Aufl., Köln—Opladen 1962.
— Abschreibungen bei Preisveränderungen von Anlagegegenständen, in: ZfhF 1949, S. 49—58.

Schmidt, Fritz: Die Industriekonjunktur — ein Rechenfehler, Berlin 1927.
— Die organische Tageswert-Bilanz, 3. Aufl., Wiesbaden 1951.

Schnettler, Albert: Ziele und Grenzen der betrieblichen Werterhaltung, in: ZfhF 1955, S. 521—530.
— Substanz- und Werterhaltung in den Betrieben, in: Zeitschrift für Betriebswirtschaft 1956, S. 261—268.

Schwantag, Karl: Eigenkapital als Risikoträger, in: ZfhF 1963, S. 218—231.

Thiel, Rudolf: Übertragung stiller Reserven; Schriftenreihe Steuerrecht und Steuerpolitik, Heft 4, Heidelberg 1965.

Thoms, Walter: Das Buchen und Bilanzieren der funktionalen Kontorechnung, Herne—Berlin 1955.
— Reform der Wirtschaftsrechnung, Herne—Berlin 1957.

Tomfohrde, Klaus: Die dynamische Bilanzauffassung und das Bilanzsteuerrecht, Düsseldorf 1959.

Van der Velde, Kurt: Rückstellungen für unterlassene Instandhaltung in der steuerlichen Erfolgsbilanz, in: ZfhF 1949, S. 158 ff.

Vershofen, Wilhelm: Dialektik und Polarität, Beiträge zur Sinnforschung, in: Die weißen Hefte, Heft 1, Wiesbaden 1951, S. 30.

Vogel, Horst: Die Preissteigerungsrücklage nach dem Steuerneuordnungsgesetz 1954, in: Betriebs-Berater 1955, S. 63—64.
— Preissteigerungsgewinne bei der Einkommensbesteuerung, in: Betriebs-Berater 1956, S. 32—36.
— Steuerkongreß-Report 1963, S. 117 ff.

Walb, Ernst: Die Erfolgsrechnung privater und öffentlicher Betriebe, Berlin—Wien 1926.
— Finanzwirtschaftliche Bilanz, 2. Aufl., Duisburg 1946/47.

Waldner, Wolfgang: Wirtschaftsgut und Rechnungsabgrenzung, in: Betriebs-Berater 1958, S. 1051—1055.

Wilhelmi, Hans: Das neue Aktiengesetz, in: Die Aktiengesellschaft 1965, S. 153—155, 187—190, 217—220, 247—250, 277—281, 307—310, 349—352.

Namenverzeichnis

Adler, Düring, Schmaltz: 50, 119, 143

Anderson, Viktor: 66, 67, 68, 73, 74, 75, 119.

Antweiler, Bruno: 12

Aufermann, Ewald: 67, 74

Bankmann, Jörg: 31, 82, 99, 100, 147

Beste, Theodor: 52, 53, 57

Binder, Odilo: 119, 155

Börnstein, Ulrich: 67, 68, 69, 73

Boettcher, Carl: 67, 163

von Borch, Herbert: 166, 167, 170, 173

Brecht, Franz-Joseph: 101

Brockmöller, Klemens: 170, 171

Cristoph, B.: 31, 83, 97, 136, 137

le Coutre, Walter: 8, 17, 19, 63, 162

Döllerer, Georg: 71, 75, 99, 119

Dornemann, Richard: 14, 66, 67

Düring: vgl. Adler, Düring, Schmaltz

Feuerbaum, Ernst: 52

Findeisen: 67

Fischer, Curt Eduard: 32, 174

Flume, Werner: 41, 68, 69, 119, 143, 174

Forster, Karl-Heinz: 32

Fuchs: 119

Galbraith, John Kenneth: 77, 78, 109 158, 166, 167, 169, 170 175

Geldmacher, Erwin: 87, 97

Gessler, E.: 36

Gnam, Arnulf: 8, 11, 41, 44, 67, 76, 88, 99, 100, 155, 164, 172

Görres, Peter: 23, 155

Gottl-Ottlilienfeld: 24

Grieger: 157

Gürtler, M.: 35

Haberler, Gottfried: 152

Harrmann, Alfred: 83

Hasenack, Wilhelm: 17, 49, 50, 51, 53, 70, 127, 147

Hauck, Wilhelm Chr.: 8, 12, 41, 42, 54, 56, 85, 87, 88, 94, 98, 99, 102, 119, 158, 160

Hax, Karl: 8, 15, 23, 24, 25, 26, 27, 28, 29, 30, 31, 34, 35, 39, 54, 75, 77, 78, 81, 82, 83, 90, 92, 93, 95, 97, 105, 106, 107, 108, 109, 112, 121, 123, 125, 126, 127, 128, 131, 132, 134, 135, 137, 138, 139, 140, 141, 142, 143, 145, 146, 147, 148, 150, 151, 156, 158, 164, 165, 166, 170, 171

Hoffmann, F.: 67

Hollatz, Günter: 97

Holzer, Hans: 61

Illetschko: 113

Joel: 101

Jones, R. C.: 35

Jüsgen, Werner: 157

Knorr, Ernst: 106, 123

von Kortzfleisch, Gert: 102

Kosiol, Erich: 8, 11, 17, 43, 44, 56, 67, 70, 88, 97, 98, 99, 100, 103, 149

Kühn, Ulrich: 35

Leffson, Ulrich: 13, 19, 20, 21, 33, 34, 35, 36, 50, 56, 111, 113, 114, 115, 116, 117, 159,

Lehmann, F.: 50, 51

Lehmann, Max Rudolf: 8, 9, 42, 58, 60, 61, 63, 64, 92, 162,

Lehmann: Wolfgang: 11, 49, 50, 54, 55, 59, 60, 61, 70

Leykum, Klaus-Dietrich: 69, 72

Liberman: 173

Linhardt, H.: 42

Littmann, Eberhard: 71, 74

Lohmann, Martin: 28

Mahlberg, Walter: 51, 87, 127

Meier, Albert: 106, 107, 123

Müller, Wolfgang: 15, 19, 54, 81

Münstermann, Hans: 11, 60

Muscheid, Werner: 12, 13, 14, 17, 18, 40, 42, 48, 50, 55, 56, 59, 60, 71, 111

Mutze, Otto: 39

Neubert, Helmut: 29

Nicklisch, Heinrich: 60

Osbahr, Wilhelm: 33

Passow, Richard: 33

Puhl, Egon, H.: 82

Rieger, Wilhelm: 8, 11, 12, 17, 18, 19, 45, 56, 59, 60, 88, 111, 112,

Riese, Hajo; Trommler, Klaus: 38, 75, 173, 174

Roeper, Hans: 157, 158, 165

Ruchti, Hans: 28

Saage, Gustav: 25, 100

Salin, Edgar: 173

Schieb, Brigitta: 127

Schmalenbach, Eugen: 8, 11, 12 14, 17, 18, 21, 22, 33, 34, 35, 40, 41, 42, 43, 44, 45, 46, 47, 48, 49, 50, 51, 52, 53, 54, 55, 56, 57, 58, 59, 60, 61, 62, 64, 68, 70, 71, 72, 73, 85, 87, 88, 98, 103, 110, 112, 127

Schmaltz: vgl. Adler, Düring, Schmaltz

Schmidt, Fritz: 8, 12, 15, 17, 18, 19, 25, 26, 43, 44, 51, 54, 56, 59, 63, 80, 82, 83, 84, 85, 86, 87, 88, 89, 90, 91, 92, 93, 94, 107, 108, 119, 120, 122, 123, 125, 127, 128, 129, 130, 132, 137, 139, 140, 141, 142, 145, 148, 149, 150, 151, 152, 153, 154, 156, 160, 161, 163

Schnettler, Albert: 28, 31, 38, 83, 97, 100, 105, 127,

Schwantag, Karl: 161

Sewering, Karl: 87

Sommerfeld, Heinrich: 8

Thiel, Rudolf: 79, 81, 82, 96

Thoms, Walter: 101, 102

Tomfohrde, Klaus: 21, 42, 44, 54, 58, 68, 77, 97, 101

Trommler: vgl. Riese, Hajo; Trommler, Klaus

Veiel, Otto: 174

van der Velde, Kurt: 67, 119

Vershofen, Wilhelm: 101, 102

Vitalis, J. H.: 101

Vogel, Horst: 25, 80

Walb, Ernst: 8, 11, 14, 23, 24, 34, 44, 48, 92, 94, 95, 97, 98, 159

Wilhelmi, Hans: 36, 37, 38

FSC
www.fsc.org
MIX
Papier | Fördert
gute Waldnutzung
FSC® C083411

Kolibri 360 GmbH
Ferdinand-Jühlke-Straße 7
99095 Erfurt, Deutschland
produktsicherheit@kolibri360.de

Druck:
CPI Druckdienstleistungen GmbH
im Auftrag der
Kolibri 360 GmbH
Ferdinand-Jühlke-Str. 7
99095 Erfurt